シリーズ統合的認知 第5巻

横澤一彦［監修］

美 感
Aesthetic science

感 と 知 の 統 合

三浦佳世
川畑秀明
横澤一彦

勁草書房

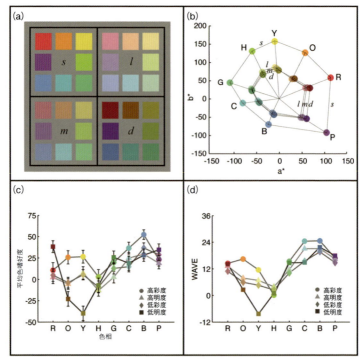

図 4-1 生態学的誘発性理論による色嗜好の説明（Palmer & Schloss, 2010）

図 4-4 ペンタグラム（五線星形）

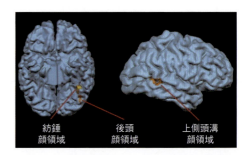

図 5-13 顔刺激を観察している時に賦活する脳部位

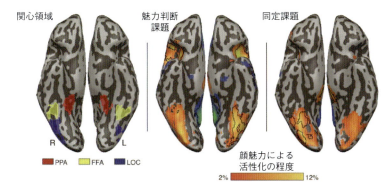

図 5-14 顔魅力判断における脳活動（Chatterjee et al., 2009）

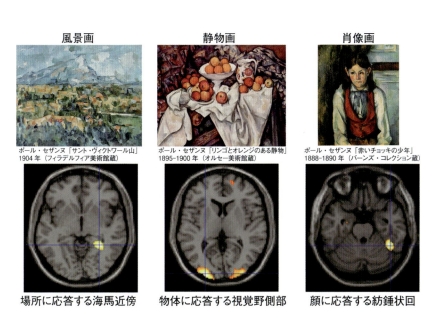

図 6-2 絵画のカテゴリに対応した脳活動（川畑，2012; Kawabata & Zeki, 2004 を基に作成）

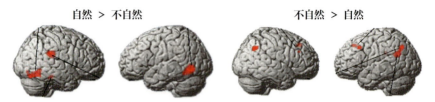

図 6-5 自然な文脈の風景を観察しているとき（左），不自然な文脈の風景を観察しているときにそれぞれより大きく活動が変化する脳の領域（Kirk, 2008）

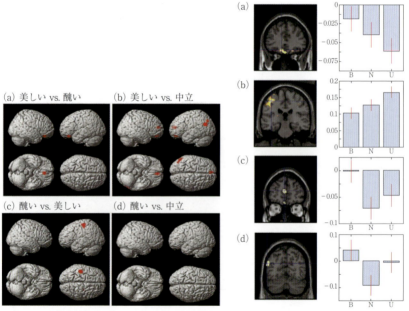

図 6-7 美しいと感じたとき，醜いと感じたときに現れた脳活動（左）。眼窩前頭皮質は美しいと感じたときにより強く（醜いと感じたときに最も弱く），左半球の運動野は醜いと感じたときに最も強く（美しいと感じたときに最も弱く）活動が変化した（Kawabata & Zeki, 2004）

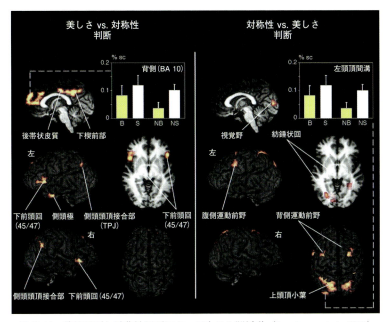

図 6-11 美的判断と対称性判断によって生じる脳活動（Jacobsen et al., 2006）

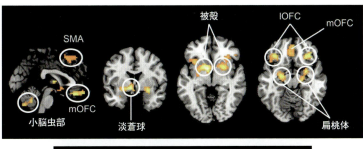

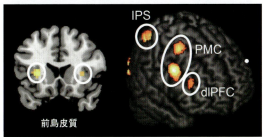

図 6-12 比較による美的判断と明るさ判断時の脳活動。上：明るさ判断よりも美的判断において強く活動が変化する領域，下：美的判断と明るさ判断の両方において活動が強く変化する領域（Ishizu & Zeki, 2013）

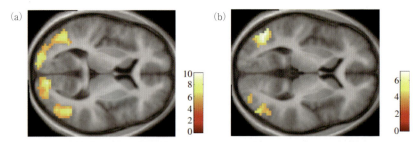

図 6-14 (a) 運動パタン＞静止パタン，(b) 好ましさの評定に応じて変化する脳領域 (Zeki & Stutters, 2012)

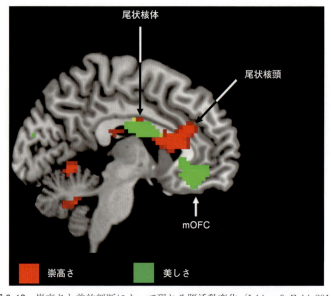

図 6-18 崇高さと美的判断によって現れる脳活動変化 (Ishizu & Zeki, 2014)

シリーズ統合的認知

　五感と呼ばれる知覚情報処理過程によって，われわれは周囲環境もしくは外的世界についての豊富で詳細な特徴情報を得ることができる。このような，独立した各感覚器官による特徴抽出を踏まえて，様々な特徴や感覚を結び付ける過程がわれわれの行動にとって最も重要である。このシリーズでは，このような統合処理までの認知過程を総称して，「統合的認知」と呼ぶことにする。この統合的認知に至る過程が，単純な行動に限らず，思考や感情の形成にとっても重要であることは間違いないが，そもそも「認知」とは統合的なものであると考えるならば，わざわざ「統合的」という限定を加えることに，違和感を感じる方がいるに違いない。これは，認知過程を解明するために，旧来の脳科学や神経生理学で取組まれている要素還元的な脳機能の理解には限界があり，認知心理学的もしくは認知科学的なアプローチによって，人間の行動を統合的に理解することの必要性を強調しなければならないと感じていることによる（横澤，2010，2014）。たとえば，統合失調症における「統合」が，思考や感情がまとまることを指し示し，それらがまとまりにくくなる精神機能の多様な分裂，すなわち連合機能の緩みを統合失調症と呼ぶならば，統合的認知における「統合」と共通した位置づけとなる。統合失調症における明確な病因は確定されておらず，発病メカニズムが不明なのは，統合的認知という基本的な認知メカニズムが明らかでない状況と無縁ではないだろう。

　もちろん，要素還元的な脳機能の解明の重要性を否定しているわけではない。ただ，たとえば線分抽出に特化した受容野を持つ神経細胞が，線分抽出という特徴抽出過程において機能しているかどうかを知るためには，個別の神経細胞を取り出して分析するだけでは不十分であることは明白であろう。また，脳機能計測によって，特定の部位の賦活が捉えられたとしても，それがそのときの外的な刺激だけで誘発される可能性は必ずしも高くない。常に他の部位の賦活との関係も考慮しなければならず，その部位の機能を特定することは一般に難しいはずである。要素還元的な脳機能の理解だけが強調されれば，このような認知に関する実験データの基本的な捉え方さえ，忘れがちになることを指摘し

ておく。

　一方，わざわざ新たに「統合的認知」と呼ぶのであれば，これまで認知機能の解明を目指してきた，旧来の認知心理学もしくは認知科学的なアプローチと差別化を図らなければならないだろう。ただし，現状では明確な差別化ができているとは言いがたい。そもそも，認知心理学もしくは認知科学的なアプローチは，典型的な脳科学や神経生理学におけるアプローチに比べれば，いわゆるメタプロセスに相当する認知過程の解明を担ってきたはずであり，そのようなメタプロセスの解明に用いられてきた洗練された科学的実験手法は，「統合的認知」を扱う上でも必要不可欠である。すなわち，フェヒナー（Fechner）以降に，精神物理学，実験心理学，さらに認知心理学の中で確立されてきた手法は，人間の行動を科学的に分析する際には今後共欠かすことができない。まずは，このような手法を否定している訳ではなく，「統合的認知」においても前提となっていることを忘れてはならない。

　その上で，統合的認知に取り組む意義を示す必要があるだろう。そこでまず，認知心理学における典型的なアプローチを例にして説明を試みたい（横澤，2014）。ある機能なり，現象なりに，ＡとＢという２つの要因が関与しているかどうかを実験によって調べる場合に，ＡとＢという要因以外のアーティファクトを統制した実験計画によって得られた実験データが，統計的に主効果と交互作用が有意であるかどうかを検定する。もし２つの主効果がそれぞれ有意であれば，図1（a）のようなそれぞれのボックス，交互作用が有意であれば，図1（a）の矢印で示すような関係で表すことができる。すなわち，ボックスは，ＡもしくはＢという要因に関わる処理過程の存在，矢印は，２つの要因同士が影響し合っていることを示している（交互作用だけでは，矢印の向きは分からないので，ここでは模式的に因果関係を示しているに過ぎない）。このとき，検定で使用する統計的な有意水準は，多くの場合，被験者の分散によって設定される。すなわち，個人差による変動を差し引いた平均像のモデルの妥当性に関する検定であり，すべての被験者に当てはまるモデルであることを保証しているわけではない。このようなボックスモデルでも，脳科学や神経生理学における多くの先端的な研究を先導してきたことは明らかである。すなわち，図1（a）のボックスや矢印が，神経細胞やシナプス結合に置き換えられることが分かれば，脳の中の実体としての存在証明ができたことになるからである。極言すれば，行動との対応関係を示す認知心理学的実験データの存在があってはじめて，脳

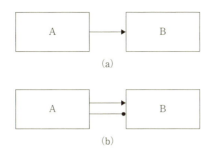

図1 2つの処理と接続関係（横澤，2014を改変）

科学や神経生理学の研究は科学的になりうる場合が少なくない。

　これに比較して説明することで，「統合的認知」のアプローチとして強調したい点を明らかにできると考えている。図1(b)のように，2つの要因に関わる処理過程の間には，実は2種類の結合があると仮定してみる。両結合は逆作用を持ち，一般的な記法に従って，矢印は興奮性結合，丸印は抑制性結合を表しているとする。もし抑制性結合が弱ければ，現象として把握できるのは興奮性結合の存在であり，図1(b)は図1(a)と区別がつかないことになる。一方，興奮性結合と抑制性結合が拮抗していれば，お互いの作用が打ち消し合い，現象として矢印や丸印の存在，すなわち交互作用を確認することが難しくなり，AとBという両要因の独立性だけが確認されることになる。すなわち，交互作用の有無は，各要因に関わる処理過程間の接続関係の有無を証明している訳ではなく，興奮性結合と抑制性結合とのバランスの個人差を反映しているのに過ぎないかもしれないのである。これは，統計的検定結果を安易に拡大解釈することの危険性を指摘したい訳ではなく，単純な図式を前提とする典型的な認知心理学的アプローチでは見逃されやすい，隠れた接続関係や個人差にも着目することの重要性を，統合的認知では強調したいのである。

　図1(b)から，ニューラルネットワーク研究（Rumelhart et al., 1987）との整合性を感じる方もいるに違いない。PDPといわれる並列分散処理アプローチの基本は，図1(b)の関係を階層的な並列モデルで説明しようとしたが，残念ながら脳科学や神経生理学を先導した研究は多くないと思われる。もし，ランダムに接続されたネットワークが，興奮性結合と抑制性結合の加重を学習することにより，目的とする情報処理が実現できることを証明したとしても，そ

れは偶然の産物として局所解を得たに過ぎず，そこから脳科学や神経生理学全体を先導するような予測を生み出すことができるわけではなかったからなのかもしれない。統合的認知では，ランダムに接続されたネットワークから解を模索するのではなく，これまで進化の過程で蓄積された構造を基盤にしながら，明示的ではない要因や接続関係も考慮した総合的な理解を目指すことになる。たとえば，個人差に影響を及ぼす発達過程や文化なども考慮に入れた議論が必要になってくる。

　もう1つ，統合的認知の特徴に加えなければならないが，それは「行動」の定義が変わりつつある現状を反映している。たとえば，自分の体をできるだけ動かさないように，静止状態を保っていることを想像してほしい。このような体中微動だにしない状態は，一般には行動が観察できない状態ということになるだろう。もちろん，その場合でも基礎代謝があり，呼吸をし，心臓の鼓動で血液の循環が行われている。基礎代謝は一般には行動に含めないので，これまでの定義では観察できる行動がないことになる。しかし，脳機能計測の発展により微動だにしない体でも，脳活動という「行動」が精密に観察できるようになった。fMRIなどの脳機能計測は，基本的には体が微動だにしないように拘束することが前提で，脳活動が測定されている。注意や意識などの内部プロセスが認知心理学の主要なテーマになりつつあるのは，このような最先端実験機器の開発による「行動」の定義の変容と無関係ではない。もちろん，例えば注意という行動を旧来の定義でも観察することは可能である。しかし，脳内の活動という内部プロセスを含めて考えれば，外に現れる行動だけを扱っているだけでは分からない真実が明らかになるかもしれない。歴史的にみれば，行動主義心理学に比べて，内的過程も扱うことに認知心理学の特徴があったので，この点で違和感を感じる方も少なくないかもしれない。しかしながら，認知心理学において扱われてきた行動の大半は，正答率と反応時間という外的行動であったわけで，これに脳活動も行動に含めると考えれば，ある種のパラダイムシフトが生じるはずである。すでに，先端的な認知心理学研究は，脳機能計測の結果をうまく融合させて進められており，「統合的認知」においても，それを追認しているに過ぎない。ただし，上述したように，先端的な脳機能計測は，要素還元的な分析に陥り易いことをあらためて指摘しておきたい。

　以上をまとめると，表1のように表すことができる。

　まず，行動の定義と位置付けについて，典型的な認知心理学においては統制

シリーズ統合的認知 v

表1 典型的な認知心理学と統合的認知の心理学の比較

	典型的な認知心理学	統合的認知の心理学
行動の定義と位置付け	統制された外的行動の観察による内的過程の推定	観察された内部処理過程を含めた「行動」
各処理過程の結合関係の同定	検定によって，結合の有無を判断	結合が前提で，バランスの変動として理解
個人差の取扱い	個人差を基準に，要因内の差異を検定	個人差を生じさせる要因が，研究目的の1つ

された外的行動の観察による内的過程の推定をしてきたが，統合的認知の心理学では，客観的に観察された内部処理過程を含む「行動」としての理解を試みる。このとき，神経生理学や脳科学との連携が必須であるが，要素還元的な理解ではなく，脳情報処理過程全体としての理解を目指す。次に，各情報処理過程の結合関係を同定するにあたり，典型的な認知心理学においては，検定によって，結合の有無を判断してきたが，統合的認知の心理学では結合が前提で，相反する結合のバランスが実験条件や個人差による変動を生じさせると理解する。また，個人差の取扱いについて，典型的な認知心理学においては，個人差を基準に，要因内の差異を検定してきたが，統合的認知の心理学では個人差を生じさせる要因が，研究目的の一つとなる。

　そこで，いくつかの研究課題に分けて，統合的認知に関する研究を整理したい。具体的には，注意 (Attention)，オブジェクト認知 (Object perception)，身体と空間の表象 (Representation of body and space)，感覚融合認知 (Transmodal perception)，美感 (Aesthetics)，共感覚 (Synesthesia) というテーマである。このような分け方をすること自体，要素還元的な研究だというご批判もあると思う。しかし，それぞれのテーマの詳細を知っていただければ，そのような批判には当たらないことを理解していただけると思う。

　「注意」とは，視覚でいえば色彩や動きなど，様々な特徴の選択と統合に関わる機能を指している。1980年に特徴統合理論 (Treisman & Gelade, 1980) が発表されてから，視覚的注意の機能は特徴を統合することにあるという側面が取り上げられ，ここ30年間で最も研究が進んだ認知心理学における研究テーマであろう。すでに多様な現象が発見され，脳内の様々な部位の関与が明らか

になっており，脳内にただ1つの注意の座が存在するわけではなかった。また，注意という機能は，視覚に限らず，他の感覚でも存在する。いずれにしても，統合的認知の基本機能が注意ということになろう。

「オブジェクト認知」とは，日常物体，顔，文字などのオブジェクト（Object）の認知過程と，そのようなオブジェクトが配置された情景（Scene）の認知過程を指している。ここで扱われるオブジェクトとは，脳内の情報処理単位を意味する。Marr（1982）は，計算論的なアプローチにより，オブジェクトの統合的理解に取り組んだ。階層的な処理過程によって，段階をおって構成要素を組み立てることを仮定しているので，構造記述仮説とも呼ばれたが，まさに統合的認知そのものを想定していたといえる。ただし，構成要素の単なる集合体がオブジェクトではないし，オブジェクトの単なる集合体が情景ではない。オブジェクトに関しても，情景に関しても，脳内の表象について議論が続けられている。

「身体と空間の表象」とは，自分の身体や外的世界を把握し，行動へと統合するための表象を指している。自己受容感覚により，目をつぶっていても，自分の身体の位置は把握できる。しかしながら，ゲームに没頭し，登場人物と自分が一体化しているときに，目をつぶっていたときに感じたのと同じ位置に自分の身体を感じているだろうか？　また，自分を取り巻く空間を理解するときにはいくつかの軸を手がかりにしているはずである。重力を感じることができれば上下軸，自分の顔などの前面が分かれば前後軸も手がかりになるに違いない。身体と空間の表象は行動の基本であり，当たり前と思うかもしれないが，これらに関する研究が本格的に取り上げられたのは，比較的最近である。

「感覚融合認知」とは，視聴覚や視触覚などの多感覚統合による理解過程を指している。五感それぞれの感覚受容器（すなわち視覚なら目，聴覚なら耳）から得られた情報は，脳内の初期段階でも独立して処理されていることが知られている。しかし，最後までまったく独立な処理ではお互いの時空間的な同期が取れず，的確な行動につながるような解に結びつかないだろう。また，それぞれの感覚受容器の利点を活かし，弱点を補うことで，それぞれが不完全な情報でも，妥当な結論を導く必要がある。一般的には，マルチモーダル認知，クロスモーダル認知などと呼ばれ，感覚間の相互作用の研究を指すことが多いかもしれないが，各感覚から切り離され，感覚融合された表象が行動の基本単位となっている可能性までを視野に入れるべきだろうと思う。

「美感」とは，知覚情報を元に，生活環境や文化との統合で生まれる美醜感覚形成過程である。自然や異性ばかりではなく，絵画や建築物などの人工物に対する美感について，誰しも興味は尽きないだろう。フェヒナー以降，実験美学の研究が進められてきたが，最近になって，認知心理学と再融合された研究テーマとして，美感科学（Aesthetic science）を標榜する研究が現れてきた（Shimamura & Palmer, 2012）。美を科学的に扱えるのかという点で根本的な疑問を持たれる方も少なくないと思うが，五感を通して得られた情報が，環境や文化などに関わる経験として脳内に蓄積された情報と干渉し，統合されることで美感が紡ぎだされているとすれば，まさに統合的認知において重要な研究テーマとなる。

　「共感覚」とは，実在しないにも関わらず，脳が紡ぎだす多様な感覚統合過程である。すなわち，1つの感覚器官の刺激によって，別の感覚もしくは特徴を知覚する現象であり，ごく一部の人だけが経験できる現象である（Cytowic & Eagleman, 2009）。音を聞いたり，数字を見たりすると，色を感じるなど，様々なタイプの共感覚が存在するが，その特性や生起メカニズムが科学的に検討され始めたのは比較的最近であり，脳における構造的な近接部位での漏洩など，様々な仮説が検討されてきた。ただ，共感覚は脳内の処理過程で生じる現象として特殊ではなく，共感覚者と非共感覚者という二分法的な見方をするべきではないかもしれない。

　統合的認知は上述の6研究テーマに限られることを主張している訳ではなく，今後新たな研究テーマも生まれ，それぞれが拡大，発展していくだろう。今回，6研究テーマを取り上げたのは，極言すれば自分自身の現時点での学術的な興味を整理したに過ぎない。2008年以降，いずれの研究テーマにも取組んでおり，その頭文字をとって AORTAS プロジェクトと名付けている。AORTAS という命名には，各研究テーマの解明が「大動脈（aortas）」となって，「心」の科学的理解に至るという研究目標が込められている。最終的に，統合的認知という学問大系が構築されるとすれば，いずれもその端緒として位置づけられるかもしれない。各研究テーマには膨大な研究データが日々蓄積される一方，あまりにもたくさんの研究課題が残されていることにたじろいでしまう。それでも，各研究テーマにおいていずれも最先端で活躍されている研究者に著者として加わっていただき，6研究テーマの学術書を個別に出版することになったことはよろこびにたえない。シリーズとしてまとまりを持たせながら，各分野に興味

を持つ認知心理学や認知科学専攻の大学院生や研究者のための必携の手引書として利用されることを願っている。

横澤一彦

引用文献

Cytowic, R. E., & Eagleman, D. M. (2009). *Wednesday Is Indigo Blue: Discovering the Brain of Synesthesia.* The MIT Press（サイトウィック，R. E. イーグルマン，D. M. 山下篤子（訳）（2010）. 脳のなかの万華鏡：「共感覚」のめくるめく世界　河出書房新社）

Marr, D. (1982). *Vision: A Computational Investigation into the Human Representation and Processing of Visual Information.* W. H. Freeman and Campany（マー，D. 乾敏郎・安藤宏志（訳）（1987）. ビジョン：視覚の計算理論と脳内表現　産業図書）

Rumelhart, D. E., McClelland, J. L., & the PDP Research Group (1987). *Parallel Distributed Processing -Vol. 1.* MIT Press（ラメルハート，D.E.，マクレランド，J. L.，PDP リサーチグループ 甘利俊一（監訳）（1988）. PDP モデル：認知科学とニューロン回路網の探索　産業図書）

Shimamura, A., & Palmer, S. E. (2012). *Aesthetic science: Connecting Minds, Brains, and Experience.* Oxford University Press.

Treisman, A. M., & Gelade, G. (1980). A feature-integration theory of attention. *Cognitive Psychology, 12, 1,* 97-136.

横澤一彦（2010）. 視覚科学　勁草書房.

横澤一彦（2014）. 統合的認知　認知科学, **21, 3,** 295-303.

はじめに

　美しさについて，人は古代より，それを考え，論じ，記述してきた。記述する術がなかった昔，あるいは術をもたない文化においても，人は美しいものに対し，憧れ，尊び，喜び，また，自らの手で創り出してもきた。

　哲学者シモーヌ・ヴェイユは「労働者に必要なのは，パンでもバターでもなく，美であり，詩である」と述べ（今村，2010），美学者の今道友信は「美は人間の希望である」と語った（今道，1969）。美は生きるに当たって贅沢品のように見えて，実は欠かせないものなのかもしれない。マックス・プランク経験美学研究所の所長 Menninghaus（2003）が言うように「美はそれ自身が報酬となる」からだろうか。

　美しさは，誰もが体験する印象である。芸術作品に限らない。雄大な風景，風に揺らぐ花，整った書棚，まっすぐに伸びた姿勢，華麗なシュート，崇高な行為，シンプルな数学の公式，立派な人柄。その対象は大小の事物の外観から人の行動，内面にまで及ぶ。紀元前 416 年に書かれた「饗宴」においてプラトンは，ソクラテスが巫女ディオティマから聞いた話として，美には 4 つの段階があると語らせている。第 1 段階は目に見える「肉体の美」，続いて，ふるまいや心に関する「魂の美」，さらに，普遍的な真理を追求する「知識の美」，そして，究極の美の形としての「美のイデア」。美は求める者に応じ，対象を変えて，さまざまな姿で現れる。

　しかも，文化が異なれば，美も変わる。時代が変われば，美もまた変わる。黄金比が好まれた時代もあれば，そうでない時代もあり（Höge, 1997），丸い車が流行るときもあれば，四角い車が好まれるときもある（Carbon, 2010: 8.6 参照）。利休のような目利きが現れれば，雑器の意味も変わり，真の芸術家は常に改革者として新しい時代の価値を生み出す（3.13 参照）。

　こうした事例が示すことは，「美」はいつの時代，いつの場所でも，1 つではなかった，ということである。

　それにもかかわらず人は古来より，美には普遍性があると直感してきた。プ

ラトンは，美は状況に依存する感覚的・感性的なものではなく，絶対的なものだと捉えた。Kant（1790）も「ある個人に対してだけ快いなら，彼はそれを美と呼んではならない」と述べた。彼は感覚的快と美とを区別していた。画家の岡本太郎は「美しいというのは無条件で，絶対的なものである。見て楽しいとか，ていさいがいいというようなことはむしろ全然無視して，ひたすら生命がひらき高揚したときに，美しいという感動がおこるのだ」と述べている（岡本，2002）。ここには絶対的な美が示されている。

　かつて知能検査には女性の顔の美醜を判断させる項目があった。女性の顔の美醜を問題にするという性質から，日本では2001年の改訂版から正式に廃止された。ここで注目すべきは，美醜の判断が検査の課題になりえたことである。つまり，美の判断には正解があると考えられてきたことである。美が個人の嗜好（taste）に基づいて決まるならこの検査は成り立たない。課題となりえたのは，社会に共通して認められる美しさがあったからだろう。しかも，その美を判断できる能力が生きていくに当たって必要だと考えられたからだろう。それは均整のとれたものや整頓されたものに美を見出すことのできる感受性であり，それがコモンセンス（共通感覚，常識）として求められた，ということになる。Kantは「無人島では人は美を求めない」と述べた。美を個人の趣味の問題に帰したKantでさえ，美の背景（もしくは前提）に社会を仮定していた。美の「主観的普遍性」は社会を前提としている。

　一方，Darwin（1871）は集団や文化によって装飾や変形が多様であること，しかし同時に，身を飾るという習慣は普遍的であることに注目し，「何が魅力的かということに関して，個人間と文化間においてさまざまな差異がある。しかし，同時に驚くべき同意の核も存在する」と述べた。現代の脳科学も，美しいと感じるものは個々人で異なっていても，美しいと感じているときに活動する部位は共通することを指摘している（Kawabata & Zeki, 2004: 第6章参照）。美の普遍性は，社会を越えても存在している。

　つまり，美は1つであって，同時に，1つではない。もっとも，1つの「美」と，多様な「美しさ」があるとして，美と美しさを区別すべきかもしれない。いずれにしても，美には多様性と共通性・普遍性とが共存する。

　ところで，美は人を惹きつけるが，よさと同様，それに近づくのをためらわせもする。「美」という漢字は「善」や「義」とともに，羊という文字を部首に冠している。羊は生け贄に使われる動物である。犠牲の意味を含んでいたと

考えられる。美，つまり「大きな羊」は美学者の今道（1969）がいうように，「大いなる犠牲」でもあった。言語学者の白川（2003）によると，美は成熟した羊の美しさを示し，犠牲となる羊は欠陥がなく，完全であることを求められたという。古代中国では，美は完全なるものでもあり，社会的な犠牲を払う倫理的行為でもあったのだろう。古代ギリシャにおいても同様であった。プラトンは「饗宴」の中でソクラテスに，美を求めることは善きことを求めることだと語らせており，プロティノスも美は善のスクリーンだと述べている。長らく，美と善には通底するものがあり，完全で絶対的なものとされてきた。面白いことに，最近の脳科学でも美を感じる場所と道徳的なよさ，つまり善を感じる場所は共通していて，いずれも眼窩前頭皮質の関与が指摘されている（Kawabata & Zeki, 2004; Tsukiura & Cabeza, 2011）。

　形而上学の世界で，美と善が切り離され，美と崇高が分離された後も，人は美にどこか近寄りがたい緊張感を感じてきた。理想を前にしたときの，身の引き締まる思いは，快や嗜好には見られないものである。三浦はこの感覚を，美が内的感情の発露ではなく，外的対象に対する抑制的な評価にあるからだと考え，「距離感」という言葉を用いた（三浦, 2016）。Menninghaus（2003）は美を「昇華された快」と呼び，Kant（1790）は「無関心の快」と表している。後者はむしろ，「無利益の快」と訳すべきかもしれない。いずれも，美は個人的な利害や関心から切り離された観照的な態度が前提であることを示唆している。美は常に遠くにあり，ときに努力や犠牲を伴って得られるものとして直感されてきたのだろう。

　「美学（Aesthetics）」では，そうした美とは何かを追求してきた。しかし，本書は「美」ではなく，「美感」に焦点を当てている。美感とは，一般的な使い方では（本書での使い方は第1章参照），「美しいと感じること」あるいは「美に対する感覚・感受性」を意味する言葉である。したがって，ここでは，美に対する感受性をもっていて，対象を美しいと感じる「人」を主語（subject）として，人は何に美を感じ，何を美しいと思うか，それはなぜかを考えることになる。さらに，より重要なこととして，その作業を通して，人はいかにして美を感じるのか，つまり，美を感じる際の特徴や処理について考えることになる。そのことによって，個々の美の向こう側に共通する普遍的なるものを捉えようというのが本書の主眼である。言い換えると，本書は美を切り口として，知覚，感性認知，思考といった心の活動の統合的なあり方を考えようというのである。

結果的に，この作業が対象美とは何かを垣間見させてくれることにもなるだろう。

　ただし，本書は美あるいは美しさのみを取り扱うものではない。快や嗜好，かわいさや面白さなどの肯定的な印象や感情，さらには不快感や嫌悪感，醜や違和感などの否定的な印象や感情にも言及していく。たとえば，美と醜は大きく異なるように思えるが，人は醜にも魅力を感じ，ときに滑稽という形でそれを乗り越え（Rosenkranz, 1853: 3.11 参照），価値を見出すことがある。肯定的評価と否定的評価は常に対極というわけではない。特に，魅力では対極的なものが同時に複合感情として表れることが少なくない。一方，快不快は基本的な感情で，美に限らず，多様な印象の基盤となる。逆に，面白さは知的判断として，独自の性質をもって現れる（Silvia, 2012: 3.11 参照）。こうした多様な印象や評価あるいは感情は，心理学では評価性因子（2.4 参照）あるいはヘドニックトーン（3.1 参照）と呼ばれてきた。本書は，したがって，評価性因子やヘドニックトーンについて議論するものである（1.1 参照）。しかし，このような旧来の表現を使わず，美感と総称したことについては，第1章でその理由を述べることにする。

　人が何らかの印象を喚起し，対象の評価判断を行うとき，対象の多次元的な物理特性に加え，そのときどきの覚醒度や注意が影響する。学習や経験でかつて得た記憶も関与する。個人を取り巻く文化や社会，時代や風土などの外的要因も関わってくる。美感は常に包括的な知覚として捉えられ，統合的な認知として判断される。そうした知覚や認知に基づく印象喚起や評価判断がどのような要因によってどの程度，規定され，どのように統合されて行われるのかを，それぞれのテーマに沿って考えることになる。

　人には誰しも美しいと感じる景色があり，好きなもの・嫌いなものがある。その理由も自分ではわかっていると思うかもしれない。しかし，たとえば，下條（2008）は，少しだけ長く見た方の顔写真を好ましいと判断することを示し，Cutting（2003）は，流通量の多い芸術が好まれることを指摘した（8.5, 8.6 参照）。理由を聞かれたとき，好ましく思うのはただ長く見ていたからだとか，しばしば見ていたからだと思うだろうか。Maass（2007）によると，右利きのひとは左から右に流れるサッカーのシュートを美しいと感じ，Casasanto（2009）によると，右側に書かれた履歴書の人物を優秀だと判断する傾向があるという（3.7 参照）。この判断が利き手と関係していることに果たして気づく

だろうか。Stieger & Swami（2015）は，黄金比はそれに関する知識をもっている人だけが，しかも，意識して判断したときだけに，好ましく思うものだと指摘した（1.3参照）。知識をもっているから美の判断にバイアスが生じているという認識が当人にあるだろうか。一方で，特定の物理特性が，美しさや魅力，醜さや不快感を引き起こすこともある。どのような特性がどのような印象を喚起し，それはなぜなのだろうか？　本書ではそうした問いに，古典的な研究から最新の知見まで，あるいは形而上学的な思索から脳科学的な成果までを紹介して，答えていくことになる。

　本書は8章より構成されている。第1章では美感（aesthetic science）という言葉の源流をたどり，主体と客体（対象）からの両アプローチがコインの両面のようなものであって，対象と主体という第2章と第3章の分け方が便宜的なものに過ぎないことを強調する。また，美の実証科学の出発点であるFechnerーの黄金比研究に触れ，その後の展開を振り返る。黄金比研究は第2章の「対象からのアプローチ」の序論ともなるが，第3章の「主体からのアプローチ」による研究も含まれる。第2章の「対象からのアプローチ」ではゲシュタルト心理学の「よさ」の指摘から始め，情報科学や多変量解析，心理物理学的観点からの研究を紹介し，進化論からの説明やアフォーダンスからのデザインについても言及する。これらはいずれも，一義的には対象の特徴に視線を向けた研究である。第3章では，主体に焦点を当てた研究や理論を紹介する。Berlyneの行動主義モデルを出発点に，認知心理学における多様な理論や，感情に関わる現象に言及する。不快感情や，評価判断の個人差や文化差にも触れている。

　第4章では色と形状の好みに関し，日常生活から芸術作品までを対象に古典的研究から最新の研究までを紹介し，嗜好が生理学的側面と文化社会学的側面のいずれによっても決まることを指摘する。普遍性を求めるモデルや理論を示すとともに，性差や発達差，文化差にも言及する。

　第5章では人は何を手がかりに，どのような情報処理に基づいて，他者に魅力を感じ取るのかが問題にされる。この領域は社会心理学や非言語コミュニケーション研究，パーソナリティ心理学，進化心理学にも関わり，1990年代以降に急速に進展した領域である。最新の知見を盛り込み，生化学や脳科学の知見も含めて，対人認知の魅力に関する研究が網羅される。

　第6章と第7章では美感の神経美学的基盤と，脳機能障害による美感の変化が語られる。前者では神経美学と言われる分野に関し，皮質での情報処理のあ

り方を，主に絵画を用いた研究によって確認する。聴覚美や時間軸での分析も紹介され，脳は美をどう感じるのかという研究の現在が示される。後者では脳機能障害による表現の変化を見ることで，脳の局所性と統合性が語られる。

　第8章では美感の時間特性が扱われる。マイクロジェネシス研究による1秒以内の処理の特徴から，単純接触効果や流行，文化といった長い時間軸での美感の変遷までが俎上に載せられている。

　本書は各章が少しずつ内容を重ねながら，カノンのように展開していっており，最初から読まなければならないというものではない。関心のある章から読み始め，関連する章へ，あるいは基礎的な知見へと読み進んでいってもらえればよい。

　美感に焦点を絞って書かれた実証科学の本はこれまで日本では刊行されてこなかった。企画から7年以上も経過したが，この間にも内容を更新し，新しい研究も含めた充実したものになったと思う。この本が，美感に関心のある心理学の研究者はもとより，脳科学や行動経済学，感性工学の研究者，あるいは，美学や芸術，デザインに関心をもつ人々，さらには広く人の心の問題に関心のある人々に届くことを願っている。

xv

目　次

シリーズ統合的認知 ……………………………………………………………… i

はじめに ……………………………………………………………………………… ix

第 1 章　美感とは何か ………………………………………………………… 1

1.1　Aesthetic science としての「美感」　1

1.2　主体と対象　5

1.3　美の実証的研究の始まり　7

第 2 章　美感研究：対象からのアプローチ ………………………………… 17

2.1　ゲシュタルト心理学からの展開　17

2.2　よさ（goodness）の定量化　23

2.3　隠れた秩序　31

2.4　SD 法による研究：多次元からの印象把握　35

2.5　進化論および比較認知行動学からのアプローチ　38

2.6　アフォーダンスとデザイン　42

第 3 章　美感研究：主体からのアプローチ ………………………………… 45

3.1　バーラインの行動主義モデル　45

3.2　反転理論：評価の観点　48

3.3　単純接触効果　49

xvi 目 次

3.4 典型選好理論 50

3.5 典型的景観と構図のバイアス 51

3.6 状況の恒常性と確率論 53

3.7 処理流暢性理論 55

3.8 感情評価理論 58

3.9 感性多軸モデル：感情円環モデルの拡張 60

3.10 情報処理段階モデル 60

3.11 面白さの不適合理論 62

3.12 不快感・嫌悪感 64

3.13 普遍性と差異 68

第4章 色と形状の嗜好 ……………………………………………… 73

4.1 美感と視覚的嗜好の関係 73

4.2 色嗜好 74

4.3 形状嗜好 83

4.4 嗜好研究の展開 94

第5章 対人魅力と美感 ……………………………………………… 95

5.1 なぜ対人魅力研究が必要か 95

5.2 対人魅力研究の対象と語用 96

5.3 対人魅力に関する理論的枠組み 101

5.4 対人魅力の形成 104

5.5 魅力認知の時空間的特性 110

5.6 顔魅力に関与する形態的要因 116

5.7 対人魅力に関与するホルモンと内分泌神経系 124

5.8 その他の心理学的要因 129

5.9 魅力認知の脳内基盤 132

目　次　　　　　　　　xvii

5.10　対人魅力の課題　137

第6章　美感の神経美学的基礎 …………………………………………… 139

6.1　脳神経科学としての美感研究　139

6.2　神経美学の枠組みとアプローチ　139

6.3　視覚芸術の情報処理過程　143

6.4　脳の機能特化と美術様式　146

6.5　美感の脳内基盤　152

6.6　美感の客観的特性と知覚関連性　160

6.7　今後の課題　165

第7章　美感と脳機能障害 ………………………………………………… 167

7.1　美感研究における脳機能障害研究の位置づけ　167

7.2　脳機能障害が美感へ与える影響：感覚欠乏症　168

7.3　美感と大脳半球機能差　171

7.4　芸術家における脳機能障害と芸術表現　172

7.5　緩徐進行性神経病変と芸術表現　177

7.6　芸術家における感覚障害とその芸術表現　183

7.7　精神疾患における美感と芸術表現　184

7.8　美感研究における脳機能障害研究の課題　185

第8章　美感の時間特性 …………………………………………………… 187

8.1　知覚と認知の時間特性　188

8.2　顔の高速処理　191

8.3　絵画のマイクロジェネシス研究　197

8.4　絵画鑑賞の時間特性　200

8.5　選好注視と視線のカスケード現象　202

8.6　比較的長い時間軸での印象の形成と変容　204

おわりに ……………………………………………………………… 211

引用文献 ……………………………………………………………… 219

索　引 ……………………………………………………………… 259

第1章　美感とは何か

1.1　Aesthetic science としての「美感」

❖美感とは

　美感とは，一般的には「美しいと感じること」，「美に対する感覚」を意味し（大辞林），哲学用語としては，「知覚・感覚・情感を刺激して内的快感を引き起こすもの」（広辞苑）と定義されている。

　しかし，本書では美感の意味を，美しさに限らず，また，よさ，快さ，面白さといったポジティブな印象や感情にも限らず，嫌悪感や不快感，あるいは違和感などの負の印象や感情も視野に入れている。この本での美感はむしろ，aesthetic science の意味であるというのが三名の共著者の共通認識である。

　しかし，本来，aesthetic science は，美や醜，快や不快といった印象や評価のみを対象とする科学ではない。筆者のひとり，三浦はこれまで，aesthetic science を「感性科学」あるいは「感性認知学」に対応する用語として用いてきた（三浦，2013, 2016）。この領域では，対象の印象や評価だけではなく，質感や奥行き感・速度感などの知覚印象，論理的には解のない問題に直感的な日常的解を与えるヒューリスティクスや感性知，革新的な科学的発見や芸術作品の創造の背後にあるひらめきなど，多様な感性の表れに呼応する幅広い研究をその射程に入れている（三浦，2013）。

　一方，aesthetic science をエステティック・サイエンスと片仮名書きすると，美容科学と混同される。

　本書で扱っているのは，感性科学全般でもなければ，美容科学でもない。そうではなくて，美や魅力，好みや気持ち悪さ，面白さなど，対象に対する印象や評価，感情であり，それをもたらす知覚や認知のメカニズムやプロセスである。そのことを明確にするため，監修者の提案に従い，aesthetic science に「美感」という訳を当て，この領域に限って，多様な研究を示すこととした。

　aesthetic に美という訳語を当てることには，現代の学問的潮流からすれば，

躊躇もあった（1.1 参照）。また，美や快などの評価判断について表現する言葉として，心理学では「評価性判断」（2.4 参照）あるいは「ヘドニックトーン」（3.1 参照）という用語がすでにある。しかし，評価性判断やヘドニックトーンという用語は背後に特定の方法論や知見を負っていて，その説明なしに理解することが難しく，それを用いることもためらわれた。これに対し，「美感」という表現は，専門的な知識がなくても射程とする内容を直感的に把握することができ，さらに，人の「感じ方」に主眼を置いていることも明確になる。そこで，本書では美や快不快などの印象や評価に対し，美感という言葉で表現することとした。

　意外なことに，これまで美感に対し，幅広く整理した書物は刊行されてこなかった。また，それを統合的認知あるいは包括的知覚として捉えた議論も多くはなかった（三浦，2007, 2016）。そのため，各執筆者はできるだけ多くの研究を含めることで，今後の議論の助けになるようにと考えた。

❖統合的認知としてのアイステーシス

　そもそも，aesthetic の源流をたどると，古代ギリシャ語のアイステーシス（aisthesis）に行き着く。現代ドイツの美学者 Welsch（1990）によると，アイステーシスとは，もともと広義の「知覚」を意味する言葉で，感覚的な知覚から精神的な知覚，日常的な知覚から芸術的な知覚までを意味する内容であったという。心理学の用語を用いるなら，感覚から認知，感性から感情までを含む内容であって，もとより包括的な概念だったと思われる。もちろん，このことは古代ギリシャ人が感覚や感性を区別していなかったことを意味するものではない。むしろ，心の働きを総合的に捉える言葉をもっていたというべきかもしれない。アイステーシスは単なる感覚や知覚ではなく，包括的知覚もしくは統合的認知ということができるだろう。知覚や認知はそもそも，包括的，統合的な性質をもっている。

　このアイステーシスが，美や芸術と結びつくのは 18 世紀になってからのことである。

❖美学の見直し

　ドイツの哲学者 Baumgarten は 1750 年，アイステーシスという言葉をもとに，*Aesthetica* を上梓する（Baumgarten, 1750; 図 1-1）。それが後に「美学」と

図1-1 Baumgartenによる*Aesthetica*の表紙

呼ばれる学問の端緒となる。

　しかし，当初Baumgartenがめざしたのは，美の学問ではなかった。そのことは，彼が「美（カロン）」ではなく，「知覚（アイステーシス）」という言葉をもとに学問を興したことからも示唆される。Baumgartenは感覚や知覚，感性など，彼が「判明ならざる認識」とよんだ心の領域に関し，それについて考える新たな知（episteme）の枠組み（scientia）を与えようとした。いわば，従来の知性や理性に基づく認識の論理学に対し，感覚や知覚，感性に基づくもう1つの認識の論理学を構築しようとしたのである。彼は「知覚」あるいは「感性」について考える学問を興そうとして，いわば，美を切り口とした。しかも彼が注目したのは，「対象としての美」ではなく，「認識としての美」であった。何が美しいかではなく，美しいと感じる心のあり方を考えようとしていた。美学者佐々木健一（2001）は「感ずることの特徴を強調しようとするとき，われわれは，知的な意識の分析的な働きとは正反対のものを求めている」と述べる。Baumgartenの視線も，意識の分析的な働きより，感官的な心のあり方に向けられたことだろう。しかも，Baumgartenは，そうした研究は確実な証拠に基づいた学知でなければならないとも考えていた。こうしたことは，現在の

aesthetic science にも，あるいは，その基盤となる知覚・認知研究にも共通することである。

だが，Baumgarten は，感性的認識は固有の完全性の形式を有し，この形式が「美」であると考えた。そこで，彼は感性的認識の科学（Baumgarten, 1750）の目標を美の究明に定め，さらに，後の自身の著述において aesthetica を「美しきものを対象とする学」と訳すに至り，彼が提案した学問は「感性学」ではなく，「美学」としての展開を辿っていく。さらに，彼は「芸術は美に関わるものであるから，aesthetica は芸術の理論でもある」と述べ，美学は主に芸術を対象とする学問になっていく。もっとも，こうした方向付けは，Baumgarten 自身の意図ではなく，19 世紀の美学者たちが自らの学問の正当性を主張するために，Baumgarten を引き合いに出した結果だという指摘もある（大澤，2008）。いずれにしても，西洋美学はそれ以降，古代ギリシャ以来の理性や論理あるいは認識に主軸をおいて，芸術における理想の美を追究していくことになる。

ところで，現代芸術は必ずしも「美」を目標にはしていない。したがって，芸術は美を考えるにふさわしい材料ではなくなった。そのため，近年，美学においても，Baumgarten の初期の発想に立ち戻り，感覚や感性による認識を研究対象にしようとする動きが現れた。そうした姿勢は訳語にも示され，Aesthetics を「美学」ではなく，「感覚学」や「感性学」と訳す書物が現われた（ベーメ，2005；ヴェルシュ，1998）。

こうした流れに抗して，aesthetic science を「感性科学」ではなく，「美感」と訳すのは時代錯誤的に思われるかもしれない。だが，先に述べたように，本書で扱う内容は，感性科学全般ではなく，印象や評価判断，感情に焦点を当てたものであり，そのことを直感的に分かりやすく示すものとして，美感という言葉を用いることとした。

❖認知科学の見直し

美学領域で見直しが行われた同時期に，基礎心理学においても，従来の「知」を中心とする知覚・認知研究から，感覚，感性，感情といった「感」を含む研究が必要であることが指摘されるようになった。トータルな人間理解には，「知」と「感」，あるいは意識処理と直感処理の両輪において，対象を捉えることが重要であるという認識が示されるようになる（辻，1997；Damasio, 1994）。

もちろん，知性と感性を「対極にあるもの」として捉える必要はない。また，両輪ではなく，知性は感性の一部であると考えてもよい（Sontag, 1964; 三浦, 2007）。だが，論理的，知的な側面からだけでは，人間の知性すら十分に説明できないことが分かった以上，Baumgarten の指摘した「判明ならざる認識」の解明をめざす必要がある。こうして基礎心理学においても，感性，共感覚，感覚間相互作用などの「感」に関する研究に注目が集まるようになる。

　時代を共有して，美学においても心理学においても研究対象の再考が行われ，美学（Aesthetics）においては感覚あるいは感性の認識へ，基礎心理学においては美や感性の認知へと展開され，両者の発想は接近していく。21 世紀に入ってますます顕著となったこうした傾向は，しかし，二つの学問を交叉させることなく，基礎心理学においては，むしろ，神経美学や比較認知科学へと対象領域を広げていく。

1.2　主体と対象 ··

　ところで，本書の第 1 章後半から第 3 章にかけては，美の実証研究に関し，古典的事例から最新研究までを整理したものである。このうち，第 1 章の後半と第 2 章は「対象からのアプローチ」，3 章は「主体からのアプローチ」として分類されている。「対象からのアプローチ」は対象（object）の外的特性に視点を置いた研究であり，「主体からのアプローチ」は主体（subject）の内的特性に視点を置いたものである。しかし，重要なことは，両アプローチは表裏に過ぎないということである。

　これは一見，奇妙なことに思えるかもしれない。対象からのアプローチは「もの」から考えるもので，対象を物理特性として客観的（objective）に捉える視点であり，一方，主体からのアプローチは「ひと」の内的処理を考えるもので，主観的（subjective）な視点から捉えるものだからである。subject と object は，主体と対象，あるいは主語と目的語というように，明らかに方向の異なるもので，対極に位置するもののようにも見える。それにも関わらず，面白いことに，感覚や感性を問題にする場合，実は，その区別がしばしば曖昧になる。

　たとえば，フランスの哲学者 Reboul（1980）はアイロンに触ったとき，その温度が低ければアイロンの温度として意識できるが，温度が高ければ手の痛み

として感じられると指摘した。この場合，温度という連続的な物理値が，低ければ対象の特性に帰属され，高すぎれば主体の感覚に帰属されることを意味している。感性や感覚の研究においては，対象と主体，客観と主観，物と人，外在と内在という対峙すべき概念は入れ替わりうるのである。

　美的判断においても同様の現象を指摘できる。たとえば，風光明媚な景色を見てそれを美しいと感じた場合，景色が客観的に美しいことを意味しているのだろうか。それとも，（私が）その景色を主観的に美しいと感じたのだろうか。景色は物理的に外在していると考え，客体としての「もの」を客観的に分析することもできるだろう。一方，景色は主観的，生理学的に内在するものとして，主体の「こころ」を考察することもできる。前者であれば，色彩や比率，構図の偏りなどを扱うことになり，後者であれば，記憶や感情，状況のあり方や処理過程が視野に入ってくる。

　さらに別の例を挙げてみよう。第2章で述べるゲシュタルト心理学では，規則的で対称的な形を「よい」と判断した（図2-1）。しかし，そうした形は，処理する際の心的負荷が低く，流暢に処理できる。負荷が低く，流暢に処理できるものを，人は「よい」と評価するという説明も成り立つ。すなわち，刺激の客観的な特徴に重点を置くことも，その背後にある主体の処理に置くこともできるのである（2.1, 2.3 参照）。そもそも規則性や対称性という，一見，物理的に思える特徴ですら，主体の見方に依存する（2.1, 2.2参照）。どう体制化して対称性を見出すか，どの程度規則的に感じるかは，主体の知覚や判断でもある。ゲシュタルト心理学ではまた，単純かどうか，簡潔かどうか（プレグナンツ：2.1.1）を知覚の基盤に考えた。しかし，単純か複雑かについても，物理的特性から考えることもできれば，心理判断として捉えることもできる。刺激特性からの説明と内的処理の説明は共存可能で，どちらが正しいというものでもない。

　このように，対象からの考察と主体からの考察は同じ事態の表裏ともなりうるので，第1章後半から第2章にかけての対象からのアプローチと第3章における主体からのアプローチは仮の分類に過ぎず，片側からの研究成果はもう一方の側からの研究に開かれていることを強調しておきたい。

　歴史を振り返ると，実証的な美感研究は後述するように，Fechner（1873, 1876）の実験美学にさかのぼることができる。したがって美感研究は，まず対象の物理特性に注目して始まったといえる（1.3. 参照）。だが，その際に彼が調べたのは，いずれを美しいと思うかという人の判断であり，彼が関心をもって

いたのは，脳の中で物理特性がどのように変換されて，その判断が生まれたかにあった。

　その後，カナダの心理学者 Berlyne（1971）は，Wundt が刺激強度の関数として捉えた値を脳の活動強度に置き換え，さらには心理的連続帯の関数として展開することで，美感を主体の心理特性から捉える方向を提案する（3.1 参照）。Berlyne の行った独立変数の展開は，物理的強度から生理的強度，さらには，心理的強度への転換であり，Fechner の心理物理学（Psychophysics）の発想から心理心理学（Psychometrics）の発想への移行であった。しかし同時に，Berlyne は情報学の概念を適用し，評価対象の特徴を厳密に記述しようともしている。彼の関心は主体の内的過程の考察にあったが，刺激の物理特性をどう記述するかにも力を注いだ。

　Fechner と Berlyne の美感への接近は両極からのものだったが，こうしてみると実際のところ，両者の発想は両極ともいえないのである。感性や感覚に関する議論は，主体（知覚者）と客体（対象）のいずれの側もにらんで，常に行われるのだろう。

　Berlyne 以降，対象からのアプローチと主体からのアプローチは並存してきた。新たな研究の一歩がいずれか一方のアプローチのみによったわけでも，心理物理学から心理心理学への一方的な展開があったわけでもない。むしろ，いずれかのアプローチにおける展開が他のアプローチにとっても新たな扉を開くものとなった。このことは次に述べる黄金比研究でも示される。

1.3　美の実証的研究の始まり

　美感の実証的研究は，すでに触れたように，Fechner の古典的研究にさかのぼることができる。そこで，本書では彼のこの領域における代表的な研究例として，黄金比研究を紹介することから始めよう。黄金比研究が美感研究を代表する研究例だからでも重要だからでもない。この研究は長らく行われており，その間，対象からのアプローチも，主体からのアプローチも行われてきたからである。さらに，黄金比研究は判断の結果が時代によっても変わってきた。このため，美の普遍性とは何かを考える材料にもなるだろう。

8 第1章 美感とは何か

❖実験美学の誕生

19世紀後半に，古代ギリシャ以来の，美を思弁的に語る上からの美学（形而上学）に対し，人々が実際に感じている美的印象を実験や調査によって検証する「下からの美学」が登場する。この考え方と方法論を提案したのが，ドイツの物理学者 Fechner である。古代ギリシャの哲学者が，「美は目に見えず，言葉で語れないイデア」だと考えたことを思うと，物理特性の中に美を探る試みは革新的であったことだろう。しかし，先にも触れたように，Fechner の最終的な目標は，外的な物理特性が脳においてどのように変換されるかを知ることにあったとすれば，彼の研究もまた，内的な特性を探る研究であったといえる。

Fechner はそれに先立つ 1860 年に，対象のもつ物理特性と人の感覚との関係を考える「精神物理学（Psychophysics）」を提案する（Fechner, 1860）。そこでは，重量と重さの感覚，輝度と明るさの感覚などが問題にされた。だが，美もまた，重さや明るさと同様，感覚の1つとして捉えるなら，物理値に対する感覚量として，対象と主体の関係性を探ることができるはずである。彼はそう考えて，精神物理学の発想と手法を美や芸術の評価に適用し，1873 年に『実験美学論』を，1876 年に『美学入門』を著した。実証的な美の研究である実験美学の誕生である。美感研究の歴史もここから始まる。

❖Fechner の黄金比研究

Fechner が「美学入門」において行った黄金比の研究は，ドイツの現代の実験心理学者 Höge（1977）によると，100 年を越えた現代においても美感研究に刺激を与え続けているという。黄金比が神授比例法，すなわち神が授けた比例法として唯一絶対の美の法則だと思われていた時代に，人々が本当にそのように感じているのかを実証しようとした姿勢は，現代の実験心理学者の好奇心とも重なってみえる。

Höge は 1977 年になって，Fechner の論文（Fechner, 1865）を初めて英訳し，自らも Fechner と全く同じ方法で，黄金比研究の追試を行った（1.2 参照）。その結果を示す前に，Fechner の行った実験とその結果を紹介しよう。

黄金比（golden ratio）とは，線分を a と b の長さに分割するとき，a:b=b:(a+b) が成り立つ比のことで，約 1:1.618 になる。この比率をもつ矩形は図1-2 のような形状となり，この矩形から縦横比が 1:1 の正方形を切り取ると，

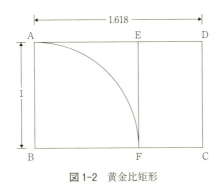

図1-2 黄金比矩形

残った矩形は再び黄金比をもつ矩形になるため，隠れたフラクタル構造をもっているともいえる（1.3:Boselie, 2.3 参照）。

Höge の英訳によると，Fechner はさまざまな縦横比（1:1 ～ 2:5）をもつほぼ等面積の白い矩形 10 個を，黒いテーブルの上にランダムな方向で呈示し，さまざまな評価者に矩形の美しさを評価させた。評価者は「教育を受けた，さまざまな性格をもつ，16 歳以上の」男女 347 名であった。

その際に用いられた教示は「もっとも快く，満足でき，調和がとれ，優美な」矩形を選ぶように，というものであった。この教示は，とりもなおさず Fechner の行った美の定義だといえる。すなわち，彼は美を複数の次元で定義したことになる。したがって，参加者もまた，複数の次元での判断を選択・統合して，総合的な判断を下したことになる。

さらに，Fechner は実験の際に，黄金比に関する知識の有無も尋ねたようである。この手続きに関し Höge は，事前に知識に関する調査を行ったのであれば，それが結果に影響した可能性もあると指摘する。

さて，Fechner の実験結果はどうだったのだろう。図1-3 に示すように，黄金比に近い 21：34 の比率をもつ矩形を快いと支持する人が最も多く，その前後の矩形の選好率が次いで高いというものであった。このため，Fechner は黄金比の美を実証した研究者だということになっている。

しかし，グラフが示すように，黄金比矩形をもっとも美しいと選考した者は，男性では 34.50％，女性では 35.83％である。黄金比が「神授比例法」と呼ばれるような，唯一絶対の基準であれば，もっと高くてよさそうである。逆に言え

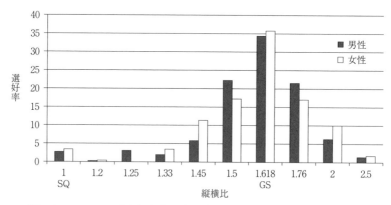

図 1-3 Fechner の黄金比実験の結果（ローデータに基づき作成）。
SQ は正方形，GS は黄金比矩形。

ば，Fechner の実験は，美あるいは好みに個人差があることを実証した最初の研究だともいえる（三浦，2006）。

Fechner はさらに，男性よりも女性において分散が大きいこと，正方形を好む個人のいること，学歴の高くない職人において，その傾向が強いことも指摘している。事前に黄金比への知識を問うていたことと合わせ，彼の結果は知識による影響を受けていた可能性があることを示唆するものかもしれない。この点については，1.3 で紹介する Stieger と Swami の研究が現時点での結論を出している。

なお，Fechner は同様の実験を楕円でも行ったという。しかし，楕円では黄金比を選好する傾向は見られず，こちらの結果は公にしていない（Livio, 2002）。

❖20 世紀以降の黄金比研究
Höge たちの追試

20 世紀に入ってからも黄金比に関する追試が行われている。実験美学あるいは美感研究の再興者として知られる Berlyne（1970）も追試を行い，Fechner を支持する結果を得ている。

しかし，近年の追試はいずれも，正方形，つまり 1:1 の比を好む傾向が（Fechner が指摘したような学歴にかかわらず）示されている。たとえば，現代ドイツで Fechner と同一の方法で追試を行った Höge（1997）や，イギリスで学

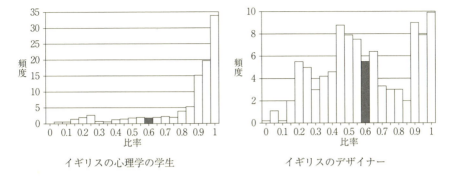

図 1-4 比率の異なる矩形の選好における個人差。灰色の部分が黄金比矩形 (Macrosson & Strachan, 1997)

生とデザイナーを対象に調べた Macrosson & Strachan (1997) の実験（図1-4）でも，最も好まれた比率は 1:1 の正方形であった。

さまざまな幾何学図形の美度を計算した Birkhoff (1932) によれば，正方形の美度が 1.5 でもっとも高く，次いで 1.25 の黄金比矩形であった。正方形がもっとも美しいという近年の実験結果を支持する知見である（2.2 参照）。

なお，Macrosson らの研究においては，専門家（プロダクトデザイナー）の方が一般の学生よりも好ましさに多様性が見られ，黄金比も（一番ではないものの）一定の支持を得ていた。この結果が，彼らの感性や個性に基づくものなのか，黄金比に対する知識やデザインにおける訓練に依拠するものなのかは不明である。なお，専門家の方が美的判断において多様な選好を示すことは，パターンのよさ研究における仲谷・藤本 (1984) の結果でも指摘されている。

潜在的評価と顕在的評価

Höge (1997) は Fechner の黄金比実験における知識の影響を示唆したが，Stieger & Swami (2015) はこの点を，潜在的連合テスト（implicit association test）を用いて検証した。潜在的連合テストとは，肯定的あるいは否定的な印象をもつ形容詞が，ある語（たとえば，中心と周辺）と対をなして呈示された際に，その語への反応時間が，対となった形容詞との連合強度に影響されて変わることを利用したテストで，使用した語への無自覚的，潜在的な肯定・否定を反映するものと考えられている。

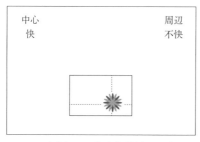 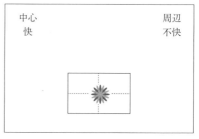

図1-5 黄金比選好に関するIATを用いた潜在的評価実験の刺激図
(Stieger & Swami, 2015 に基づき作成)

　Stiegerらは，画像のメインモチーフが中心にあるか，左右の黄金比の位置にあるかの2択の構図を用い，判断すべき選択肢（中心か周辺か）の下に快感情もしくは不快感情を表す形容詞（美しい－美しくないなど）を対呈示し，配置に対する無自覚な快不快判断を調べた（図1-5）。その結果，潜在的判断，つまり無意識的に行う判断では，一般人でも芸術愛好家でも黄金比よりも1:1である中心位置にメインモチーフの置かれた構図（図1-5右）が好まれることが示された。一方，SD法（2.4参照）による顕在判断では，芸術愛好家においてのみ，黄金比の位置に置かれた構図（図1-5左）も好まれた。
　言い換えると，黄金比に関する知識をもつ者のみが，意識的に判断した場合に限って，黄金比を選好する傾向を示したことになる。このことから，StiegerとSwamiは黄金比に対する選好は知識依存だと指摘している。この比率は美しいはず，という思い込みが判断に影響していることになる。

理論の不在

　ところで，黄金比に関しては，それが好まれるかどうかの研究は多いが，「なぜ」好まれるのかに関する議論は少ない。Stone & Collins（1965）は人間の両眼視野の形状が黄金比矩形と似ているからだという仮説を提案した。しかし，この仮説を検討したHintz & Nelson（1970）によると，参加者の両眼視野の形状と選好された矩形には0.279の相関しかなく，根拠としては乏しいと結論づけている。
　一方，黄金比がフラクタル構造を有していることに注目した説明もある。フラクタル構造とは，相似した図形やパターンがスケールを変えて，図形内に繰

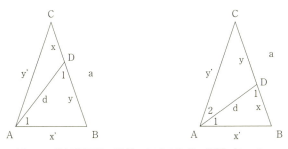

図 1-6 幾何学図形の選好における秩序の影響（Boselie, 1984 で用いられた刺激図形の一例）

り返し含まれる場合を言うが（2.3 参照），フラクタル構造を有する形態は図形内に繰り返しを含むため，処理負荷が低いとも考えられる。そのため，フラクタル構造を有する形態は美しいと言われてきた。黄金比も隠れた自己相似構造を有している（1.3 参照）。この「隠れた秩序」が黄金比の美しさにつながるのではないかと考える仮説である。

Boselie（1984）は，美的判断はその中に存在する秩序を見いだすことにあり，秩序が捉えられれば美的魅力は高まると考えて，図形内部の分割の仕方を変えた幾何学図形を刺激に用い，フラクタル仮説の検証を行った（図 1-6）。その結果，黄金比やフラクタル構造に分割された場合（図 1-6 右）に限らず，図形の中に等辺や等角の数が多くなるように分割された図形は美的魅力度が高くなることが示され，黄金比に限らなかったものの，秩序を有する構造が見える場合には，仮説が支持されることが示された。ただし，補助線がなければ黄金矩形にフラクタル構造を見出すことは難しく，補助線がない場合でも美的だと判断されるかどうかは不明である。

このように黄金比がなぜ美しく見えるのかに関しては適切な理論がない。しかし，上述したように，そもそも黄金比が美しいという前提自体が疑わしいのであれば，それを支える理論がなくても当然のことだろう。

悪い正方形

Sander（1931）は観察者の多くが正方形と黄金比矩形を美しいと判断することに加え，正方形から少しはずれた四辺形を「悪い」正方形と呼ぶことに注目

している。彼はゲシュタルト心理学（2.1 参照）の「よい（good）形」の原理に対し，そこからはずれたものを悪いと感じる傾向があることを指摘した。完全に近いが，完全でないものに対して不快感をもつことは，「不気味の谷」に通じるものかもしれない（3.12 参照）。規則性に近いが，実際には規則性のない配置に対して不快感を抱くことは，三浦らの日本庭園の庭石配置の研究（Miura, Sukemiya, & Yamaguchi, 2011; 2.3 参照）においても示されている。

❖ Fechner による美の特徴

Fechner は，美的と感じられるものの特徴を示すに当たり，美しいものを選ばせる方法（選択法），作成させる方法（産出法），実際に使われているものを測定する方法（使用法）を提案し，これらの手法により，以下の特徴を提案した。

- 刺激が適度なこと
- 刺激が相互に補助しあい高揚し合うこと
- 多様性の中に統一があること
- 矛盾のない一致性をもつこと
- 明晰であること
- 美的連想性にすぐれていること

刺激が適度であることが望ましいとする指摘は，古代ギリシャの Alistoteles（335）や 18 世紀の Burk（1757）などの哲学者によっても行われ，中程度の覚醒水準に快を論じた Berlyne（3.1 参照）や「美の中心化傾向」（図 1-7）を指摘した野口（Nogchi & Rentschler, 1999）などの発想とも共通する。しかし一方で，それとは逆に，極端な美を好む傾向（ピークシフト）も比較行動学の研究を土台として指摘されており（2.5 参照），美や快などのポジティブ判断に関する議論は 1 つに収斂しない。

ところで，Fechner は評価結果と判断バイアスを分離するために，刺激を一度に判断させるのではなく，一対ずつ出して，どちらがよいかを判断させる一対比較法（paired comparison method）を提唱した。この手法は，その後，Thurstone（1927）によって間隔尺度を導く尺度構成法へと展開され，現在でも印象や好みの微妙な違いを測ることのできる手法として，官能検査や感性研

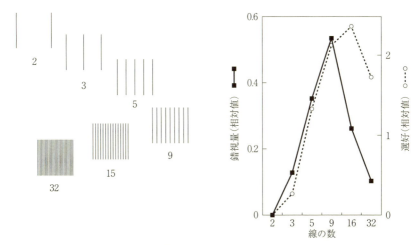

図1-7 分割線錯視における「美の中心化傾向」。分割線錯視の錯視量（実線）は刺激セットの中心に近い箇所で最大となるが，この位置に近いところで図形の美しさ（点線）も最大値をとる（Noguchi & Rentschler, 1999）

究で広く用いられている。

　Fechnerはこのように，今日の美感研究の発端となるさまざまな方法論を提案し，美の実証という分野の基礎を確立した。その後，この分野は美を数式で示そうとする方向（2.2参照）や，複雑な物理特性や多変量解析などによって定量化する方向（2.2, 2.4など参照），定性的な言葉や図例で理解する方向（2.1参照），行動主義や認知心理学の視点で考察する方向（第3章，第5章参照），脳科学の観点から議論する方向（第6章，第7章），進化論の立場から「なぜ」を追究する方向（2.5参照）などへと，多様に広がっていく。それらの研究はいずれも対立するものではなく並存し，あるいは，異なる処理段階での議論だとする見解もある（3.10参照）。次章では引き続き，対象からアプローチした黄金比以外の多様な研究を，また，第3章では主体からアプローチした研究を紹介していこう。

第2章　美感研究：対象からのアプローチ

　美感は「外部の」対象によって喚起されるものであり，その対象の特性によって印象や評価が決まる。対象の特性は物理的に規定できる場合もあるが（たとえば輝度や対称性），それに対する心理的評価（たとえば明るさや複雑さ）によって表現することもできる。この章では，対象の特性に焦点を当てた研究を取り上げ，多様な視点からの検討を紹介する。ただし，それらの検討は主体の「内部の」処理特性や処理過程から議論することもできる。

2.1　ゲシュタルト心理学からの展開 ·····························

❖よさとプレグナンツ

　20世紀初頭に登場したゲシュタルト心理学は，知覚の成立基盤に「よさ」という感性印象を置いた。さらに，ゲシュタルト心理学は言語や論理ではなく，視覚的あるいは聴覚的な例示によって，視覚や聴覚の理論を構築しようとした。これらの点はいずれも，知覚を対象としながらも，感性との関わりの中で考察することを示すものであり，アイステーシス（1.1参照）の観点からも，また，美感研究の歴史からも特筆すべきことだと言える。

　ゲシュタルト心理学は，「よさ」がプレグナンツ（Prägnanz）すなわち簡潔さ（simplicity）によって実現されると考えた。すなわち形態は常により簡潔な方向で知覚され，逆に，知覚されているものは，「プレグナンツの傾向（Prägnanz Tendenz）」に従って体制化された簡潔な形だということになる（図2-1）。プレグナンツの傾向は，対称性（シンメトリー）や規則性，あるいは円滑性（よい連続）などの外的特性によって実現されるが，何が簡潔かは物理特性のみで決まるのではなく，状況にも依存する（Kanizsa, 1979; Koffka, 1935; 2.2参照）。

　また，プレグナンツをもたらす対象は，幾何学的特性によるものであれ，隠れた秩序（1.3:Boselie, 2.3:Taylor, Micolich, & Jonas 参照）によるものであれ，低

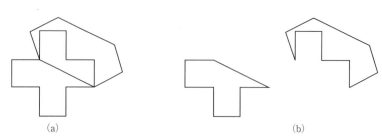

図2-1 よい形。図(a)は十字と六角形の組み合わせとして知覚され，(b)のような2つの図形の合体には見えない。十字と六角形が(b)の図形より「よい形」だからである（Kanizsa, 1979）

エネルギーでの知覚を可能にする。言い換えると，処理負荷（processing load）が低く，処理流暢性（rocessing fluency）が高い状態にある。したがって，簡潔性という外的特性は，処理の容易さという内的な観点からも説明することができる。

なお，ゲシュタルト（Gestalt）とは「形態」を意味する一般的なドイツ語だが，イタリアの知覚心理学者Kanizsa（1979）によると，意味を伴った「形（form）」ではなく，「体制化された構造（organized structure）」を指すという。体制化（organization）とは秩序を生み出す働きのことで，秩序は美やよさと関係する（2.2参照）。知覚が，与えられた感覚情報から「秩序ある構造」を見出す働きであり，その結果だとすれば，知覚の基盤には美感があるということになる。

✤対称・非対称・破対称

ゲシュタルト法則の1つでもある対称性は，よい形やよいパターンなど，プレグナンツを導く要因の1つとされてきた。実際，対称的なものや対称度の高いものは美しいと判断される傾向がある（2.5参照）。対称的な形態は，冗長度が高く（2.2参照），処理を容易にする。処理に対する負荷の低い形態が好まれることは処理流暢性の観点からも説明できる（3.7参照）。

ただし，脳科学者のJacobsonら（Jacobson, Schubotz, Höfel, & Cramon, 2006）は対称性の認知と美的評価は脳内の異なる部位で行われていることを指摘しており（6.5参照），両者は直結しているわけではない。

一方，西洋では対称的な構図が好まれ，日本では非対称の構図が好まれると指摘されることもある。確かにフランスの刺繍庭園は対称構図をもち，日本の

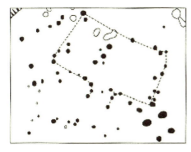 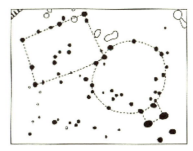

図 2-2 遺跡に対する体制化の個人差（Gregory, 1998）

枯山水庭園は非対称的に庭石が配置されている。フラワーアレンジメントと生け花においても同様の関係が見られる。しかし，日本の家紋にも対称性をもつデザインは多く，西洋においてもダイナミックバランスの概念がある。知覚心理学者の鷲見（1992）は，日本では「非対称」ではなく，「対称」という型を破る「破対称」が重視されてきたと指摘する。そうだとすれば，対称性あっての非対称なのだろう。また，枯山水庭園では，全体の配置を最初に決めるのではなく，部分の関係をつなげて作庭していくとも言われる。時間軸が入れば，静止した対称性にとどまらない。対称性と文化の関係は，多様な「過程」から見る必要がある。

なお，対称性に関しては，性差を指摘した研究もあり（Shepherd & Bar, 2011），対称性への偏好は男性においてのみ見られたという。

❖体制化における主体性の関与

ゲシュタルト心理学は，知覚における個人の経験や関心の関与を否定したわけではなかったが（Kanizsa, 1979），重点を置いたのは，対象の外的特性（近接，類同，対称性など）であり，主体に依存しない普遍的な特性であった。

一方，体制化における個人の経験や知識の影響を積極的に指摘したのは，イギリスの経験主義に基づく知覚心理学者 Gregory（1998）である。彼は，遺跡に残された柱の跡をどのように「群化（grouping）」するかは，近接の要因ではなく，研究者の持っている仮説に依存すると指摘した（図 2-2）。

Tonder & Ejima（2000）もハイコントラストで撮影されたダルメシアン犬の写真（「ジェームズの犬」）が，観察者によってさまざまに体制化（群化）され，

図 2-3　「ジェームズの犬」における体制化の個人差（Tonder & Ejima, 2000）

異なる形に知覚されることを示している（図2-3）。外的要因によってすべてが規定されるのであれば，同じ形態が見えるはずである。対象の要因に基づく体制化と，主体の要因に基づく体制化のあることが示唆される。

　なお，見え方が個人によって違うのなら，その見え方に対応するよさの評価も変わるだろう。こう考えて，児玉・三浦（2010, 2011）はパターンのよさの個人差，刺激差を議論し，処理負荷の観点から結果を説明している（2.2参照）。

✥Arnheim の造形理論
構造地図

　ゲシュタルト心理学の立場に立って，美や造形に関して積極的な考察を行ったのが Arnheim である。彼は視覚的なバランスに注目し，見えない「重心」に関心をもった。たとえば，枠の中心に置かれたドットは安定するが，そこから外れた位置に置かれたドットは不安定な印象を与える。それはドットを安定した枠の中心に引き寄せようとする張力が働くためだと彼は考える（Arnheim,

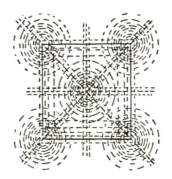

図 2-4 Arnheim の構造地図 (Arnheim, 1954)

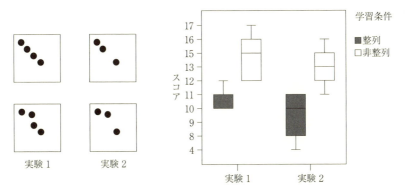

図 2-5 整列刺激(上)と非整列刺激(下)および選好結果。非整列刺激(白い矩形)の方が整列刺激(黒い矩形)よりも好まれる (Elliott et al., 2012)

1954)。枠内に形成されるこうした見えない力 (force) の分布を，彼は構造地図 (structual skelton) として表現し（図2-4)，バランスにおいて正しい (correct) 距離があると指摘した。

ただし，Arnheim はプレグナンツによる安定そのものではなく，プレグナンツに至る動的な力，あるいはその基盤としての能動的な知覚の働きに注目していたと思われる。近年，Elliott ら (Elliott, Salva, Mulcahy, & Regolin, 2012) は，ヒヨコが整列した刺激よりも非整列な刺激を好むことを見出し（図2-5)，それは非整列の対象が生物として劣っていて餌として捕まえやすいと考えるからではなく，示唆的な運動 (implied motion) をもたらし，注意を引くからだと，Arnheim の構造地図を引用して説明を行っている。

ゲシュタルト心理学の影響を受けた知覚心理学者盛永四郎（1954）も重心に注目し、「重心一致の法則」を提案している。重心一致の法則とは、幾何学図形の配置の重心が画枠の中心と一致するとき、特に美しく感じられることを指すものである。ただし、盛永の研究を展開した三井・椎名・小高（2009）は、同じ配置でも向きによって評価が変わり、より安定した向きで置かれると、評価が高くなることを指摘している。一方、三井らと同じ配置を用いた中嶋・一川（2008）は幾何学図形ではなく、自然画像を用いた際には、配置が利き手側に寄った場合に評価の高まることを示している（3.7 参照）。身体的な取り扱いやすさという主体側の要因も、美しさやよさの評価に関わることを示すものである。

視覚的思考

Arnheim は彼の著書『視覚的思考』（Arnheim, 1969）において、芸術活動は知覚と思考が不可分に結びついた推理形式であると指摘した。もとより、ゲシュタルト心理学が図示によって知覚理論を提示したことは、視覚的思考の有効性を認識していたからだろう。

ただし、創造的思考がしばしば知覚的な形で行われることは、ペンローズやアインシュタイン、ユング（たとえば、Jung, 1964）など多くの研究者が言及したことでもある（三浦，2007）。脳科学者の Zeki（1999）は、視覚情報処理が進化論的には言語処理よりも先立って進化し洗練されてきたと指摘する。革新的な発想や発見には、知覚的、直観的な思考が必要となるのだろう。ゲシュタルト心理学も、数式や言語による論理的展開より、知覚それ自体のもつ潜在的な力に注目し、直感的思考を重視していたと言える。

❖Köhler の「アハ体験」

アハ体験（Aha-Erlebnis）とは、何かを理解したり発見した際に「あっ」という感覚を抱くことである。このアハ体験を最初に指摘したのが、ゲシュタルト心理学者の Köhler（1921）である。Köhler は直感的な把握である洞察（insight）を提示した研究者でもある。

Boselie は美度の公式を提案する際に、アハ体験を伴う発見が関わるとき、美的評価は高くなると指摘した（Boselie & Leeuwenberg, 1985: 2.2 参照）。脳科学者の Ramachandran も、「ジェームズの犬」（図 2-3）において、さまざまな

群化可能性の中から特定の群化が選ばれる際に,「アハ効果」が生じ,それが報酬信号となって,ポジティブな感覚が生じると述べている(Ramachandran & Hirstein, 1999; Ramachandran, 2003)。

だまし絵や錯視の面白さとアハ体験との関連を指摘する研究者もいる(Stevanov, Markovic, & Kitaoka, 2012; 河邉, 2010)。絵とタイトルとのギャップを楽しむドルードル(Droodles)の面白さ(3.11参照)もアハ体験の観点から議論されている(Biederman & Vessel, 2006)。

2.2 よさ(goodness)の定量化

ゲシュタルト心理学は,刺激の特性を客観的に記述することや,よさに影響する諸要因を定量的に示すことに積極的ではなかった。しかしその後,パターン認識や情報理論の影響を受けた研究者の中から,ゲシュタルト心理学の示したプレグナンツの傾向を定量的に検証しようとする者が現れる。

❖ よい形の心理物理学

Hochberg & Brooks(1960)は幾何学図形を2次元のものとして知覚するか,3次元のものとして知覚するかは,体制化の際の処理負荷に依存すると考えた。3次元形状として捉えた方がその図形をより簡潔に,あるいは低エネルギーで捉えることができる場合には,その図形は3次元に知覚されるはずである。彼らはこの仮説を立証するために,ネッカーキューブ様の図形(図2-6)を用い,線図形を構成する辺の数や角度の数,交差点の数,閉じた部分図形の数などの17項目によって図形を定義した。一方,その図形が2次元に見えるか3次元に見えるかを10段階で評定させ,見え方を予測できる幾何学的要因の組み合わせを検討した。

その際,17項目の物理特性を因子分析によって3つの要因(角の総数:T_2,角の総数と異なる角の数の比:T_{12},連続した線の数:T_4)に集約し,重回帰分析によって図形の見え方の予測式を提案した。

$$Y_1 = \left[\sum (T_2 + T_{12} + 2 \times T_4)_i \right] / N_t$$

Y_1は3次元に見える程度,N_tは図形を表現する要素の数を意味している。この式は実験に使用した図形の見え方については0.80程度の相関を示したが,

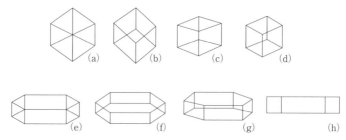

図 2-6　実験刺激の一部（Hochgerg & Brooks, 1960 に基づき作成）

新規図形の見え方については予測できなかった。なお，これよりも高い相関値が，連続した線の数という単独要因において得られている。

❖冗長度からの分析

Attneave の冗長度への着目

1950 年代以降，情報理論の概念に基づき，主に 2 次元形状の科学的な記述を求める動きが活発になる。たとえば，Attneave は，知覚とは経済的な記述に符号化する過程だと考え，「冗長度（redundancy）」に注目する。対称性や繰り返しは冗長度を高め，情報量を減少する。そうした処理負荷の低い図形は，記憶されやすい（Attneave, 1955）。こうした議論の中，意味を持たないドットパターンを用い，冗長度の観点からパターンのよさ（pattern goodness）を検証する研究が現れる。

Garner の冗長構造説：エントロピーとよさ

Garner は，冗長度は刺激の全集合とその部分集合に関係する概念であるのに対し，パターンのよさは不確定度（エントロピー）に関する概念であって，両者を直接結びつけて議論することはできないと考えた（今井, 1977）。そこで彼は，刺激の全集合の大きさに対して部分集合の大きさが十分に小さい場合に冗長度は大きくなることから，よいパターンは小さな推測部分集合に属するはずだという仮説を提案する。

仮説を立証するために彼の提案した変数が，同等集合サイズ（ESS：Equivalence Set Size）という概念である。具体的には，鏡像変換および 90 度ずつの回転変換を加えたときに，元のパターンと異なるパターンがいくつできるかに

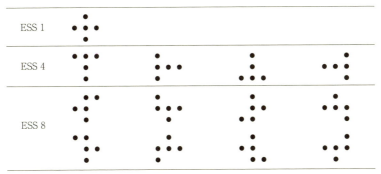

図 2-7 パターンのよさを調べるためのガーナーパターンの一例
(Garnaer & Clement, 1963)

よって操作的に定義する。ESS が小さいほど、対称性が強く、冗長度が高く、その結果、処理が容易な図形となる。ESS はパターンの不確定度（エントロピー）に当たり、エントロピーが小さいとよいと考えられる。

Garner & Clement（1963）は、3 × 3 の非明示的なマトリクスの上に 5 つのドットを配置するパターン（ガーナーパターン）を作成し（図 2-7）、変換によって重なるパターンが何通りあるかを求め、その数とよさ評定値との関係を調べた。結果は予想通り、線対称や点対称などを含む冗長なパターンはよさ評定値も高かった。彼らの考え方は冗長構造説（redundant structure theory）と呼ばれている。

なお、Garner らは聴覚パターンに対しても、この仮説が成り立つと指摘している（Royer & Garner, 1966）。また、音列に限らず視覚刺激であっても、時間的に変動する点滅パターンには、この原則が当てはまることが示されている（松永, 2014）。冗長構造説は空間パターンだけでなく時間パターンにも適用できることが示唆される。

今井の変換構造説

Garner の冗長構造説をもとに、より多様なケースに当てはまる理論を提示したのが、今井（1977）である。彼はパターンの評価が Garner の言うように認知的な変換に基づくのであれば、安定的で普遍的な変換を含むパターンほど、評価が高くなると考えた。

彼は白と黒のパターンが横一列にならぶラン構造や，ガーナーパターンに類した白黒のマトリクスパターンを用い，鏡映変換に加えて，位相をずらした位相変換や，白と黒を入れ替える反転変換など，冗長構造では区別できないパターン構造も含めて，パターンの複雑さとよさを判断させ，より広い刺激の評価を説明できる変換構造説（transformation structure theory）を提案した。

✤よさと体制化

体制化の個人差

児玉・三浦（2011）は，冗長構造説であれ，変換構造説であれ，刺激の構造のみに立脚した理論では，図形の呈示方位が変わった際によさの評価が変わることや（三井他，2009），同じ変換構造をもちながら異なるよさ評定を示すパターンの存在，あるいは同じパターンに対する評価の個人差を説明できないと考えた。これらの議論を可能にする観点として，彼女らは「体制化」という観点（2.1 参照）を取り上げた。

児玉らはガーナーパターンに加え，コンピューターで派生させたランダムドットパターンを用い，パターンの良さ評価，再認成績に加え，そのパターンをどのようなまとまりに知覚するかという体制化（図 2-8）を調べた。その結果，少ないまとまりで知覚（体制化）した場合に，よさ評定値が高く，記憶成績もよいことを見出した。記憶成績がよい，すなわち，体制化における負荷が低い場合は，よさ評価も高くなるということになる。一方，動画像で強制的に特定のまとまりを呈示した際には，逆に，多くのまとまりとして知覚した場合に，よさ評定値は高く，記憶成績もよくなる結果が得られた。ただし，この場合も，記憶成績がよい，すなわち体制化における負荷が低いのは，良さ評定値の高いパターンであった。この関係は，静止画像の結果と一致する。すなわち，処理負荷が低く，容易に処理できる場合は，よさ評定値が高くなるという一般傾向が得られたのである。Koffka（1935）が述べたように，どういう状況がプレグナンツなのかは刺激の呈示される状況によって異なる。また，呈示されたドットをどのように体制化して知覚するかには個人差があり，そのため，よさ評価にも個人差が生じるのだろう。また，同じ ESS 値をもつガーナーパターンにおいて異なる評価値が得られる場合も，体制化の仕方の違いで説明することができる。体制化の観点は特定の変換構造をもたないランダムパターンにも適用でき，より汎用性をもつ観点だと言えるだろう。

2.2 よさ (goodness) の定量化

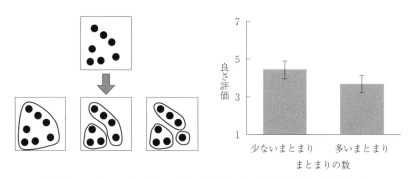

図 2-8 パターンの体制化における個人差（左）とよさ評定の結果（右）
（児玉・三浦，2011 に基づき作成）

未完の完：主体的関わりが生む補完の美

Ramachandran (2003) は,「ジェームズの犬」(図 2-3) において, 一見ランダムに並んだパターンからダルメシアン犬を見出す能力は, ノイズの多い環境で物体を発見するという経験から発達したのではないかと指摘する。彼はこのことに関連させて，芸術には「多いほど劣る」という格言があると述べている。この格言は, 芭蕉の「言いおほせて何がある」と同義だと思われ, 主体が関われる余地を残したものが高い評価を得ることを示すものだろう。

Biederman, Hilton, & Hummel (1991) もよさという感覚は, 2 次元情報から 3 次元空間を復元する際の副次的効果として現れると考える。知覚の際の能動的な関わりが, 対象の評価を高めるのだろう。

同様に, 鷲見 (1992) は, 呈示された対象が不完全であると, 主体がそれを補って能動的な補完を行うため，むしろ豊かな知覚が生まれると指摘する。彼は回転によって現れる主観的輪郭図形 (subjective contour, illusory contour) を例に, 元の図形が不完全な方が, より豊かな知覚内容を生み出すことを示し,「未完の完」という言葉でこれを表現した。

主観的輪郭や透明視が美しく感じられることも, あるいはジェームズの犬のような体制化による面白さの発見も, 人の能動的な見方と, その結果としての自らの知覚に対する肯定的感情に基づいた評価のあり方を示すものだと考えられる。

❖ よさとは何か

よさの多重性

　よさ（goodness）の研究では SD 法（2.4 参照）を用いることがある。よさが複合的な意味を内包していると考えられるからだろう。ゲシュタルト心理学者の Kanizsa（1979）は「プレグナンツ（よさ）の性質を記述するのにはいくつかの基準があり，特定の基準を選択してしまうと，異なった結果を導く可能性がある」と指摘している。

　行場・瀬戸・市川（1985）の研究は，この「よさの多次元性」を，ガーナーパターンを用いて実証したものだと言える。彼らは，複数の形容詞対でパターンの印象を評価させ，因子分析によって評価軸を抽出した。その結果，簡潔性因子，評価性因子，活動性因子，力量性因子という多次元構造が得られ（図2-9），評価性因子は簡潔性因子ならびに活動性因子にも高い負荷量をもつことが示された。すなわち，パターンのよさ（pattern goodness）には，個人差の少ない幾何学的規則性（簡潔性因子）に依存する評価軸以外に，動きの軸や個人差の大きい総合評価とも言うべき軸のあることが示されたと言える。よさは一次元で定義できないだけでなく，異なるタイプのよさが含まれていて，従来の研究はそれを区別してこなかったことを示した研究でもある。

何のためのよさか？

　よさに関する古典的研究は，主に，統制された幾何学図形やドットパターンを用いて行われてきた。三浦ら（三浦，2007；児玉・三浦，2011）はランダムネスに注目してドットがランダムに配置されたパターンを用いて実験を進めてきたが，そこでも意味性は排除されていた。ただし，ランダムパターンに意味を見出すことで，評価が変わることも示された（三浦，2007）。

　一方，Biederman et al.（1991）は，物体の線画を用いた場合，複数の構成要素からなる物体はそれが何であるかを早く正確に答えられるのに対し，単一の構成要素による単純な物体では認識が遅れ，エラー率も高いことを指摘した。この結果はプレグナンツの観点，すなわちよい形は簡潔であるという観点（2.1参照）に反しているように思われる。しかし，単純な線画は類似した他の形があるのに対し，複雑な線画はそうではない。Garnaer & Clement（1963）が指摘したように（2.2 参照），よさ判断は刺激の全集合の中でその刺激の特性が占める割合として考えるべきだとすれば，Biederman らの実験結果も納得がいく。

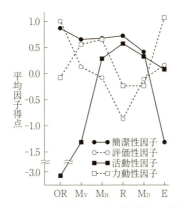

図 2-9 ガーナーパターンのよさ評価における各因子の平均得点（行場他，1985 に基づき作成）。OR：OR 結合変換，M_V：鏡映変換（垂直），M_H：鏡映変換（水平），R：回転変換，M_D：鏡映変換（対角），E：空変換。

Biederman らはこの結果に基づき，「何のためのよさか」という観点を提案した。よさの観点は1つではないことを指摘したもう1つの研究と言える。

❖ 美の公式

Birkhoff の美度

20世紀には，ゲシュタルト心理学とは別に，Fechner の流れを汲んだ実験美学の展開も現れる。アメリカの数学者 Birkhoff（1932）は，美を数式によって定義する試みを行う。彼は美しさ（M）に関わる要因として，秩序（O, order）と複雑さ（C, complexity）を仮定し，美度をこの2要因の比によって表せると考え，以下の公式を提案した。

$$M = O / C$$

すなわち，秩序が大きいほど，あるいは，複雑さが減少するほど，美しさは増す，と考えるものである。「複雑さの中の秩序」は心理学的美学者 Lipps（1903）や実験美学者 Fechner（1876）がかつて指摘した「多様性の中の統一」と関係し（1.3 参照），ゲシュタルト心理学の指摘した「簡潔なものがよい」とする発想（2.1 参照）とも対応する。

Birkhoff は，幾何学図形に対し，その物理的特徴（対称性や均衡など5項目）

によって秩序 O を定義し，図形に含まれる直線の数で複雑さ C を表して，美度を計算したほか，この考えをタイル模様や花瓶の形，絵画，さらには詩やメロディーにも適用して論考を行っている。ただし，実際の印象を測定しての妥当性の検証は行ってはいない。もっとも，この式は当てはまりがよくないと指摘する研究者もいる（Boselie & Leeuwenberg, 1985; Eysenck & Castle, 1970）。

Moon と *Spencer* の色彩調和理論

色彩の調和の領域に，Birkhoff の考え方を適用しようとしたのが，Moon & Spencer（1944a, 1944b, 1944c）である。彼らは，調和した色彩は快さを与えるが，その快さは美の上位に位置づけられるとして，美度の公式に基づく調和理論を提唱した（4.2 参照）。その際，複雑さ（C）に関しては，色数ならびに，色相・明度・彩度の各次元における差のある色対の数の和で定義し，秩序（O）については，色の同一性，類似性，対比性によって与えられると仮定した。後者に関しては，色相・明度・彩度のそれぞれに関し，2色の組み合わせについて美度を評価させて係数を決める実証的な方法を採用した。その結果，等色相の配色は快く，等色相・等彩度の配色は多色相の配色より美しいという結果を得ている。また，面積も影響し，強い色は小さな面積のときに，弱い色は広い面積のときに調和が高くなると指摘した。しかし，彼らの調和論も，基盤とした Birkhoff の公式と同様，当てはまりはよくないことが指摘されている（近江，1984）。

Davis と *Eysenck* の美度

Davis（1936）や Eysenck（1940）も，美度（M）を秩序（O）と複雑さ（C）によって定義した。ただし，彼らは美は秩序と複雑さのかけ算で決まると考えた。

$$M = O \times C$$

すなわち，秩序が欠けても，複雑さが足りなくても，美度は低下すると考えた。しかし，この式も割り算（Birkhoff の公式）と同様に，当てはまりが悪いと Boselie & Leeuwenberg（1985）は指摘する。

Boselie と Leeuwenberg の美度

黄金比研究において，図形の分割線が美的評価を左右することを指摘した Boselie（1.3 参照）は，Leeuwenberg（Boselie & Leeuwenberg, 1985）とともに，単純な規則性ではなく，隠れた規則性が発見されたとき，アハ体験のように，驚きを伴って美的印象が喚起されると考え，単純に秩序と複雑さとを対比させた公式ではなく，「隠れた秩序」を含む公式を提案すべきだと指摘した。彼らが提案した数式は，角度や長さなど，その図形が含む変数の数（P）と，それが直角や垂直など規則性をもっている場合の数（R）をもとに，美度を予測するもので，彼らは Birkhoff が計算したものの実際の印象は測定しなかった幾何学図形を用い，以下の式の当てはまりのよさを立証した。

$$M = (1 + R) / P$$

彼らはその後，以下の単純な引き算でも十分に当てはまりのよいことを示している。

$$M = R - P$$

なお，R と P は規則性（秩序）と複雑さにそれぞれ対応するものだとも考えられる（村山，1988）。

美の公式の展開

美度の公式で用いられる秩序と複雑さは，必ずしも独立した概念とは言えない。たとえば，長・原口（2013）は，秩序が複雑さと規則性の下位概念からなると考えており，階層の異なる概念だと指摘する。また，美度の公式は，美をどのように捉えるかの概念的なモデル式と言うべきであり，多様な対象をこれらの式から評価するのは難しい。

美度に関してはその後，情報理論の観点を取り入れた予測度の高い公式が提案される一方，フラクタル次元や 1/f ゆらぎ，ランダム度，エントロピー，冗長度といった概念に注目する研究も提出されていく（2.2, 2.3 参照）。

2.3 隠れた秩序

幾何学的な対称性のように，一目で分かるよさや美しさだけではなく，図形

やパターンに潜在的に含まれている構造的秩序がよさや美しさに影響を与える可能性については，すでに黄金比の項で触れたが（1.3 参照），隠れた秩序による美を議論する方法論の 1 つに，その際にも触れたフラクタル解析からのアプローチがある。

❖ フラクタルと美

フラクタル構造

フラクタル構造とは，部分が全体と相似をなしており（自己相似性，self-similarity），さまざまな縮尺においてこの特徴が繰り返されているものを指す。フラクタル理論は，アメリカの数学者 Mandelbrot が海岸線や雲のような複雑な形態を扱うために 1970 年代半ばに提案した幾何学であるが（Mandelbrot, 1977），フラクタル構造をもつものは美しいという指摘や，1985 年にドイツを皮切りに世界を巡回した「フラクタルの美」展の成功もあって，フラクタル図形と美しさの関係が注目されるようになる。

フラクタル構造には，図 2-10 のコッホ関数のように，厳密な定義に従って幾何学的に展開されている場合と，自然の景観や絵画のように，統計的に実現されている場合とが含まれる。コッホ関数のような比較的単純な幾何学構造の場合には，そこに含まれる対称性や繰り返しを簡単に見抜くことができるが，自然の景観のように複雑な構造をもっている場合は自己相似という規則性を意識することは難しい。黄金比もフラクタル構造を内包しているが（1.3 参照），補助線が明示されないと，それに気づくことはできない。

フラクタル構造をもつ対象が美しいと感じられるとすれば，対象に含まれる規則性が処理負荷を軽減し，知覚を促進するからだと考えられる。なお，これまでフラクタル構造を抽出する脳内でのメカニズムは特定されておらず，自覚できない自己相似構造を潜在的に把握できるかの検証はまだ行われていない。

絵画のフラクタル解析

フラクタル構造の観点から芸術の美を検討したものとして Taylor et al. (2000) の研究がある。彼らはジャクソン・ポロックの抽象画に，ボックスカウンティング法を適用し，統計的なフラクタル構造の解析を行っている。ポロックは床に置いたキャンバスの周りを移動しながら絵の具をキャンバスに垂らして描く手法（ドリッピング）で制作する。このため，できあがった作品は，

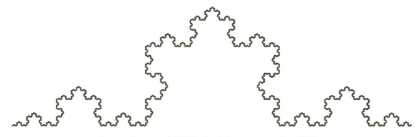

図 2-10　コッホ関数に示されたフラクタル構造

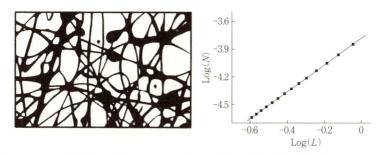

図 2-11　ポロック作品の一部（左）とフラクタル解析の結果（右）（Taylor et al., 2000）

　一見，でたらめな線の集積に見える。ところが，Taylor らはポロックのドリッピング作品にきれいなフラクタル構造が含まれるだけでなく，フラクタル係数（線形成の傾き）の値も絶頂期の作品では 1.3-1.5 程度で，しばしば自然界で美しいとされるフラクタル係数と一致していることを見出した（図 2-11）。さらに，ポロックが失敗作として破棄していた作品ではこの値が 1.9 程度にまで達していたとも述べている（Taylor, 2002）。

　長・原口・三浦（2015）は，肖像画，風景画，静物画など，具象画から抽象画まで多様な西洋の名画 12 枚を用い，参加者によさ評定を行わせ，各絵画のフラクタル値とよさ評定値の関係を調べている。その結果，1.5 近辺の絵画に対する評価（美しさ，快さ，好ましさなど 6 項目）が最も高く，フラクタル値がそれより大きくても小さくても評価が低下することを見出した。長らは，適度なフラクタル値をもつ作品には単純さと複雑さが調和して，見ている者に心地よい印象をもたらす可能性があると考える。ただし，フラクタル値は 1 と 2 の間の数値を取るため，1.5 は中間値である。刺激セットの中で中庸のものが好

まれる中心化傾向を反映している可能性もある（1.3, 3.1 参照）。

❖枯山水庭園の中心軸構造

Tonder, Lyons, & Ejima（2002）は中心軸変換の手法を用い，龍安寺の枯山水庭園の庭石配置の空間構造を求めた。中心軸については，その抽出が形態や空間構造の把握に寄与していると考える研究者もおり（Kovacs & Julesz, 1994），中心軸に反応する細胞がサルのV1の単純細胞で見つかっている（Lee, Mumford, Romero, & Lamme, 1998）。Tonder らの結果は，龍安寺の庭が樹木に見られるような2分枝構造を有しており，さらにそれらの枝が収斂して幹となる部分が，従来から指摘されてきた鑑賞ポイントを通過することを示すものであった（図2-12）。彼らは龍安寺の庭が穏やかで洗練された印象を与えるのは，庭石の配置が自己相似的な構造を有しており，この隠れた規則性が知覚的体制化を容易にしているからだと考える。また，彼らは石の数や配置を変えると自己相関構造が崩れることをシミュレーションによって示し，現行の庭園が十分な思考のもとに作庭されたことを示すものだと論じている。

三浦ら（Miura, Sukemiya, & Yamaguchi, 2011）は Tonder らの示したシミュレーション結果が，庭画像として示されたとき，同様の印象を与えるのかを評価実験によって確かめた。すなわち，Tonder らがシミュレートした庭石配置を，鑑賞者が縁側に座って眺めたと仮定した CG で再現し，大型スクリーンに呈示して，SD 法を用いて，個々の庭石配置の印象を多次元で調べてみた。その結果，Tonder らが指摘するように，2分枝構造をもつ場合や，それに近い配置を有している場合に，高い評価が得られることを確認した。しかし，2分枝構造をもたない他の構造の評価差については，この分析からでは推定が難しいことも示された。

また，この実験では，最も規則的な印象を与えた配置で，もっとも低い評定値が得られた。規則性が高くても評価がよいとは限らないことを示す結果である。この配置では，ほぼ同じ奥行きに，中途半端に等間隔で庭石が配置されている。等間隔からわずかに外れた配置は，Sander（1931）の「悪い正方形」（1.3参照）のように，不快感につながるのかもしれない。一方，よさは3次元性の再現の過程において示されるものだという Biederman & Vessel（2006）の指摘からすると（2.2参照），すべてがほぼ一直線上に並んだ配置は奥行き感に乏しい。加えて，この配置では，重なって見えない石がなく，鷲見（1992）

図 2-12　龍安寺の枯山水庭園（左）と中心軸変換の結果（右）
（右図は Tonder et al., 2002 に基づき作成）

や Ramachandran（2003）が指摘した想像の余地を与えない（2.2 参照）。知覚における自己関与を与えない点も低い評価をもたらしたのかもしれない。

❖感性知

　三浦ら（Miura et al., 2011）の上述の印象評価実験では，知覚的に類似していない 2 種類の配置が，SD 法で示された印象においては，類似したものとして分類された。印象において類似していた配置は数学的には同一の構造を有していた。すなわち，知覚では区別しえない空間構造を，感性では正しく分類できたことになる。感性は知覚と深いつながりを持ち，あるいは，同義に近いと考えられるが（1.1 参照），分析的でアウェアネスを伴う知覚と，無自覚的で総合的に行われる感性判断の間には違いもあり，感性が知覚にまさる場合のあることを示す結果である。Baumgarten の指摘した「判明ならざる認識」（1.1 参照）の力，すなわち感性知を示したものとして注目される。

2.4　SD 法による研究：多次元からの印象把握

❖評価性因子

　Fechner が提案した一対比較（1.3 参照）は，1 次元の印象や感情において複数の刺激を比較するのに適している。しかし，刺激が多義的であったり，多面性をもっていたりする場合には，多次元からの評価を行うことが有効である。この手法の出発点となったのは Osgood, Suci, & Tannenbawm（1957）による

研究である。

　Osgood らは言葉の内包的な意味（connotative meaning）を把握するため，両極の意味をもつ複数の形容詞対を用い，対象となる言葉の印象やイメージ，あるいはそれに対する自分の感情がどの程度当てはまるかを評定させる手法，すなわち SD 法（意味微分法：method of Semantic Differential）を開発した。この手法はその後，言葉の内包的な意味だけでなく，さまざまな対象の持つ複雑な印象や，それが喚起する感情の構造を検討する手法として，感性評価の場でしばしば用いられるようになる。

　SD 法で得られたデータは，因子分析によって評価次元を集約できる。結果は評価性，活動性，力動性の 3 因子にまとまることが多い。評価性因子は快さ，よさ，美しさ，好ましさなどの印象に直接的に対応するものである。しかし，活動性もダイナミックバランスと関係し，力動性も深みなどの感性評価と対応する。なお，行場の研究グループは，それぞれの因子に対応する脳内経路あるいは反応領域に違いのあることを NIRS や fMRI によって示している（行場，2010）。

　SD 法で得られたデータは，クラスター分析によって類似した印象を与える刺激ごとに分類することもできる。たとえば三浦（1999）はこの手法を用い，絵画は色や構図，テーマよりも，時間印象の観点から把握されることを示し，絵画の見方に新たな視点を提供している。

✥複合印象における加算性

　大山・瀧本・岩澤（1993）は，色，形，音楽，音，映画，象徴語のそれぞれに，11 対の同じ尺度対を用いて評定実験を行い，SD 尺度の標準化を試みた。彼の結果では 4 因子構造が示され，評価性（価値性），活動性，軽明性，鋭さに分かれた。大山（2011）は，軽明性と鋭さの 2 因子は Osgood の力動性が分化したものであり，軽明性は力動性と正負の方向が逆になったものだと考えている。

　さらに，大山ら（Oyama, Yamada, & Iwasawa, 1998）は標準化した SD 法研究の結果をもとに，音楽や絵画などの複合的な感情が，色や形などの要素の評価の加算によって説明できるかどうかを検討した。その結果，複合刺激に示される加算効果は，それぞれの属性の感情効果の重みづけ加算によってある程度予想可能だが，美的判断を含む評価性は交互作用の影響を受け，単純な加算では

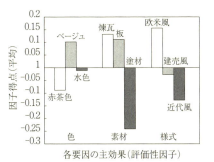 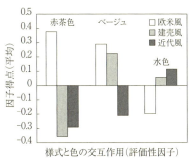

図 2-13 建物評価における色，素材，様式の主効果（左）と交互作用（右）
（三浦，2008）

予想できない範囲が他の次元よりも大きいことを指摘している。

❖要因の相互影響

三浦（2008）は SD 法を用いた住宅の外観の印象研究から，要因間の相互影響について言及している。彼女は色，素材，様式の3つの観点から統制した住宅の CG を用い，因子分析の結果を分散分析にかけたところ，評価性因子において，3つの観点にはいずれも主効果を示し，色であればベージュ，素材に関しては煉瓦や木材など材質感のあるもの，様式においてはシンメトリーな洋風建築が好まれたが，交互作用の検討から，好まれるベージュ色でも現代的で個性的な建物形状であれば好まれず，評価の高い洋風建築でも建物の色が水色の場合には評価が下がり，評価の低かった赤茶色もシンメトリーで材質感のある洋風建築に付された場合には評価の上がることが示された。この研究で重要なことは，住宅の評価においては絶対的に好まれる色や形，素材があるのではなく，組み合わせによって評価は変わり，各要因の調和の中で全体の評価が決まることをデータで示した点にある（図 2-13）。

SD 法を用いた研究では，研究者の用意した尺度対によって調べることのできる印象が限定されたり，特定の因子が抽出されてしまう問題がある。また，評定者が判断を顕在的に行うために，意識的な修正が入り込む余地も指摘できる。しかし，尺度対の工夫や複数の分析の導入によって，新たな評価の視点や構造を見出すこともできる（三浦，1999）。多次元の印象を測る手法として，今後も幅広く用いられるだろう。

2.5 進化論および比較認知行動学からのアプローチ..................

　刺激の特性に目を向け，美や快あるいは嫌悪感や不快感を議論する際に，「なぜ」を問うのが進化論的観点である。美を進化論的な観点から説明を行った最初の研究者はDarwinだとも言われる。マックスプランク経験美学研究所所長Menninghaus（2003）は，Darwinの『人間の進化と性淘汰』（Darwin, 1871）は美学の本だと指摘する。ここでは美をめぐる進化論からの説明のいくつかを紹介する。

✤マーカーとしての対称性・非対称性

　ゲシュタルト心理学では対称性をもつものはよいとされた。情報理論においても，対称的なものの処理は情報の半分に対して行えばよいことから，処理負荷が低く，よいとされてきた。同様に，進化論的な観点からも対称性はよいと考えられており，以下のような説明がなされている（5.1参照）。すなわち，配偶者選択の過程で選択され続けた個体は幾世代にも渡る他個体との融合によって，極端な特徴が抑えられ，より平均的な特徴をもつ。その結果，顔や身体の対称性も高まる。高い対称性はすぐれた形質を受け継いだ証拠として受け止められ，再び選好において有利な形質となる。

　また，対称であるべき箇所が色や形において非対称の場合，出生時あるいは生育時に栄養が不十分だったり，ストレス環境にあったりするなど，望ましくない環境で育った可能性が指摘されている（Witter & Swaddle, 1994）。さらに，不均等や非対称な特徴は，その後の成長や発達，あるいは繁殖においても，不利な特徴となることが多い。そうしたことから，対称性を生物学的な地位のマーカーとして使用しているという指摘もある（Witter & Swaddle, 1994）。ただし，後述のように，ヒトの場合は非対称性が魅力につながることも少なくない。

✤平均顔と無関心の美

　平均顔とは，複数の顔写真を重ね合わせて合成したものである。最初に作成したのは，Darwinの従兄弟であるGalton（1878）だとされる。彼は，平均顔が元の写真よりも魅力的に見えることを見出した。平均顔は上述のように，繁殖に有利な特性をもつとされた個体間で多くの交配が行われた結果，平均的な

方向に進化し，好ましい形質として評価されるのだと考えられる。

平均顔は元の顔写真の平均年齢より若く見える点も指摘されている（Langlois, Roggman, & Musselman, 1994）。若さも人の繁殖にとって有利な特性だとすると（Menninghaus, 2003），この特徴もまた，性的淘汰に寄与するだろう。

なお，Menninghaus（2003）はギリシャ神話に出てくる美少年アドニスを引用して，平均化が生み出した個性の少ない美しい姿に関し，「純粋な美の無名性と無特徴」という表現を用いている。顔という個人を特定するものが無特徴であるような美しさは，Kant の「無関心の快」を思い起こさせる（はじめに参照）。個人的な関心とかけ離れたところに位置づけられる美しさは，アドニスが女神からのみ愛されたように，配偶者選択において対象外に置かれるのかもしれない。

❖「かわいい」とベビー・スキーマ

清少納言は『枕草子』において「うつくしきもの」に，「瓜にかきたるちごの顔」を真っ先に上げ，「なにもなにもちいさきものはみなうつくし」と述べている（清少納言／池田，1962）。この時代の「美しい」は今の時代の「かわいい」に対応する印象だったと考えられる。

かわいいは，憐憫の情を誘うものに対して用いられ，江戸時代に入っては愛らしさに対して使用されるようになったとされる（入戸野，2009）。そうした幼いものや弱いものなどに対する庇護や保護の感情は，今でも「かわいい」という感情の基本にあるが，若い世代においては，好印象やポジティブな評価を持つ対象に対して，より広い意味で用いられるようになっている。

入戸野（2009）は文献と質問紙調査に基づき，「かわいい」に関し，普遍的な生物学的基盤の上に，文化的特徴が乗っている二層モデルを提案している。前者の普遍的基盤に関しては，比較行動学者 Lorenz（1943）の示したベビー・スキーマ（ベビー・シェマ：Kindchen schema）を取り上げているが（5.5 参照），「かわいい」に対する現代的な使い方は，その上に文化的特徴が乗った一例と言えるだろう。

ベビー・スキーマをもった対象は「かわいい」という感情を喚起するだけでなく，注意の集中を要する行動や知覚を促進させるという知見もある（Sheman, Haidt, & Coan, 2009）。入戸野らはかわいい子猫や子犬の画像を見た後では，細かな課題や視覚探索などの成績がよくなることに加えて，ネイボン課題のよう

40　　　第2章　美感研究：対象からのアプローチ

な大域処理と局所処理が対立する課題では，大域処理の効果が縮小されること
を報告している（Nittono, Fukushima, Yano, & Moriya, 2012）。かわいらしさによ
って引き起こされたポジティブ感情が，焦点的注意（focused attention）を促進
させ，より狭い範囲に注意が向かった結果だと考えられている。

　なお，顔の好みに関しては，3，4カ月の乳児ですら，「かわいい」乳児に長
く視線や微笑みを注ぐという（Langlois, Roggman, Casey, Ritter, Riser-Danner, &
Jenkins, 1987）。美的判断が大人も子どもも瞬時にでき，幼児の判断が大人のそ
れと一致することは，学習や教育によらず，生得的な側面をもっている可能性
が考えられる。

✣ ピークシフトと美

Ramachandran による美の8法則

　インド出身の脳科学者 Ramachandran は，芸術体験に関する普遍的な法則を，
仏陀の知恵と悟りへの「八重の道」にちなみ，8つの原理にまとめ（Ramachan-
dran & Hirstein, 1999），後に，10の法則に拡充した（Ramachandran, 2003）。す
なわち，ピークシフト（peak shift），群化，モジュールの分離と注意配分，対
比による誇張，対称性，一般的視点（generic view），比喩（metaphor）の8法
則と，反復・リズム・秩序およびバランスの2法則である。これらの10の法
則において，Ramachandran がもっとも注目し，紙幅を割いているのがピーク
シフトである。なお，群化（体制化），秩序，対称性についてはすでに触れ，
一般的視点については3.5で言及する。

ピークシフトと鍵刺激

　ピークシフトは，平均的で中庸なものが好まれるとする Berlyne の行動モデ
ルや美の中心化傾向（1.3，3.1参照）の考え方の対極に位置する。もともと，動
物の弁別学習で知られた概念で，たとえば長短比が3:2の長方形と正方形とを
弁別する課題において，長方形に対して報酬が与えられると，その動物は学習
時の3:2の長方形よりも，さらに極端な比率をもつ4:1の長方形に強く反応す
るという現象である。動物が学習したのは，3:2という比率ではなく，“長方
形性”という特徴であり，その特徴がより強調された対象が選好されたと考え
られる。

　Ramachandran は，この法則がインドの女神パールヴァティー像（図2-14）

2.5 進化論および比較認知行動学からのアプローチ

図 2-14　インドの女神パールヴァティー像

や似顔絵にも当てはまるという。いずれも平均から逸脱した差異が拡大されているからである。Ramachandranによると，差異の拡大はラサ（rasa）すなわち「非常に本質的なもの」の拡大を意味するという。女神像では，平均的な男性像と平均的な女性像の差異が拡大され，女性の特徴である大きな胸と腰，細いウエスト，それに腰をひねった姿勢が誇張される。似顔絵も平均顔との差異を拡大して当人の顔の特徴を増幅し，当人よりも当人らしい顔として描かれる。

　ピークシフトの背景にあるのは「超刺激」だとRamachandranは指摘する。超刺激とは，Tinbergen（1954）が指摘した概念で，鍵刺激やリリーサーとも呼ばれる。Tinbergenによると，セグロカモメのヒナは，母親の黄色の長いくちばしにある赤い斑点をつついて餌をねだる。しかし，この反応はくちばしの模型によっても誘発され，それどころか，赤い3本の線の入った黄色い棒でも反応が引き出される。実際の母鳥のくちばしと似ても似つかない場合でも，反応を引き出す特徴を持っていれば，ヒナの「くちばし検出器」を作動させる超刺激になるからである。Ramachandranは，これらの「超刺激」は芸術にも当てはまり，インドの女神像はもとより，ゴッホのひまわりやモネの睡蓮にも見られると指摘する。これらの絵画では現実の花の特徴が増幅して描かれているため，効果的に神経細胞を興奮させるのだという。フェルメールの絵画やシンディー・シャーマンの写真に示された状況の恒常性，すなわちプロトタイプ的光景にも（3.6参照），その光景特有の鍵となる刺激が含まれていて，無自覚的にその典型性に惹きつけられるのかもしれない。

誇張の美と非対称顔の魅力

　魅力的な顔はしばしば平均顔や対称顔のような「無名性の美」ではなく，「個性美」を持っている場合が少なくない。神経美学者の Martindale（1999）も，美しい女優の顔は，平均化によって小さな欠点や歪みが取り除かれたものより，むしろ，適切な誇張を伴っているという。Martindale は選好における典型性理論を提唱した研究者であるが，典型性と好みの関係は U 型または J 型を示し，中庸のものは必ずしも好まれないと指摘している。Martindale の指摘に関連する実証的研究としては，Perrett, May, & Yoshikawa（1994）らの実験がある。彼らは，魅力的な 15 名の平均顔を，60 名の平均顔に加えると，魅力的な顔による平均顔よりも魅力度が高まることを示している。これは，誇張したものに対して美的選好が発動するという Darwin や Ramachandran の説を裏づけるものだとも考えられる。

❖ハンディキャップ理論

　18 世紀半ばの思想家 Burk は『崇高と美の観念の起源』（Burk, 1757）の中でクジャクの美しさが生存の目的に適さないことを例に挙げ，美は進化論的な説明では理解できないと論じた。しかし，イスラエルの生物学者 Zahavi（1975）は，「ハンディキャップとしての美しさ」という観点を提案する。その説によると，クジャクは大きく華々しい羽根によって猛禽類に発見されやすくなる上，動きも鈍くなり，危険に身をさらすことになる。しかし，それでも配偶可能な年齢まで生き延びたとすれば，それらをカバーする優れた生存資質を持っていたことを示すことになるだろう。つまり，「私は自分の力と大きさに自信があるので，ハンディキャップを引き受けてもかまわない」と誇示しているというのである。

　もっとも，行動生態学者の長谷川寿一によると，クジャクの配偶者選びは，見た目の豪華さではなく，鳴き声に依存するという。進化論的な観点は，なぜという疑問に興味深い解答を与えるが，その実証は困難なことが多い。

2.6　アフォーダンスとデザイン

　この章の最後に，対象の特性という観点から，とりわけデザイン領域で取り上げられる概念，アフォーダンスについて触れておく。

2.6 アフォーダンスとデザイン

アメリカの認知工学者 Norman は『誰のためのデザイン』（Norman, 1988）の中で，アメリカの知覚心理学者 Gibson（1966）の提唱したアフォーダンス（affordance）の概念を紹介し，制約とアフォーダンスの両者を考えてデザインすれば，ユーザーが直感的に適切な行為を行うことができ，誤動作を起こさなくなると述べて，人の認知機能を基盤とするユーザビリティに基づくデザインを提唱した。

アフォーダンスとは，「提供する」という意味をもつ動詞アフォード（afford）から作られ，環境が動物に提供する意味や価値を表す造語である。事物が観察者に提供する（afford）ものであり，観察者と環境との関係において規定される環境の特性でもある。ゲシュタルト心理学における対象の誘発性（valence）という概念が起源の1つとされる。Gibson は動物とモノの間にある関係性に注目し，行為可能性を示す用語として用いた。しかし，Norman はこれをモノに備わって，人が知覚できるものとして用いたため，「説明なしで分かるデザイン」という誤用を生み，この定義が広がっていく。Norman はその後，誤用を認め，シグニファイア（signifier）という表現に置き換えた（Norman, 2010）。この用語は信号（シグナル）を元にした Norman の造語で，モノの形や特徴は，人にその使い方を伝える信号の側面をもつ，という意味で用いられる。具体的に述べれば，机は机としても使うことができるが，ときには椅子として座ることも可能である。椅子として使われるかは，机の高さというモノの特性にも依存し，腰の高さというヒトの特性にも依存する。また，その場の状況にも依存し，そのヒトの性格や気分にも関係する。さまざまなトランザクショナルな関係性の中で行動が生まれ，対象の使途可能性が広がる。

提供されたデザインが適切であれば，マニュアルがなくても使い方が分かり，主体にとって処理負荷の低い快適なものとなる。また，多様な使用可能性が含まれるデザインであれば，ユーザーはさまざまな使い方を発見して楽しむことができる。そのいずれでもない中途半端なデザインは使いにくく，リスクをもたらすことになる。

アフォーダンスの概念はデザインの領域に広く浸透した結果，誤解も与えてきた（境・曾我・小松，2002）。しかし，プロダクトデザインやインタフェースデザインに関わる人々に，人間中心の設計をめざす視点と発想を与えた点で注目される。

第3章　美感研究：主体からのアプローチ

　美やよさ，あるいは醜さや不快感など多用な感性印象を説明するに当たって
は，刺激の物理特性，すなわち客観的な外部特性から考察できるとともに，そ
の特性に対する内部処理の容易さや覚醒度など，主体の反応，すなわち主観的
な性質の観点からも考察することができる。実際，主体の経験や心身の状況，
さらにこの主体を取り巻く社会や文化は，美しさやよさ，違和感や不快感に影
響する。本章では，主体の評価や感情，それらに影響する環境要因の観点から，
美やよさを検討した研究や理論を紹介する。

3.1　バーラインの行動主義モデル

　Silvia（2012）によれば，Fechner は美の科学的研究を起こし，Berlyne は復
興した。Berlyne 以前の実験美学やその後継者が，Fechner の流れを汲んで，
主に刺激の物理特性と評価の関係から検討を行ったのに対し，Berlyne は主体
の心理特性に目を向け，動機づけや覚醒度の観点から議論を行った。外部の刺
激特性から主体の内部特性に視点を移行したという点で，美感研究に転換点を
与えたことは間違いない。近江（1984）は Berlyne の研究に関し，「science-in-
document に流れがちな分野に，science-in-process の夢を与えてくれる」と述
べている。新たな出発点と言われる彼の研究を振り返る。

❖覚醒ポテンシャルモデル
　Berlyne の最初のモデル（Berlyne, 1960）は，快不快を覚醒ポテンシャル
（arousal potential）の関数として捉えるものである。たとえば新奇な刺激は高
い覚醒ポテンシャルをもつが，そうした刺激は注意を引き，興味を喚起し，探
索行動を誘発する。しかし，あまりに斬新すぎて理解困難な場合には，主体に
ストレスを与え，苦痛を与える。一方，覚醒ポテンシャルの低すぎる対象は関
心を引かず，あるいは退屈を感じさせる。したがって，覚醒度が高すぎもせず，

低すぎもしない対象に最も強い快さを感じることになる。逆に言うと，最適な快さは，ある程度の覚醒をもたらすものの心理的混乱をもたらすほどのものではない場合に得られるということになる。これは，哲学者アリストテレスや18世紀の思想家 Burke（1757）が指摘した中庸の美や，錯視の強度とその図形への好みから美の中心化傾向を指摘した野口ら（Noguchi & Rentschler, 1999）の知見とも一致し，逆に，単純なほどよいとしたゲシュタルト心理学（2.1 参照）や，接触頻度が多いほど好まれるとした単純接触効果（3.3 参照）とは異なる。

　Berlyne は，Wundt が外部の刺激強度と快不快の関係で論じたモデルを，内部の覚醒ポテンシャル（覚醒をもたらす可能性）と快不快の関係に置き換えたモデルを呈示した（図3-1）。確かに，ある刺激を新奇と思うかどうかは，物理特性の強度だけで決まるものではなく，主体の経験や知識にも依存する。このモデルは感じ方の個人差や時代差を説明することができる。

　ただし，Martindale, Moore, & West（1988）は，Berlyne の考え方だと，同じ程度の覚醒水準を与える刺激に対しては，同じ程度の快さが喚起されることになるが，明らかにそれは事実ではないと批判する。実際，Berlyne のモデルは，その後，覚醒ポテンシャルを独立変数にするのではなく，覚醒ポテンシャルをもたらす新奇性などの個々の照合変数（collative variables）を独立変数にして論じられるようになる。

❖報酬系と抑制系

　Berlyne は逆 U 字型のモデルを説明するに当たって，2 つのシステム，すなわち，快感情をもたらし刺激への接近行動を誘発する報酬系と，不快感情をもたらし刺激への回避行動を導く回避系を仮定し，両者は加算的に働くと考えた。接近システムは比較的，刺激印象が弱い（覚醒度の低い）段階から機能し，強度が増しても維持されるのに対し，回避システムは覚醒ポテンシャルが増加するにつれて回避行動が強くなる。このため，両者が共に機能すると，刺激の印象強度（覚醒度）が高くなるにつれ快さは高まるが，ある強度を超えると不快感が上回ることになる（図3-2）。

　彼は当時，Olds & Milner（1954）がラットの脳幹網様体で見いだした快中枢と不快中枢をこのシステムの実装として仮定したが，生理学的知見は必ずしも彼の推論を支持しなかった。Berlyne から半世紀後，Kawabata & Zeki（2004）は fMRI を用いて美醜に関する脳内活動を計測し，報酬系と運動系に

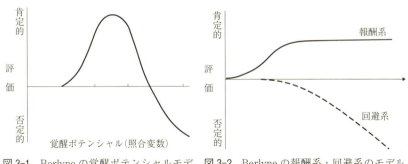

図 3-1　Berlyne の覚醒ポテンシャルモデル（Berlyne, 1974 に基づき作成）

図 3-2　Berlyne の報酬系・回避系のモデル（Silvia, 2012 に基づき作成）

それぞれ賦活が現れることを報告している（5.1 参照）。Berlyne の仮定した快と不快のメカニズムがこれらの系に直接対応するわけではないが，川畑らの研究において醜に対する反応が運動系で見られたことを含め，接近と回避のメカニズムを脳内に仮定した Berlyne の発想は今日においても示唆的である。

❖照合変数

　照合変数（collative variable）とは，もともと覚醒ポテンシャルに影響を与える刺激特性として考えられたもので，具体的には，新奇性，複雑性，不確定性，曖昧性，驚愕性，不一致などが挙げられる。これらの刺激特性が照合変数と呼ばれるのは，いずれも異質な要素を内包し，複数の情報を比較照合する必要があるからである。たとえば驚きは期待と実際の差から生まれ，不確定性は情報不足から生起する。

　異質な要素が対立し，確定できない場合にはコンフリクト（葛藤）が生じる。これが動機づけとなって，Pavlov の指摘した定位反応（一体何だ反応）が生まれ，疑問を解消しようと探索行動が起こる。この定位反応は，筋電や脈拍，呼吸等の生理学的指標にも現れ，照合変数もこうした生理学的指標によって検討できる可能性をもつ。そのため，Berlyne のモデルは行動主義的アプローチと位置づけられている。統一と多様，秩序と変化，調和と対比など，対立する要因によって美的価値を説明しようとするのは古代ギリシャ以来の伝統的発想であるが，コンフリクトという概念を取り込んだことは，精神分析学や社会心理学の影響を受けた当時の心理学の状況を反映しているのだろう。

Berlyne は，照合変数は「実際には主観的判断である」（Berlyne, 1974）とも述べている。独立変数を物理特性としてではなく，心理評価として考えていたとすれば，彼の行ったことは，Fechner 以来の刺激と反応の関係を見るサイコフィジクス（心理物理学）に加え，反応と反応の関係を見るサイコメトリクス（心理心理学）を提案したことであったと考えられる。それこそが，実証美学における彼の大きな貢献であったとも言えるだろう。

❖ヘドニックトーン

Berlyne は快不快だけでなく，楽しい−悲しい，良い−悪い，美しい−醜いなどの複数の尺度についても検討した。それらはいずれも類似した評価結果を与えることから，こうした感情を彼はヘドニックトーン（hedonic tone）と総称した。これは Osgood の「評価性因子」と重なる。

ヘドニックトーンあるいは評価性因子に含まれる印象や感情は，多くの研究において高い相関が得られるが，当然のことながら，全く同じものではない。たとえば，ガーナーパターンに類した図形を用いた仲谷・藤本（1984）の研究では，よさは個人間で比較的高い相関をもつが，好みに関しては個人差が大きく，たとえば，一般学生はよいものを好むが，美術を専攻する学生は必ずしも好まず，好みの個人差が大きいことが示されている。絵画を刺激とした Russell & George（1990）の研究でも，快い絵画は相対的に一致度が高いが，好ましい絵画は個人差の大きいことが示されている。Russell らは，好ましさは快さよりも構造的に複雑であり，複合的な判断であると指摘している。反応時間が長いとする報告もある（Wang & Miura, 2008: 8.3 参照）。それにもかかわらず，美感を対象とする研究においては，美しさやよさではなく，好ましさを代替指標として用いることが少なくない。逆に，快さに関しては，下位に位置する基本的な感情で，その他のヘドニックトーンの処理に先行するという指摘もある（筒井・近江，2009）。どの尺度を測度として用いるかについては，相関が高いといえども配慮が必要である。なお，面白さも評価次元の尺度であるが，他のヘドニックトーンとは異質であるという指摘もある（3.11 参照）。

3.2 反転理論：評価の観点 ……………………………………………………

対象をどう評価するかは，判断の枠組みにも依存する。Apter（1984）は

Berlyne のモデルに 2 種類の行動原理を導入し，モードによって評価の変わることを指摘した。彼は，行動には目的や目標に接近または後退する目的モードと，目的の達成をめざすことなく行為そのものを楽しむ反目的モードがあり，モードの反転によって，覚醒と感情の関係は変わると指摘する。この理論は反転理論（reversal theory）と呼ばれている。

反目的的なモードでは，新奇で未知のものや不道徳的なものであっても，快として受け入れることができる。たとえば，ホラー映画やジェットコースターでは，身の安全は確保されていることが分かっているので，恐怖を楽しむことができる。芸術はしばしば反目的モードで生み出されるので，自由で独創的な発想が可能となる（村山，1988）。芸術か落書きかや，芸術かポルノかの議論も，モードの違いで説明できるだろう。

3.3 単純接触効果 ··

Berlyne が基盤を置いた Hebb（1966）の最適覚醒理論は，適度な覚醒が接近行動につながるという考え方であった。これに対し，Zajonc（1968）は刺激への接近行動は接触頻度の単調関数であって，接触頻度が増えれば快感情も増えると指摘した。親近感は安らぎを生むが，その親近感は接触回数に依存すると考えたからである。これは，親近性（逆の観点から見れば新奇性）に対して線形の関係を仮定するものであって，Berlyne の逆 U 字型曲線とは異なる指摘である。この考え方は単純接触効果（mere exposure effect）と呼ばれている。

単純接触効果は，現在では，知覚的流暢性（perceptual fluency）の誤帰属で説明されることが多い（松田，2010）。すなわち，刺激への度重なる接触が刺激に対する知覚情報処理の効率を高め，処理流暢性を導き，それが親近性を高め，刺激自体の好ましさに誤帰属されるというものである。誤帰属を経由せずに，流暢性自体がポジティブ感情を喚起するという説明も可能である。ただし，これらの考え方はいずれも認知処理の結果が感情に影響すると考えるもので，感情は認知に先立つと考えた Zajonc の発想とは逆の因果関係になる。

なお，Zajonc も抽象画を刺激とした場合は，逆 U 字型の関係になることを見出している（Zajonc, Shaver, Tavris, & Van Kreveld, 1972）。この結果は刺激あるいは評価の困難さに由来するとも言われるが，何を評価させるかに依存するという指摘もある（Temme, 1984）。すなわち，抽象画の評価を行わせる際に，

美的価値を判断させると逆U字型の関数が得られるが，意味を考えさせると単調増加の関数になるからである。Temme は，繰り返し見ることで予測が可能になる場合には単純接触効果が生じ，数回見ただけで課題が達成できてしまう場合には，逆U字型の関係になると指摘している。Zajonc が抽象画を刺激とした際に逆U字型の関数が得られたのは，抽象画は少ない鑑賞回数で評価が確定し，繰り返し見ることで興味が低下してしまったからかもしれない（筒井，2010）。

　なお，単純接触効果は子供では起こらないとされている（Bornstein, 1989）。子供は新奇な経験を必要とするからだろう。印象主義の絵画を用いて接触頻度と好みの関係を調査した Cutting（2003）も，大人では好みと接触頻度は相関するが，子供では無相関であることを示し，この指摘を支持している。

3.4　典型選好理論 ···

　人がカテゴリーにおいて典型的なものを好ましく思うことを典型選好理論（Preference-for-Prototype theory）と呼ぶ。典型（プロトタイプ：Prototype）とはあるカテゴリーを示す最も代表的な対象のことである。この理論を最初に提唱したのは Whitfield である。彼は Berlyne の覚醒ポテンシャルモデルが日常的な材料を対象にしたときには当てはまりにくいことに気づき，カテゴリー内でのプロトタイプの範囲（プロトティピカリティー：prototypicality）が選好に影響を与えるのではないかと考えた。彼らの研究の1つに家具を対象にしたものがある（Whitfild & Slatter, 1979）。この研究では家具の好みは，複雑性や新奇性などの照合変数よりも，様式（ジョージ王朝，近代，アールヌーボー）の典型性によってうまく説明ができた。

　典型的な事例は既知感を与え，既知感は安心感を喚起する。この安心感は好意的な評価を生むと考えられる。ただし，典型性は接触頻度によっても形成されるため，典型性理論は単純接触効果と関係する。また，典型的なものほど処理が促進され（典型性効果：Typicality Effect），処理負荷を低減して評価を高めるという点では，次に紹介する処理流暢性理論とも関係する。もっとも，典型性理論に立つ研究者は，処理の容易さを知覚レベルにおいてではなく，意味や概念など認知レベルで考えている。このため，典型性はときに「有意味性」（Martindale et al., 1988）や「写実性」（Hekkert & Wieringen, 1990）として議論

されることもある。

　典型性は新奇性とも相関する。両者を分離した研究に，Farkas（2002）の絵画を用いた実験がある。彼は 40 枚の典型性の異なるシュールレアリズム絵画を用い，1 つのグループには典型的な絵画 10 枚を除いた 30 枚を 4 回呈示し，もう一方のグループには非典型的な絵画 10 枚を除いた 30 枚を 4 回呈示した。その後，最後の 2 セッションでいずれの群も除いておいた絵画を混ぜて呈示し，合計 6 回の絵画セットの評価を行わせた。どちらのグループでも同じ絵画を繰り返し見せられることで評価は低下し，単純接触効果とは逆の新奇性効果が示されたが，新たに加えられた 10 枚の絵画に対して評価する最後の 2 セッションでは，典型性の高い絵画が加えられた場合には高い評価が，典型性の低い絵画が加えられた場合には低い評価が下された。繰り返し呈示によって，無自覚に典型性が形成され，より典型的な刺激に対して好ましい感情をもつようになったと彼らは考える。典型選好性を単純接触効果と分離した研究ともいえるだろう。

　同じく典型選好理論に立脚する Martindale（たとえば Martindale et al., 1988）は，ニューラルネットワークのノード（結節点）の観点から議論を行っている。美的選好の程度はノードの活性化の度合いに依存するが，刺激が類似するほど，それらを符号化するノードの距離は近くなり，ノードの強度も強くなる。したがって典型的な概念は好まれると考えられる。なお，Martindale は，この理論は強い感情を誘発する場合には当てはまらないとも述べている。感情が快不快に強く影響すると，認知ノードの活性化を曖昧にし，典型性の効果を見ることが難しくなるからだという。

　典型性理論はもともと日常的な対象への好ましさを判断する文脈で生まれた。そのため，ランダムパターンのようにプロトタイプを特定することが難しい場合は，適用できないとする指摘もある（Silvia, 2012）。

3.5　典型的景観と構図のバイアス

❖典型的景観

　対象を評価するに当たっては，色や形など対象自体の典型性だけではなく，その対象をどこから見るかという視点にも依存する。視点の典型性を典型的景観または典型的見え（canonical view）とよぶ（4.3 参照）。

Palmer, Rosch, & Chase（1981）は典型的な景観はよいと評価されると指摘した。彼らは様々な角度から写した対象の写真（たとえば馬）を呈示し（図3-3）、それは何か、どのくらい典型的か、どの程度よいかを、参加者に評価させた。その結果、典型的な視点からの対象は命名が早く、カテゴリー名（たとえば馬）を聞いて最初に思い浮かんだイメージと一致し、よさ評価値も高いことが示された。また、この結果は評定者間で高い相関があった。日常的な物体においては、個人によらずに典型的な視点があり、その視点からの眺めに対して高い評価が与えられることを示す結果である。

　一般に、斜めから見た物体は、よいと評価される傾向が示されている（Niimi & Yokosawa, 2009）。肖像画における3/4効果（three quater effect）、すなわちわずかに正面から身体を斜めに置いた構図が好まれるのもこれと関係する現象と言える。斜めの角度は正面や真横より多くの情報を示すことができる。その結果、この角度からの肖像画がしばしば描かれることになり、典型的な視点として、さらに好まれることになったかもしれない。なお、3/4の角度から見た顔写真に関しては、笑顔の魅力度が高くなり、怒り顔の嫌悪度の下がることも指摘されている（Main, DeBruine, Little, & Jones, 2010）。また、この角度を好む傾向は8歳児から見られるという報告もある（Yamashita, Niimi, Kanazawa, Yamaguchi, & Yokosawa, 2014）。

　何が視点の典型性を導くかに関しては、このように、その視点が対象の形状や機能をもっともよく代表し、情報量が多いからだとする情報量説と、その視点からの対象に接した経験が多いからだとする経験説の両方が指摘されている。それぞれの説の一方を支持するデータもあれば、両者の考え方を融合させた考え方も提出されている（行場, 2000）。また、好まれる視点の形成に関しては、「よい眺め（good-view）」という表現で、発達心理学からも議論が行われており（Light & Nix, 1983）、幼少期からよい視点が選ばれることが示されている。

❖構図のバイアス

　絵画の構図における好ましさを扱った研究は、3/4効果の他にも、中心化傾向あるいは中心バイアス（center bias, 中心近辺にオブジェクトが置かれているものを好む傾向。1.3, 3.7参照。Noguchi & Rentschler, 1999; Palmer, Gardner, & Wickens, 2008; 中島・一川, 2008）や右側バイアス（right side bias, 右利きの評価者は主たるオブジェクトが絵画の右側にあるのを好む傾向。Levy, 1976; 中嶋・一川,

図3-3 様々な角度から見た馬の写真（Palmer et al., 1981）

2008）がある（3.2参照）。また，内向きバイアス（inward bias, オブジェクトが画面の内側に向いているのを好む傾向。Palmer et al., 2008）も指摘されており，Bertamini, Bebett, & Bode（2011）はこれを前方バイアス（anterior bias, 描かれた対象の後方よりも前方に大きな余白があるものを好む傾向）と呼んでいる。このバイアスは左向きの対象においてより強く示されることから，彼らは右側バイアスとの組み合わせで説明することができると考えている。

3.6　状況の恒常性と確率論

❖状況の恒常性と芸術

既視感のような感情も，典型性（プロトタイプ）の観点から議論することができる。脳科学者のZeki（1999）は「状況（こと）の恒常性」という表現で，芸術表現におけるプロトタイプに関して議論している。状況の恒常性とは，見知らぬ街で偶然に祭りに遭遇したときでも，それが祭りだと分かるような場合を指す。祭りの本質あるいは祭りに共通する普遍的な特性が，遭遇した対象や光景の中に見られるのだろう。

Zekiはそうした状況の恒常性を描くのが巧みだった画家として，ヨハネス・フェルメールの名前を挙げる。Zekiによると，フェルメールの絵画の魅力はその圧倒的な描写力を，物事を明晰に描くためではなく，「曖昧さ」を描くために使ったことにあるという。たとえば，「手紙を書く女と召使い」（図3-4左）は，特定の景観を描いているが，それ以上に，どこかで見た光景だと感じさせる普遍性が描かれているというのである。実際，小林・朽木（2003）はフェルメールの「リュートを演奏する女」の女性の部分を，「手紙を書く女と召使い」の女性に入れ替えてみたところ，フェルメールの作品に「いかにもありそうな一枚に収まってしまう」ことを合成画像によって示している。シンディー・シ

図 3-4　フェルメール（左）とシャーマン（右）の状況の恒常性を示す作品

ャーマンの「題名のないスチル写真」シリーズ（図 3-4 右）にも状況の恒常性を見ることができる。

❖確率論に基づくよさ

「知覚システムは疑わしき偶然の一致を嫌う」（Barlow, 1980）と言う言葉がある。知覚は，滅多に起こらない偶発的な見えや特殊な視点からの見えではなく，しばしば見ることのできる一般的景観（generic view）を選ぶ傾向があると言うのである。

脳科学者の Ramachandran は，図 3-5 のように，木が茂みのちょうど切れ目に位置するよりも，茂みの間にある構図が好まれることを指摘し，その方があり得る確率が高いからだと指摘した（Ramachandran & Hirstein, 1999）。知覚はベイズ推定で示されるような確率論で決まり，接触頻度が高いものが可能性として選ばれるのだろう。そうだとすれば，単純接触効果によって，感性評価も上るだろう。

ただし，Ramachandran はピカソの絵画を例に引き，一般的視点の原理に背く快感もあると述べている。滅多にない構図も見る者の注意を引きつけ，興味をいだかせるからである。

図 3-5 確率論に基づくよい景観 (Ramachandran & Hirstein, 1999)

3.7 処理流暢性理論

❖処理の流暢性と快さ

　処理流暢性理論 (processing fluency theory) とは, 対象の処理がたやすければ, その対象に対してポジティブな感情を喚起し, この状態がメタ認知的な手がかりとなって, その対象に親近性をいだき, 快く感じると考える理論である。
　したがって, ゲシュタルト心理学におけるプレグナンツの傾向, 冗長度を変数とした情報理論, 経験が多い場合に好ましいと判断する単純接触効果, 典型的な対象を好ましく思う典型選好理論, 後述する身体特異性仮説 (The body specificity hypothesis) など, 多様な考え方を内包できる理論だと言える。実際, 処理流暢性モデルを提唱した Reber, Schwart, & Whinkielman (2004) は, Zajonc の単純接触効果が発端だったと述べている。
　ただし, もとから嫌いだったものは繰り返し接触すると嫌悪感が増すという現象については, 単純接触効果と同様, 処理流暢性理論からも説明が難しい。嫌いなものは繰り返し接触しても, 処理負荷が下がらないのだろうか。また, Berlyne は少し複雑で難解なものが好まれると指摘した。しかし, 処理流暢性のみから考えれば, 最も単純なものが好まれてもよさそうなものである。処理流暢性はあらゆる理論を包含するようで, 限界もある。
　一方, Silvia (2012) は処理流暢性に基づく考え方では, 穏やかな快 (Kant (1970) のいう無関心の快：はじめに参照) については説明ができても, 強烈な美的感情や面白さについては説明ができないと指摘している。Kant に先立つ哲学者の Burke (1757) が美と崇高はそれぞれ異なる特徴と動因が関わることを指摘したように, 感動などの強い感情に関しては, Silvia が支持する感情評価

理論（3.8 参照）のような別の説明原理が必要になるのかもしれない。

❖身体特異性仮説：身体の処理流暢性

　左視野で直観的に捉えられた印象が，右視野にある対象によって解釈されるという考え方は美術史家によっても提案されてきた（木村，1967）。この指摘は，左視野の対象を捉え総合的な判断を行う反応の早い右脳と，右視野の対象を捉え分析的に時間をかけて処理を行う左脳の機能差（ラテラリティ：Laterality）から説明されてもきた（菊池，1993）。しかし，左右を反転させたフロップ画像を用いた多くの研究結果は必ずしも明快なものではない（Gordon, 1981）。

　一方，Levy（1976）は具体的な風景写真を用いて，美的配置を一対比較法で検討し，主要対象が画枠の中心よりも右にあるとき，美的印象が強められることを指摘し，空間的注意の観点からこの結果を説明した。中嶋・一川（2008）は，盛永（1954）の用いた3つの点を枠内に配置する単純なパターン図形（図3-6）を用い，Levyの指摘が当てはまるかを確かめたところ，幾何学的な単純な図形では，中央に図形が配置された構図が選好されて，仮説は支持されなかったが，緑の葉の上の赤いテントウムシのような具体的な事物を文脈に合った背景の上に置くと，Levyらと同様，右寄りの配置が好まれる結果を得た。その後の研究で，この結果は右利きの観察者においてのみ見られることが示された（松田・一川・中嶋・興梠，2014）。このため，彼らは注意ではなく，対象の操作に関わる身体動作表象が結果に関わっていると考え，背景画像の存在が身体動作の表象の活性化に寄与していると指摘した。3.5で述べた右側バイアスの基盤にはこうした身体的な特異性が関わっていると考えられる。

　近年，よさ判断に関し，身体との関わりを議論する研究が輩出されていて，身体化認知（embodied cognition）の枠組みで議論されている。Casasanto（2009）は，画面に出ているキャラクターが「シマウマが好きでよいと思っており，パンダは嫌いで悪いと思っている」場合，左右どちらの檻に，どちらの動物がいるかをたずねたところ，右利きの参加者では好ましく思うものを右に，そうでないものを左に配置する傾向があり，左利きの参加者ではその逆の傾向が見られることを見出した。始めて見るキャラクターについても，右利きの参加者は右側に置かれたキャラクターを知的で魅力的で正直で幸福だと判断し，左利きの参加者では逆の傾向が示された。さらに，右利きの評価者は，右欄に履歴を示した人物を雇用しやすく，右に置かれた商品を購入する傾向が見られるのに

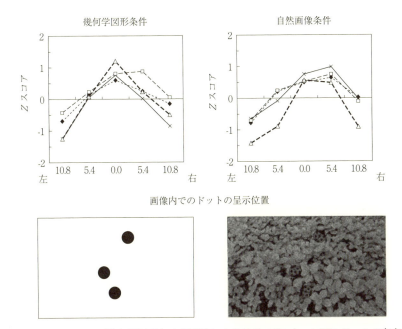

図 3-6 配置のよさ（幾何学図系と自然画像による結果の違い）。上図はドットの左右位置に対する評価結果。図中の横軸は刺激の呈示位置。4 本の線は 4 つの評価尺度（美しさ，好み，バランスのよさ，調和）を表す。下図は幾何学図形（左）と自然画像（右：葉の上のテントウムシ）の一例（中嶋・一川，2008 に基づき作成）

対し，左利きの評価者は逆の傾向を持つことも示された。Casasanto はこれらの一連の結果を説明するに当たって，身体的な処理流暢性（processing fluency）という観点を導入した。すなわち，利き手側にある対象は流暢に処理できることから，肯定的な評価につながると考えたのである。この考え方は身体特異性仮説（body-specificity hypothesis）と呼ばれ，処理負荷を身体レベルで考察し，選好とつなげた理論だと言える。

　文化的にも，英語で右を意味する right が正しいという意味を持つのに対し，左を意味する left は邪悪なという意味をもつ。日本でも「右に出るものがない」など，右を高く評価する表現がある一方，左遷や左前など左に対しては否定的な印象が持たれる。右利きの多い社会において，右側の処理流暢性が，左右の価値に結びついた可能性が考えられる。宗教画において，聖母マリアと天

使ガブリエルを左右どちらに配置するかも一部には，その時代の価値観を示唆しているのかもしれない（中森，1981；三浦，2018）。

　上下に関しては，上を肯定的に捉える傾向が報告されている。たとえば，Marmolejo-Ramos, Elosúa, Yamada, Hamm, & Noguchi（2013）は，様々な母語をもつ参加者において，上が肯定的，下が否定的な印象と対応することを示している。また，椎名（2007）は，色のパッチを画枠内に自由に配置させると，「美しい」という印象に対してはパッチが画枠の上方に，「つまらない」という印象に対しては下方に置かれるという。また，佐々木らは快い刺激を見た後に画面内に点を自由に配置させると，より上部に置かれること（Sasaki, Yamada, & Miura, 2016）や，逆に，手を上に移動させた後では，後続する刺激の評価が肯定的になること（Sasaki, Yamada, & Miura, 2015）を報告し，上下の身体動作と評価の関係を指摘している。また，前者の研究でこうした傾向は画像を顕在的，意識的に見た場合にのみ現れることを示し，上下と選好との結び付きは，意識処理を必要とするとも指摘している。利き手と直結する左右と異なり，上下と価値あるいは感情との結び付きは，概念的なイメージを介して成立していると考えられる。

3.8　感情評価理論 ···

❖認知と感情

　感情評価理論（appraisal theories of emotion）では，感情は目的との関係で出来事を評価する際に生じるもので，対象の客観的な特性によってではなく，主観的な評価や個人的な意味によって引き起こされるものだと考える。感情は，出来事が目標を促進するものか否か，うまく処理できるものか否かを自ら評価する過程で喚起するため，評価は各人の知識や経験に依存し，その時々の捉え方によっても変化する。この立場を取るSilvia（2012）によると，よさや美しさに関する従来の理論は，対象もしくは評価者のどちらかに立って議論してきたが，この理論に基づけば，作品と鑑賞者のトランザクショナルな関係において，評価や感情の推移を捉えることができるという。同じ作品に同じ鑑賞者が接しても，価値観や意味理解，感情が変われば，評価も変わることが説明できるからである。

　また，彼は感情評価理論はもともと恐れや怒りなどの基本感情を説明する理

論として提案されたものなので，美や快さなどの穏やかな感情に限らず，感動や驚き，怒りなどの多様な評価も説明できるという（Silvia & Brown, 2007; Silvia, 2012）。たとえば，挑発的な作品は，作品自体の見た目ではなく，それを，どのように認知するかに関わってくる。実際，地下鉄における落書きやパブリックアート，あるいは画像の猥褻さに至るまで，価値観や立場の違いによって判断が異なるのも，この観点に立てば説明可能である。

❖ コーピングポテンシャル

感情評価理論ではコーピングポテンシャル（coping potential）という概念を導入する。コーピングポテンシャルとは，対象をうまく対処することができるかどうかの見込みについての各人の判断を意味している。人は知っているものや予期できること，理解できるものを高く評価する一方で，なじみのないものに対しては抵抗をもつ。それはよく知らないもの，よく分からないものに対して，コーピングポテンシャルが低いためだと考えられる。批評家のSontag (1966) が現代音楽の嗜好性について，時代が追いついていないと指摘したのも，この点と対応するものだろう。

Berlyne が指摘した照合変数，すなわち，新奇性，複雑性，不確定性，曖昧性，驚愕性，不一致などはいずれも知識や期待と一致せずコンフリクトを含むものであり，処理の際に混乱を生じる可能性をもつ。その際に，それが対処できると判断した範囲だと，興味を喚起し，接近行動が生じるが，対処できないと判断した場合には，回避行動が生じる。したがって Berlyne のモデルもコーピングポテンシャルの立場から説明可能となる。

Silvia はまた，感情評価理論は，驚きや混乱，面白さなど，芸術に対して示される個人差も説明できるという。たとえば，現代芸術は，それを理解できる専門家によっては高く評価されるが，ナイーブな鑑賞者からは好まれない。それは専門家の方がナイーブな人たちよりも作品を理解できると思っているからだと考える（Silvia, 2006, 2012）。Biederman & Vessel (2006) は，好みを理解する鍵は，刺激を理解できる能力だと指摘し，また，Rusell & Milne (1997) は現代芸術を鑑賞する際，説明がある方が，ない場合よりも一般的に楽しめると指摘している。また，Parsons (1987) はより一般的に，人々が芸術を理解する段階と芸術に対する好みは関係すると論じている。芸術が対象のリアルな再現を目指すべきだと思っている人は，抽象的な作品や不快感を喚起する作品

は美的基準に反するとして快く接することができない。一方，芸術作品は感情を表現すべきだと信じている人は，感情体験を引き起こす作品をよいと考え，リアルなだけの作品や概念的な作品は好ましくないと思う。芸術作品がものを考えさせる場だと概念的に考えている人にとっては，リアルなだけの作品は陳腐に思える。このように同じ作品であっても，それを鑑賞する人の動機や理解のあり方に印象や評価は左右されるが，それはコーピングポテンシャルが異なるからだと考えられる。感情評価理論は感情に先立つ認知の働きを重視した理論だと言える。

　もっとも，こうした研究を，コーピングポテンシャルという概念を導入せずに，処理負荷の量や処理流暢性の観点で説明することも可能だろう。

3.9　感性多軸モデル：感情円環モデルの拡張 ························

　感情研究においては，さまざまなモデルが提出されている。そのうちの1つがRussell（1980）の円環モデルである。快−不快と覚醒−鎮静の2軸を柱とする空間に，Ekman（1972）の基本6感情および，さまざまな感情語を円環状配置したもので，多様な感情を包括的に示したモデル（Circumplex model）になっている。

　この快−不快と覚醒−鎮静を基盤とする感情の円環モデルに，さらにその時に注目する自在な1軸を加えた3次元で，感性を捉える立場もある（笹岡，2016）。このモデルでは，予測器としての脳の働きに注目し，ネットワークの状態や報酬系の活性化などをモニタリングする上位システムとして，感性を位置づけている。検証がはじまったばかりのモデルではあるが，感情と脳科学の知見を土台に，感性をある種のメタ認知メカニズムとして捉える試みだと考えると，三浦（2016a）の指摘する主体と客体との心理的な「距離」の問題（はじめに参照）に1つのアプローチを提供するものだろう。

3.10　情報処理段階モデル ····················

　Leder, Belke, Oeberst, & Augustin（2004）は感情評価モデルに基づき，美的感情と美的判断に関する多段階の情報処理モデル（Information processing stage model）を提案している。

3.10 情報処理段階モデル

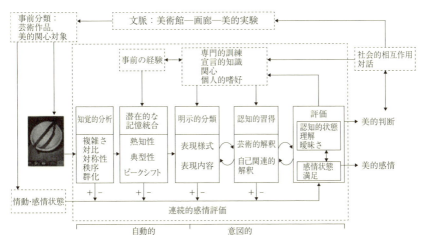

図 3-7 Leder の情報処理段階モデル（Leder et al., 2004 に基づき作成）

図 3-7 に示すように，このモデルでは次のように考える。第 1 段階では知覚的な分析（perceptual analyses），すなわち，複雑さやコントラスト，対称性，秩序，群化など，主にゲシュタルト心理学や情報理論の取り扱った議論に関わる特徴が処理され，第 2 段階では潜在的な記憶統合（implicit memory integration）の過程において，熟知性や典型性，後述するピークシフトなど，認知理論や進化理論で取り扱われる概念が処理される。これらには知覚者の経験が関わってくる。第 3 段階では，表現形式と表現内容に関係する明示的分類（explicit classification）が行われ，第 4 段階では芸術に特化した，あるいは，自己に関連した解釈などの認知的習得（cognitive mastering）が関わってくる。これらには知覚者の領域固有の知識や宣言的知識，関心，好みなどが関係している。第 5 段階は評価（evaluation）の段階で，認知と感情が相互作用することで，美的判断と美的感情が決定される。ここには，個人の認知スタイルや理解度，曖昧さなどの認知の側面と，感情状態や満足といった感情の側面が関わってくる。第 5 段階での評価は，知識や関心，好みなどの前段階にフィードバックされ，また，過去経験として蓄積される。この段階モデルにおいては，個人のループだけでなく，社会や他者との議論も評価に影響すると考える。第 4 段階以降はその前の段階と再帰的なループを形成し，また，第 3 段階の半ばまでは自動的，無自覚的に，それ以降は意識的に行われると考えられている。

このモデルはこれまでに述べた理論や知見をうまく整理したものである。しかし，こうしたボックスモデルが美感に対する実際の処理過程を反映しているかどうかは検証の途上である。評価判断が常に直列的な認知処理過程で行われているとは限らない（Marcel, 1983）。再帰的なループが仮定されているものの，感情や評価が直接，初期知覚にまで影響するという指摘もある。そうした問題は指摘できるが，処理過程の観点から，多くの情報を整理したモデルである。

3.11　面白さの不適合理論

　面白さ（interesting）は評価に関する感情の1つである。しかし，快さ（pleasing）のような典型的な評価性尺度とは異なる性質を示すことも報告されている。たとえば，快さや美しさ，好みなどの評価性因子あるいはヘドニックトーンは，複雑性や新奇性などの照合変数に対し逆U字型の関係を示すのに対し，面白さは単調増加を示すという報告がある（Berlyne, 1963; Aitken, 1974; Saklofske, 1975）。このことから，Berlyneは，面白さは他のヘドニックトーンとメカニズムが異なると考えている（Berlyne, 1963）。

　面白さは，快さを感じさせるものよりも複雑なものにピークがあることも指摘されている（Walker, 1973; 図3-8）。すっきりと見渡せる街並みは美しいが面白くはない。むしろ，迷路のような旧市街に面白さを感じた経験もあるだろう。Berlyneによると，面白さは覚醒を増加させる処理を反映し，快さは覚醒を低減させる処理を反映するという。

　面白さは，しばしば不適合理論（Incongruity Theory）によって説明されてきた。すなわち，面白いかどうかは，期待と実際のずれ，つまりは不適合を知覚することにあるという。Martin（2007）は，面白い事柄には不調和や驚愕，風変わり，普通にはないこと，期待と異なることが関係するという。

　ドルードル（図3-9）も，この点をついた遊びである。ドルードル（Droodles）とはdrawing（線画）とdoodle（ラクガキ）を複合させた造語で，アメリカのコメディアンのロジャー・プライスが考案した単純な線画である。画像単体では曖昧もしくは多義的なために解釈は不確定だが，題名が付与されると意味が了解される。その際，線画と題名の意外な結び付きが面白さを喚起するというものである。Biederman & Vessel（2006）によると，この遊びには，何が描いてあるのかを予想する過程と，その後に示される題名との落差により，アハ体

3.11 面白さの不適合理論

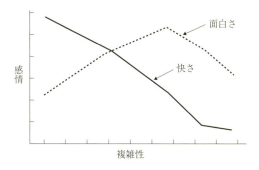

図 3-8 快さと面白さの複雑性における感情強度の違い（Walker, 1973）

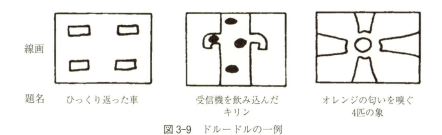

図 3-9 ドルードルの一例

験（2.1 参照）が生まれることが関与しているという（2.2 参照）。

一方，Silvia（2012）は面白さや驚愕は知識感情に由来すると考えて，それがBerlyneの覚醒ポテンシャルモデルで面白さを説明することの難しい原因だと指摘する。彼は快さと面白さを区別し，面白さに関しては，新奇性，複雑性とコーピングポテンシャル（理解度）の2次元から考察する必要があるという。たとえば，白黒のブロックで構成された画像を，面白さ，曖昧性，新奇性，複雑性，理解度の観点から7件法で判断させると，面白さには，理解度，新奇性，複雑性が影響を与えていたという（Silvia, 2010）。また同論文では，詩を読ませて，面白さと曖昧性の評定を行い，曖昧性が低いほど，面白さが上昇することも示している。明確な文章の方がおもしろいと評価されるという結果は秋田（1991）の研究でも示されており，分からなければ面白くないという一般的な傾向とも合致する。

ところで，19世紀半ばの哲学者Rosenkranz（1853）は，彼の著書『醜の美学』において「滑稽さ」を「美」の対極として位置づけた。彼によると，醜の

1つであるカリカチュアは歪曲されて醜いが，原像の戯画であるため，原像の美しさを含んでおり，ユーモアの力によって美への回帰が可能になるという。醜は美の否定あるいは相対ではあるが，ユーモア，慈悲，寛容などの力によって，再び美に近づくものであり，美の対極は醜ではなく，滑稽であると指摘する。

3.12 不快感・嫌悪感 ……………………………………………………………

❖不気味の谷

　極めて精巧に作られたロボットに対し，親近性が極端に低下し，「生きた死体」として気味悪く感じることを，ロボット工学では「不気味の谷（uncanny valley）」と呼んできた（図3-10）。人か機械かの判別が困難なヒューマノイドに対して，人が抱く嫌悪感を表わす概念である。ただし，最近ではヒューマノイドがしばしばメディアやイベント等に登場し，単純接触効果によって，面白さや親近性を獲得しはじめているようにも思われる。

　この種の不気味さには，人かロボットかというカテゴライゼーションの難しさが関係するとされてきた。山田ら（Yamada, Kawabe, & Ihaya, 2012, 2013）はモーフィングの手法を用いて，顔の写真と線画（漫画）の合成や，イチゴとトマトの合成を行い，線画か写真か，あるいは，イチゴかトマトかの判断を行わせる一方，好ましさや可食性を判断させた。その結果，分類が困難な場合ほど，対象に対する好意度が低下することが示され，これらも「不気味の谷」に対応するものとして考察している（図3-11）。

　分類が困難な場合や典型性の低い「曖昧なもの」に対して，人々が示す嫌悪感については，臨床心理学者の北山修も注目してきた（北山・西村，2004）。たとえば蛇などの爬虫類や蛙などの両生類は，民話などにおいて，気味の悪いもの，好ましくないものとして登場することが多く，それは分類の不明瞭な対象に対して，人々が抱く不快感の反映だと考えられる。ただし，曖昧さに対する寛容度には個人差があり（友野，2017），同じ状況や対象をストレスと捉える者もいれば，面白いと感じる者もいる。こうした個人差はコーピングポテンシャルにも関係するものと思われ，ひいては感性評価や感情評価にも影響してくるだろう。

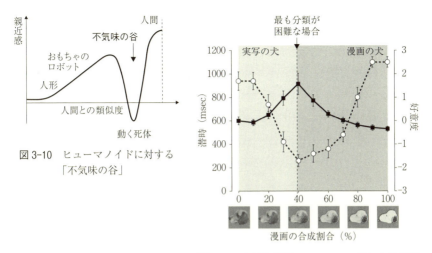

図 3-10 ヒューマノイドに対する「不気味の谷」

図 3-11 実写と漫画のモーフィングによる判別潜時と選好強度（Yamada et al., 2012）

✥トライポフォビア：円形密集刺激への嫌悪感

Cole & Wilkins（2013）は，蓮の花心やカエルの卵など，小円が密集した刺激に対して人々が感じる嫌悪感を，ギリシャ語の trypo（穴掘り）と英語の phobia（恐怖症）を組み合わせ，トライポフォビア（trypophobia：集合体恐怖症）という造語で表現した。この恐怖症は精神医学や臨床心理学で認定されたものではないが，多くの人々が円形密集刺激にしばしば不快感や嫌悪感をもつことは知られている。

Cole らは，不快感を喚起する円形密集刺激とそうでない円形密集刺激の空間周波数特性を比較し，前者の画像では中周波領域においてコントラストが高いことを見出した。彼らはまた，毒性をもつ蜘蛛や蛇などの動物の体表と毒性をもたないそれらの動物の体表の空間周波数特性を比較し，毒性をもつ生物はトライポフォビアを喚起する刺激と同様，中周波領域において高いコントラストを有することを示し，円形密集刺激への嫌悪感が危険な動物に対する忌避に由来している可能性を示唆している（図 3-12）。その後，佐々木らは中周波領域に加えて低周波領域も関与することを報告している（Sasaki, Yamada, Kuroki, & Miura, 2017）。

一方，規則的に繰り返される幾何学パターンへの不快感に対し，川口（2012）

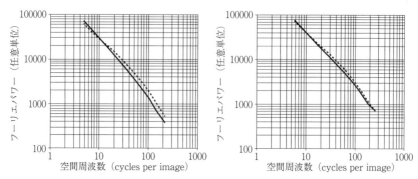

図 3-12 不快刺激の空間周波数特性（Cole & Wilkins, 2013）。　左：実線は不快感のない穴刺激，点線は不快なドット刺激。　右：実線は毒のない動物の体表の模様，点線は同種の毒のある動物の体表の模様

は要素の形状に注目した。彼女は要素が三角や四角の場合より円形の場合に不快感が強くなることを示し，この傾向は子供でも同様であることを報告している。一般に，大人が嫌悪を感じる刺激でも乳幼児は嫌悪感を持たないことから，Herz（2012）は，嫌悪は学習に基づく感情であると述べている。これに対し，川口の結果は生得的に嫌悪されるパターンがあることを示唆するものである。

円形密集刺激は毒性をもった動物の体表の模様のみならず，感染症にかかった際の発疹や死者の皮膚に浮かび上がる血液の斑点状のしみ，カビの繁殖など，死や危険性を感じさせるものが少なくない。そうしたパターンに対し，個体を越えて受け継がれてきた嫌悪反応があっても不思議はない。ただし，Coleらは特定の対象に対する意味的嫌悪の観点からではなく，特定の空間周波数特性という非意味的な嫌悪反応として，無意識的，反射的に受け継がれてきた可能性を指摘している。

山崎（2013）は現代芸術家の草間彌生の描いた水玉の密集パターンが鑑賞者に不快感を与えつつ，惹きつけることに注目し，草間のデザインした水玉パターンの密集度を操作し，多次元での印象評定を行った（図 3-13；三浦・山崎・手島，2016）。その結果，不快因子（評価性因子），密集因子，規則性因子，生命性因子の4つの因子が得られ，ドットパターンから喚起される不快感情は，主に密集度によって説明できると指摘した。刺激の中で最も不快感の高かったのは，草間のオリジナルパターン（密集度95%）だったが，このパターンの空

3.12 不快感・嫌悪感

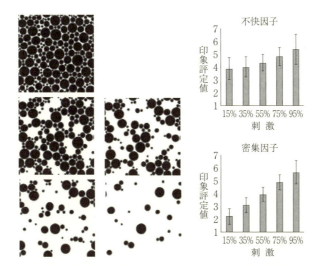

図 3-13 パターンの悪さの研究に用いた刺激例（上左から密集度 95%, 75%, 55%, 35%, 15%）と主観的嫌悪感ならびに密集感

間周波数特性は，中周波から高周波にかけてコントラストが高かった（三浦他，2016）。これは Cole らの結果と一致する。魅力的な表現は単によい，美しいだけではなく，「毒を含む」両義性を有しているのだろう（三浦，2016b）。実際，草間パターンにおいては，すべての因子において大きな個人差が示され，対象への個人の感受性や許容度の相違が示唆された。現代芸術に対する理解（3.8参照）と感情の個人差の基盤が示唆される。

なお，この実験では，草間パターンは最も規則的な印象を与えることも示された。規則性の高いパターンは好まれるはずだが（2.1, 2.2 参照），不十分な規則性が不快感を与えることは，枯山水庭園の評定結果でも示されており（2.3参照），芸術においては，規則性がよさに直結するとは限らないことを示している。このことは反転理論や感情評価理論から説明できるだろう。

一方，手島（2015）は円形密集刺激への嫌悪感が何に基づいているのかを明らかにしようと，嫌悪感尺度（日本語版 DS-R）における個人差に注目した（三浦他，2016）。個々の評価者がどの密集度のパターンにどの程度の嫌悪感を感じるかと，その人が何に不快感を感じるかを対照したところ，「汚染嫌悪」に感受性の高い人は，草間パターンを好ましく思わないことが示された。汚染へ

の嫌悪と円形密集刺激への嫌悪が関連したことは，円形密集刺激が「ばい菌」や「発疹」など，感染と関係する出来事を思い起こさせ，それらへの忌避が強い人において，よりネガティブな反応が現れたことを示唆している。そうだとすれば，Cole らが指摘したような空間周波数特性という物理特性だけでなく，パターンの喚起する意味性もまた，トライポフォビアの根底に存在していると考えられる。

3.13 普遍性と差異 ....

　実験心理学においては，基本的には個人差の要因を統制して，普遍的な特性が追究されてきた。しかし，Fechner が黄金比研究を行ったときから，美しさやよさの評価には，普遍性とともに個人差の存在が示されてきた。日本において芸術心理学あるいは造形心理学を早くに牽引してきた桜林（1973）は，芸術を対象とする心理学では，個人差の要因こそが「人間性の基本的構造であり，芸術問題の中枢を占めて」おり，そこから出発しないと，「真に説得力豊かな理論として指導性を発揮することは難しい」と述べている。よさや美しさに関する個人差については各章で触れているが，ここでは言及されていない知見を中心に紹介する。

❖個人差の要因

　Eysenck（1941）は美度の検討にあたって，一般因子（T 因子）と両極性因子（K 因子）があり，快さは，誰もが共通して感じる快と，個人差の大きい快によって構成されていると考えた。彼は普遍的な快に関しては，Olds & Milner（1954）がネズミの視床で見いだした快中枢をその実行体として考え，一方，個人差については大脳の覚醒水準と向性（tropism）の関係から議論しようとした。彼によると，内向的な人のほうが大脳皮質の覚醒水準が高く，単位時間当たりの処理量も高いため，強い刺激を回避しようとして，穏やかな色調や形状を選択し，外向的な人は覚醒ポテンシャルが低く，覚醒度を上げるために，派手な色や形を好むと指摘する。彼の指摘した生理学的な背景は新たな知見によって否定されるにしても，普遍性と個人差の両方を考慮して美の理論を構築した先駆的試みといえる。

　個人差はもちろん，覚醒水準のみによって決まるものではない。Leder が提

出した美の情報処理段階モデルに立てば，児玉・三浦（2010, 2011）が示したように，群化（知覚の体制化）の段階から個人差が入り込み，よさ判断に影響する（2.2参照）。中嶋・一川（2008）やCasasanto（2009）らが指摘したような身体的な個人差も影響する（3.7参照）。さらに，単純接触効果や典型選好理論が示すのは，個人の経験が好みや評価の形成に大きく関わるということでもある（3.3, 3.4参照）。久（1988）は住宅街の景観の好みが子供時代を過ごした環境と相関することを報告している。感性の形成は個人の生得的感受性と経験との相互作用に依存するものである。そのことは個人差に限らず，集団における好みの違い（文化差，世代差等）にも影響する。

18世紀半ばの思想家Burke（1757）は，美や崇高に対する個人差が，判断力すなわち知性が加わることによって生じると指摘した。専門的な教育や知識が美感に影響を及ぼすこともまた，実証研究においても支持されていることである（たとえばStieger & Swami, 2015; 1.3参照）。感情評価理論に立つ実証美学の研究者たちも，美的判断における知識や理解の影響を重視し（Silvia, 2005, 2006, 2012），Berlyneも専門家が複雑な作品を好むのは，専門的知識をもっているからだと考えている。知識の有無が芸術，たとえば絵画や盆栽の見方を変えることは，眼球運動を指標とした研究からも指摘されている（Nodine, Locher, & Krupinski, 1993; Zangemeister, Sherman, & Stark, 1995; Miura, 2012）。いずれも，専門家ほどグローバルな見方，つまりより広い範囲を少ない視点移動でゆっくりと鑑賞することを見出している。知識があるほど有効な目のつけ所が分かり，広い有効視野をもとに効率的な情報処理ができるからだろう。

一方，芸術家や芸術を専攻する学生が一般の人々より，多様な好みを示すことも，さまざまな研究において報告されている（Macrosson & Strachan, 1997; 仲谷・藤本，1984など）。この結果には，芸術家や芸術系を選択する学生の性格特性や認知スタイルも影響すると思われるが，実践や学習を通して得た専門的知識や見方も影響するのだろう。専門家は絵画の評価において，典型性の影響を受けにくいとする研究もある（Neuhauser & Carbon, 2010; 3.4参照）。神経美学においても，独創性が高いデザイン専攻の学生では一般学生よりも，空間認知に関わる下頭頂葉の活動が低く，前頭前野での活動の左右差が大きいことが指摘され，デザイン専攻以外の学生でも独創的なデザインを行った学生では同様の傾向が見られることが指摘されている（Kowatari et al., 2009）。ここでも生得的な個人差を基盤に，専門教育を受けることによってそれが強化されている

可能性が示唆されている。

なお，Berlyne は快さを感じる不確定度にも個人差があり，専門家や都市生活者は不確定性の高い作品を好むことを報告している。ただし，不確定度の高い作品を好むタイプの人々が都市の環境を好んで集まってきた結果かもしれない。

なお，美感に関して性差を指摘する研究もある（2.1，第4章，第5章参照）。

❖文化差・世代差の要因

羅ら（Luo & Miura, 2015）は，国を代表する著名で壮大な建造物に対し，その国の国民は他国の国民より高い評価をすることを，歴史的建造物に対する日中比較を通して指摘している（8.6 参照）。慣れ親しんだ対象が認知に影響し，さらに嗜好に影響することは，顔における民族効果（race effect）にも見られ，また，色彩の好み（Palmer, Schloss, & Sammartino, 2012）でも指摘されている。単純接触効果からも説明できるだろう。

三浦（2008）は，コンクリートの打ちっ放しの住宅に対する評価が，それが現れたときに子供時代を送った世代で高いことに注目している。新しい時代を象徴する建築として，高い評価を伴って登場した建物を見てきた世代と，建造から時が経ち，それらの建築物の汚れた外壁に接してきた次の世代とで，評価が違っても不思議はない。また，とがったデザインを好む時代と穏やかなデザインを好む時代の違いも関係するだろう（Carbon, 2010; 8.6）。時代や環境の穏やかさが装飾の好みに影響することは，20世紀初頭の心理学的美学者 Worringer（1908）の指摘したことでもある。

絵画においては，緯度の高さが太陽の照射角に影響し，強い光の下で暮らしている人々は明暗や色彩のコントラストの強い作品を描くのに対し，湿って霞んだ環境では，朦朧とした表現が採用されるという指摘もある（Motoyoshi, 2012）。それらの絵画に親しんで育てば，単純接触効果により，その傾向が引き継がれ，文化として定着していくことだろう（8.6 参照）。

文化差が形成されるに当たっては，発達の観点からも，経験の観点からも，また時代の文脈という観点からも，時間軸が関わってくる（第8章）。神授と言われた黄金比に関して，現代のドイツでは選好性が得られなかったことに対し，Höge は「時代が変わったとしか言いようがない」と述べた（1.3 参照）。時間軸の中で変わりゆく美もある。

流行としての美の変遷はまさに社会や時代の産物でもある。もちろん，流行は商業的に作られる側面もある。デザイナーのレイモンド・ローウィは MAYA 閾（Most Advanced Yet Acceptable），すなわち，最も先進的だが，なおかつ受け入れられるものを，人は好むことを指摘した。Hunt（1963）は順応水準からのずれが小さいと退屈，大きいと混乱を生むため，適度なずれが最適行動を生むと指摘した。今，流行っているものと少し違うものが次の時代に期待されることは，Berlyne の覚醒ポテンシャルモデル（3.1 参照）からも説明できる。見慣れたものは快いが，内的動機づけを考慮すると，少し見慣れていない程度のものがさらに快く感じられるのだろう。今，流行っているものが多くの人に好まれ支持されることは，単純接触効果や典型性からも説明がつく（3.3，3.4 参照）。一方で，流行の中心にあって，より極端な方向へ向かう傾向に関しては，Ramachandran が提案したピークシフト理論からも説明できるだろう（Ramachandran & Hirstein, 1999; 2.5 参照）。時間軸による評価の移行に関する詳細は第 8 章に譲ることにしたい。

❖ 個人の好みというスタンダード

　環境によらず，時代によらず，誰もが常に好ましいと考える美しさだけでなく，「目利き」によって発見され，指摘されてはじめて気づかれ，その後，それが美の基準として定着していく場合がある。たとえば，千利休は日常の雑器や，狭くて粗末な茶室に独特の美を見出し，「わび」の文化を創出した。利休鼠や利休棚など，彼の愛でた色や形は「利休好み」として，彼の名前が冠され，美の基準（スタンダード）となっている。利休の茶道を継承しつつ，自由で大胆な茶器や造園を好んだ古田織部は「織部好み」と呼ばれる名品を残し，さらに，古田織部に師事した小堀遠州は，「遠州好み」と呼ばれる「綺麗さび」の方向を示した。こうした例は，いずれも個人の好みが新たな美の基準として確立したことを示すものである。

　もとよりそうした美の発見は日本に限ったことではない。むしろ，美術の歴史を振り返ると，個人による新たな美や表現方法の発見が，歴史を牽引してきたとも言える。マネやゴッホの絵画も発表当時，驚きと批判によって迎えられ，歴史の中で理解と受容を得て，今日の評価を獲得した。典型性理論や感情評価理論が示すように，人は知っているもの，予期できるもの，理解しているものは受け入れやすいが，あまりに新奇で独創的なものは理解されるために，とき

に目利きも必要だろう。純粋芸術に限ったことでもない。ココ・シャネルがファッションの世界に持ち込んだジャージー素材や襟のないジャケットの形，黒という色も，それを評価する先駆者と時代背景があって生まれ，今に至って，スタンダードとして定着している。芸術やデザインの創造と選択は，人の「見方」を変えることに寄与している。

第 4 章　色と形状の嗜好

4.1　美感と視覚的嗜好の関係 ………………………………………………

　美的嗜好（Aesthetic Preference）の研究は，Fechner（1876）が取り上げて以来，心理学における最も古い研究テーマと言えるだろう。最近になって，学際的な美感研究（Shimamura & Palmer, 2012）の中の重要な研究テーマとして，再び注目されることになった（Palmer, Schloss, & Sammartino, 2013）。美感研究とは，美しいと感じる感覚に関連する人間の心と感情の研究を指す。美感研究として想定される研究テーマの中から，ここで取り上げるのは視覚的嗜好（Visual Preference）である。

　嗜好研究を取り上げるときには，まずは美感との関連を整理しておかなければならない。芸術作品に対する美感と嗜好は関連があることは明らかではあるが，視覚芸術の心理学的研究と視覚的嗜好の心理学的研究との違いを考えておきたい。まず，どんなオブジェクトを見ても，どんな情景に置かれても美的体験は起こりうる。満開の桜並木，水平線に沈みゆく夕日などは，ほとんど誰もが美しいと感じ，好ましいオブジェクトや情景であると感じる，すなわち誰もの嗜好に合うことになる。このようなオブジェクトや情景は，芸術として作られたものではないが，それらを絵画や写真として写し取ったものは芸術作品になりうる。このように，視覚芸術は人工物の中で芸術的と見なされた一部に限定される。次に，芸術は基本的に美的体験のうち，良い体験ができるものに限られてきたが，現実にはぞっとするような恐怖や，目をそむけたくなるような嫌悪を伴う悪い体験も，嗜好では扱うべき研究課題である。

　嗜好とは，美醜にかかわらず，恐怖や嫌悪の感情からおもわず声に出してしまうような主観的な感覚まで広範囲に扱うべきだということになるが，ここではあくまで科学的な実証研究のテーマとして取り上げられてきた研究を紹介したい。そのためには，客観的な行動実験により，研究者もしくは実験者の主観性を排除することで，美的判断の原因や根拠を分析した研究を主に紹介する。

典型的には，ある種の視覚刺激の集合に対する平均的な美的嗜好を測定した結果になるので，様々な心理学的測定法が適応されている。以下では，色と形状の嗜好について順に取り上げる。

4.2 色嗜好

色嗜好に関しては，かなり昔から研究テーマとして取り上げられてきたが (Chandler, 1928)，研究に使用される色の統制や，分析方法の混乱により，信頼できる研究が少なかった (Eysenck, 1941)。そもそも鮮明に色を記憶するのは，不可能ではないにしろ，困難である (Albers, 1963)。したがって，特定の赤，たとえば「コカコーラの赤」を指定しても，それぞれが異なる赤色を思い浮かべているかもしれない。人々の色体験は主観的なだけでなく，色盲や色弱の例を挙げるまでもなく，個人ごとに根本的に異なっているのかもしれない。比較的最近になって，標準化された色刺激が使われ，適切な統計分析が確立されるようになって，様々なことが分かってきた。たとえば，非常に大きな個人差があるにもかかわらず，集団としての色嗜好は，色相，彩度，明度という色の三属性の関数として，安定したパターンを示すということが明らかになってきた (Granger, 1955a; Guilford & Smith, 1959; Hurlbert & Ling, 2007; McManus, Jones, & Cottrell, 1981; Ou, Luo, Woodcock, & Wright, 2004)。ただし，ここで扱う色嗜好の問題は，色の三属性の物理的性質を解明するのとは根本的に異なっている。

色相ごとの嗜好は一般に，寒色系の色相（緑，シアン，青）が，暖色系の色相（赤，橙，黄）に比べて好まれ，波長にそって並べてみると，青が最も好まれ，黄色の色相周辺が最も好まれないという連続的な曲線形状になる。また，低彩度の色に比べると高彩度の色が好まれるが (McManus et al., 1981; Ou et al., 2004)，あまりにも彩度の高い色は好まれない (Granger, 1955a)。明度が高くなるにつれて，その色は基本的に好まれる (Guilford & Smith, 1959; McManus et al., 1981)。たとえば，色相ごとに違いがあり，青や紫は低い明度でも好まれるが，黄色は高い明度が好まれる (Guilford & Smith, 1959)。このように，暗い色への嗜好は，色相ごとに異なる。暖色系の色では，暗い赤に比べても，暗い橙色や黄色は，同じ彩度の明るい橙色や黄色に比べても，嫌われる (Guilford & Smith, 1959)。まとめると，単色嗜好にはある種の法則性があるが，それほど単純なものではない。

✣色嗜好の説明モデル

　色嗜好に関して実験的に調べることは，色の好悪を回答してもらう実験を実施すれば良いので難しくないが，なぜその色の好悪が決定されるのか，そもそも我々はなぜ色に好悪を感じるのかについて説明することが困難であるので，これまで生理学的，心理物理学的，情動的，生態学的なモデルなどが検討されてきた。

　Hurlburt & Ling（2007）は生理学的モデルを提案した。このモデルは，背景色と比較し，錐体細胞の加重平均に基づき，単色嗜好が決定されると仮定している。具体的には，S，M，L をそれぞれ短波長，中波長，長波長に対応する錐体細胞の反応とすると，L−M と S−(L+M) が計算され，加重平均される。ただし，モデルの予測では色嗜好の分散の 37％しか説明することができず，その理由としては Hurlburt & Ling（2007）が高彩度の色を含めていなかったためではないかなどの批判がある（Palmer & Schloss, 2010）。

　また，色嗜好は意識的な色の見えに基づくという心理物理学的なモデルもある。Palmer & Schloss（2010）は，それぞれの色の赤緑軸，黄青軸，彩度，明度を主観評価させ，その加重平均を使って，そのモデルの妥当性を検証したが，モデルの予測では色嗜好の分散の 60％しか説明できなかった。

　さらに，色によって誘発もしくは連想された感情に基づいて色の嗜好が決まるという，色の感情価に基づくモデルもある。Ou et al.（2004）は，色と感情の主観的な評価を行い，その評価によって色嗜好を予測しようとした。その結果，能動−受動，軽−重，冷−暖の 3 つの特徴次元で，色嗜好を説明できることを示した。Palmer & Schloss（2010）は，3 つの特徴次元の主観的な評価に基づく，このモデルの予測では色嗜好の分散の 55％を説明できることを示した。また，このモデルで説明困難なのは，感情にとって重要だと考えられる幸福感は，あまり好まれない黄色の色相を連想させ，悲しみは，非常に好まれる青という色相を連想させることである（Terwogt & Hoeksma, 1995）。すなわち，Ou et al.（2004）は，なぜ色と感情の関係が色嗜好を予測するのかという点で，非常に重要な問題を説明できていないことになる。

　生態学的誘発性理論（Palmer & Schloss, 2010）は，それぞれの色の好悪は，その色から連想されるオブジェクトに対する好悪に基づくという仮説を提唱した。生態学的誘発性理論では，我々人間を含む生物はそれぞれ，好きな色のオブジェクトに近づき，嫌いな色のオブジェクトを遠ざけがちであることから，

そのオブジェクトが有益か，有害かという判断に基づいて，色の嗜好度が左右されると考えた。Palmer & Schloss（2010）は，WAVE（weighted affective valence estimates の頭文字）値と呼ぶ荷重感情価を心理実験に基づいて算出する。すなわち，各色の WAVE 値は，各色から連想されるオブジェクト集合の嗜好度から算出される。たとえば，青やシアンが好まれるのは，それらの色から連想される澄んだ青空や綺麗な水辺が好まれるからであり，茶色や暗い黄色が嫌われるのは，それらの色から連想される排泄物や腐敗物が嫌われるからであると説明するのが生態学的誘発性理論である。

　この生態学的誘発性理論の妥当性を証明するために，統制された実験刺激を用いた複数の実験群を組み合わせた膨大な実験データをもとに分析が行われている。まず，色刺激として口絵図 4-1(a) のような 32 色を，図 4-1(b) のように明度，彩度，色相などを操作して選び，米国人を実験参加者とした実験を行うと，図 4-1(c) のようなそれぞれの色に対する嗜好度が得られる。さらに，それぞれの色から連想されたオブジェクトの全てに対して嗜好度が測定され，それぞれの色と各オブジェクトの類似度によって荷重される。図 4-1(d) は，そのようにして算出された WAVE 値であり，色嗜好の分散の 80％を説明できた。図 4-1(c) と図 4-1(d) を見比べると，青が最も好まれ，黄色の色相周辺が最も好まれないという連続的な曲線形状になり，低彩度の色に比べると高彩度の色が好まれ，青や紫は低い明度でも好まれるが，暗い橙色や黄色は，同じ彩度の明るい橙色や黄色に比べて嫌われるなどの傾向が，オブジェクト嗜好から予測できていることになる。

　得られた色嗜好は必ずしも固定的ではなく，連想されるオブジェクトが異なれば，色嗜好が変動することになる。このような変動に関しても，生態学的誘発性理論に基づく様々な予測が，検証されている。強く色を連想させる組織，たとえばスポーツチームや大学などの中で非常にポジティブ（もしくはネガティブ）な感情にさらされる人々の色嗜好の変化も予測する。米国サンフランシスコ周辺のカリフォルニア大学バークレイ校とスタンフォード大学のようなライバル校の学生たちは，自分の大学のスクールカラーを，ライバル校のスクールカラーより好むが，その傾向は愛校心の強さに比例することが報告されている（Schloss, Poggesi, & Palmer, 2011）。色の嗜好が組織の好悪によって影響を受けることが生態学的誘発性理論から予測することができるのは，そもそも赤色を好きな学生がスタンフォード大学に入学するわけではなく，大学に入学して

から，愛校心を蓄積させるという因果関係が推定できるためであろう。米国では，政党に関しても同じような色嗜好の傾向が確認されている。大統領選挙などにおけるキャンペーンで，共和党の場合は赤色，民主党の場合は青色で溢れている情景がニュースで映し出され，各州の選挙結果は赤色と青色で塗り分けて知らされる。共和党と赤色，民主党と青色を結びつける方が多いのは確かだが，選挙の日にはその傾向がさらに強まる。このことが色嗜好にどのように影響するのかも調べられている（Schloss & Palmer, 2014）。その結果，選挙の期間以外では，赤色に対する好みは，共和党支持者でも民主党支持者でも変わらないのに，選挙のときは赤色への好みが共和党支持者だけで上昇することが明らかになった。スクールカラーに比べて，政党のコーポレートカラーは，色嗜好という観点からすると短いスパンで変化するということが示されていることになる。

　色付きのオブジェクトの嗜好度がその色の嗜好度に影響するならば，呈示する色付きのオブジェクトの感情価によって，色嗜好が変化することになる。そこで，Strauss, Schloss, & Palmer（2013）は，ある被験者群には赤に関するポジティブなオブジェクト（たとえば，イチゴ）と，緑に関するネガティブなオブジェクト（たとえば，かび）を呈示し，別の被験者群には緑に関するポジティブなオブジェクト（たとえば，キウイフルーツ）と，赤に関するネガティブなオブジェクト（たとえば，血）を呈示すると，両被験者群には予想通りの色嗜好度の変化が見られることを報告している。すなわち，赤に関するポジティブなオブジェクトが呈示された被験者群は赤の嗜好度が上昇し，緑に関するポジティブなオブジェクトが呈示された被験者群は緑の嗜好度が上昇した。

　このように，所属大学や支持政党というある種の文脈が単色嗜好に影響を与えることが明らかになったが，逆に文脈によらない単色嗜好が，色付きのオブジェクトに般化するかという点は興味深い。すなわち，一般に誰でも青を好むから，青い洋服が他の色に比べて好まれるかという問題である。おそらく，般化するかどうかは，問われているオブジェクトが典型的な色か，特徴的な色を有しているかどうかに依存する。たとえば，青が好きで，黄色が嫌いだという方でも，黄色いバナナよりも青いバナナの方が好きだということはありえない。したがって，実験的に調べるべきなのは，文脈によらない単色嗜好が，どんな色にでもなりうる人工物に般化されるかどうかであろう。Schloss, Strauss, & Palmer（2013）は，部屋の壁，ソファ，シャツ，スカーフ，Tシャツなどの人

工物に色をつけて呈示し，その嗜好度を調べた。色相に関する結果は，文脈によらない単色嗜好の結果に類似していた。青に代表される寒色が暖色よりも好まれた。主な例外は，壁やソファなどの大きなものが赤であることを好まなかったことである。反対に，明度や彩度に関しては，オブジェクトによって異なり，明るい壁は部屋を明るくするので好まれた。また，高級車は黒，灰色，白などの無彩色が好まれる一方，ワーゲンのビートルは，黄色を含む，明るく，彩度の高い色が好まれた（Schloss et al., 2013）。

✤色嗜好の個人差

　性差に関しては，西洋人の男性は女性より彩度の高い色を好む傾向があり，色に対する能動的／受動的という判断と高く相関し，男性は能動的な色を好み，女性は受動的な色を好んだ（Palmer & Schloss, 2011）。彩度における性差は，6歳児から9歳児では存在せず，17，18歳では確認されている（Child, Hansen, & Hornbeck, 1968）。また，3歳から12歳の少女はピンクや紫を好み，その年齢の少年は赤や青を好む（Chiu et al., 2006; Iijima, Arisaka, Minamoto, & Arai, 2001; Picariello, Greenberg, & Pillemer, 1990）。色嗜好におけるこのような性差は，使用される性別が特定されたおもちゃに触れることで発達しているのかもしれない。すなわち，ピンクや紫は少女のおもちゃ，赤や青や黒は少年のおもちゃという具合である（Jadva, Hines, & Golombok, 2010; LoBue & DeLoache, 2011; Pennell, 1994）。このような説明は，色嗜好はそれに一致するオブジェクトの好みによって決定されるという生態学的誘発性理論とよく照合する。Taylor & Franklin（2012）は，男性のWAVEデータは，女性の色嗜好より，男性の色嗜好のほうが一致しており，女性のWAVEデータは，男性の色嗜好より，女性の色嗜好のほうが一致していることを報告している。

　乳児の色嗜好については，長い注視時間，早い注視選択が得られた場合に相対的に好まれていると判断される選好注視法で調べられている。乳児の色覚が完全な三原色になる，3カ月ぐらいの乳児から研究されており，高彩度の色に関しては，大人と同じように，青が最大で，黄色もしくは黄緑が最小の選好になる（Bornstein, 1975; Franklin et al., 2008; Teller, Civan, & Bronson-Castain, 2004; Zemach, Chang, & Teller, 2007）。このような乳児と大人の色相に関する好みの類似性は，色嗜好に先天的な要因が含まれることを示している。しかしながら，Franklin, Bevis, Ling, & Hurlbert（2009）は，Hurlbert & Ling（2007）が大人

の色嗜好を調べるために使った色が，4カ月児から6カ月児では，L−M錐体コントラスト（赤−青緑次元）で主に変化し，赤寄りの色が好まれ，S−(L + M)錐体コントラスト（紫−黄緑次元）では影響しなかったと報告した。さらに，Taylor, Schloss, Palmer, & Franklin（2013）は，4カ月児から6カ月児の赤ちゃんは暗い黄色や明るい赤を選好注視し，明るい青や暗い緑は選好注視しないという，大人とは逆の傾向だったと報告している。

✣色嗜好の文化差

　色嗜好は，文化を超え，ユニバーサルであるという主張もあるが（Birren, 1961；Eysenck, 1941），最近の実験研究は類似点と相違点があることを示している。ユニバーサルな嗜好の存在を示す例は，青への嗜好である（Adams & Osgood, 1973；Hurlbert & Ling, 2007；Ou et al., 2004；Saito, 1996；Yokosawa, Schloss, Asano, & Palmer, 2016）。しかしながら，クウェートでの色嗜好では，青は最も低く評価される（Choungourian, 1968）。青がローマの歴史的遺産では相対的に使われていないことから，古代ローマでは青は明らかに嫌われていたと考えられているが，その理由としてローマの大敵であるケルト人が青を好んだために，ローマ人は青を嫌いになったのかもしれない（Pastoureau, 2001）。ユニバーサルな色嗜好の別の例は，暗い黄色（オリーブ色）であり，中国人や英国人（Ou et al., 2004），日本人（Yokosawa et al., 2016），そして米国人の色嗜好（Palmer & Schloss, 2010）において嫌われることが報告されている。そのようなユニバーサルな色嗜好が存在したとしても，先天的な嗜好というより，生態学的にユニバーサルなオブジェクトの特徴を反映しているのかもしれない。たとえば，綺麗な空や綺麗な水が青であり，排泄物や腐敗物などはどこでも暗い黄色であることが，どのような文化でも色嗜好に影響を与えることは容易に推定できる。

　生態学的誘発性理論（Palmer & Schloss, 2010）にしたがえば，他の文化の色嗜好より，その文化の色嗜好を予測できるはずである。この予測は，異なる文化はしばしば異なる色―オブジェクト連想をし，同じオブジェクトに対して異なる感情価を有するという考えに基づいている。この予測は米国と日本での比較研究に対する予測から支持されている（Yokosawa et al., 2016）。日本人のWAVE値は，米国人の色嗜好より，日本人の色嗜好を説明する一方，米国人のWAVE値は，日本人の色嗜好より，米国人の色嗜好を説明する。もっと具

体的に説明してみよう。典型的な例として、暗い赤色について取り上げたい。日本人は、暗い赤色を決して好きになれないけれども、米国人はかなり好きな色であると答える。それは、色から何を連想できるかを調べた実験から説明することができる。暗い赤色を見たときに、無意識のうちに何を連想しているのかを確認すると、平均的な日本人は、暗い赤色から血の色しか思い浮かばない。血を連想するだけならば、その色を好きになれるはずがない。ところが、平均的な米国人は、暗い赤色を見ると、よく熟したアメリカンチェリーが思い浮かぶ。米国のスーパーマーケットに行くと、アメリカンチェリーはもちろんのこと、クランベリーやリンゴなど、熟せば暗い赤色になり、甘さも増すさまざまな果物が並んでいて、日本の売り場との違いを実感できる。アメリカンチェリーなどが連想できるのだから、暗い赤が大好きと答えても、不思議ではない。ここで重要なのは、色の好みを答えてもらう実験において、このような連想を意識的に働かせているわけではなく、無意識のうちに、このような連想関係に基づいた色の好き嫌いが答えられていることである。

　ナミビアのヒンバの人たちは、色相とは独立して、高彩度色を非常に好む（Taylor, Clifford, & Franklin, 2013）。このような彩度効果は、劇的に異なる色嗜好であるが、ヒンバの環境が、高彩度色の少ない先進国よりも自然豊かであることによるのかもしれない。

　多くの研究者が、文化的な違いを説明するために色の象徴性を主張する。たとえば、他の国（たとえば、米国）より日本人、韓国人、台湾人は白または白っぽい色に強い嗜好が生じるが、それは白が清潔さ、純粋さ、太陽について、それらの国が他の国より価値を見出せるからであろう（Saito, 1996）。同様に、中国人は、英国人より赤を好むが、それは幸運の象徴だからである（Hurlbert & Ling, 2007）。しかしながら、色嗜好における色の象徴性に関する実験的な証拠はまだ不足している。

❖配色嗜好

　配色とは、ＡとＢの２色（もしくは、それ以上の色）が調和し、美的な快感を与える色彩構成をいう（三井, 1996）。Albers（1963）は、色が互いに影響を与え合うことを相互作用（インタラクション）と呼び、それは逆の観点からは相互依存だと主張した。いずれにしても、単色嗜好において好まれる色だったとしても、その両者の配色が必ずしも好まれるわけではないことは明らかだろ

4.2 色嗜好

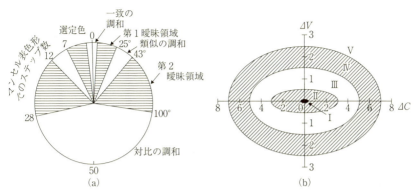

図4-2 Moon & Spencer (1944) の色調和理論。(a)色相選定図, (b)明度と彩度の選定図

う。

　この配色嗜好については，これまで複数の指標が提案されている。Moon & Spencer (1944) は，それまでの諸説を取りまとめ，マンセル表色系において，ある色に対して調和する色を選定する方法として色調和理論を提案した。図4-2(a)に示すような色相に関しては，一致 (identity) の調和，類似 (similarity) の調和，対比 (contrast) の調和と，それらの間の不調和の領域を設けた。また図4-2(b)のような明度と彩度に関しても，一致の調和，類似の調和，対比の調和と，それらの間の不調和の領域を設けた。ただし，そもそも精緻な実験によって得られた理論ではない。また，構成色の色差のみで配色嗜好が決まるとするなど，単純化された仮説に基づいており，それぞれの色の色空間上での位置は考慮されていないので，心理評定値との乖離が指摘されている。

　また，Judd & Wyszecki (1975) は，配色嗜好に関して4つの調和の原理としてまとめた。規則的に選ばれた色同士は調和するという秩序の原理，自然界でよく見られる色の組合せなど，いつも見慣れている色の配列は調和しているという親近性の原理，色相やトーンなど，なんらかの共通性がある色同士は調和するという類似性の原理，明度や色相などの差が大きくて明瞭な配色は調和しやすい明瞭性の原理である。たとえば，秩序の原理とは，色相環上で幾何学的な位置にある色同士の配色であり，同じ色相の色のみを用いたアイデンティティ (Identity)，色相環で隣り合った色で作るアナロジー (Analogy)，色相環で90度の位置にある色同士を使ったインターミディエート (Intermediate)，

色相環で反対側に位置する補色の関係にある色の組合せのダイアード（Dyad）など，様々な配色方法がある。お互いの関係は必ずしも明確ではないが，Moon & Spencer（1944）の一致の調和，類似の調和，対比の調和は，Judd & Wyszecki（1975）の秩序の原理のアイデンティティ，アナロジー，明瞭性の原理と対応する。ただし，Judd & Wyszecki（1975）の調和の原理も，定量的というより定性的なものと捉えるべきだろう。

　色相や明度を徐々に変化させるグラデーションによる配色もあるが，一致の調和，類似の調和が連続している状態と考えれば，調和するのは当然とも考えられ，デザインなどで多用されている。

　配色嗜好を定量的に明らかにするためには，第1に複数の色が一緒になることでどれくらい好かれるかという組合せの嗜好，第2に嗜好とは無関係に，2つの色が一緒であることがどれくらい良いかという組合せの調和，第3に配色を図と地の関係と見たてて，背景色に対して前景色がどれくらい好かれるかという図の色嗜好などを区別して考えなければならない。最後の図の色嗜好には，単色の判断も含まれるだろうが，配色嗜好の問題としても重要である。なぜならば，同じ色でも異なる背景色ならば，古典的な同時色対比という知覚現象から，非常に異なった色に見えるからである（Walraven, 1976）。

　残念ながら，従来の研究では，これらを明確に区別してこなかったために，配色嗜好の研究は矛盾した説明も生み出してきたように思われる。たとえば，Granger（1955a,b）は，配色嗜好は色相のコントラストともに増加すると報告したが，それ以降の研究では色相のコントラストともに減少するという報告も多い（Ou et al., 2004; Ou & Luo, 2006; Schloss & Palmer, 2011）。ただし，図の色嗜好は色相のコントラストとともに増加することを発見したとする報告もある（Helson & Lansford 1970）。

　Schloss & Palmer（2011）は，大きな四辺形の中の小さな四辺形を使った配色嗜好と調和度を，同被験者に別の教示によって測定した。配色嗜好と調和度の両者は，色相の類似度とともに増加した。明度に関しては，両者は異なり配色嗜好は明度コントラストとともに増加し，調和度はそうならなかった。調和度は，明るいペアや彩度に類似したペアについて大きくなった（Ou & Luo, 2006）。しかしながら，全体として配色嗜好と調和度の相関は高くなった。これらの事実は，これまでの研究で両者がしばしば等価であるかのように議論されてきたことにもつながっている。いずれにしても，我々は，平均的に，調和

した配色を好みがちなのである。

　背景色に対する図の色嗜好は，ペアの配色嗜好や調和度と異なる（Schloss & Palmer, 2011）。平均的な図の嗜好は中立的な背景の単色嗜好との相関が高く，図の色を含む配色の平均的嗜好とも相関が高い。この2つの要因を取り去ると，色相のコントラストや明度のコントラストの嗜好が影響を及ぼしていることが明らかになってくる。これらの効果は，同時色対比効果が図の色の知覚された彩度を増加させることに伴うと考えられる。

4.3　形状嗜好

　ここでは，オブジェクトの形状に対する嗜好だけではなく，空間的な特徴への嗜好，情景全体への嗜好，配置への嗜好など，色以外の様々な視覚特徴に対する嗜好に関して取り上げる。

✛黄金比

　形状の嗜好に関して，最も古くから研究されてきたテーマは，いわゆる黄金比に関するものである（Fechner, 1871, 1876）。これは，線分を2つの部分に分けるときに，全体の長さに比べた長い線分の割合が，長い線分の長さに比べた短い線分の割合に等しく，$1+\sqrt{5}/2:1$（すなわち，約1.6：1）になるというものである。$1+\sqrt{5}/2:1$を2桁の整数比で近似させるならば，55：89になる。これは，0，1，1，2，3，5，8，13，21，34と続くフィボナッチ数列の次に登場する2つの数字に一致し，フィボナッチ数列の系列比は，それ以降も限りなく黄金比に近づいていく。すなわち，フィボナッチ数列（n項とn＋1項の和がn＋2項になる数列）は，常に黄金比で近似される相似形を持った数列なのである。そもそも，フィボナッチ数列の21：34の縦横比の矩形がもっとも美しいことを明らかにしたのが，Fechnerであった。巻貝が徐々に大きくなってできる渦巻き（対数螺旋と呼ばれる）など，動植物においてきれいにみえるとされる形状がフィボナッチ数列，すなわち黄金比を持っていることも知られている。さらに，フラクタル理論により，フィボナッチ数列のフラクタル性が明らかになり，フラクタル性を持った自然形状の美しさの要因が黄金比にあることが知られるようになった。

　黄金比は古代エジプトで考案され，もし黄金比が長さと幅に割り当てられる

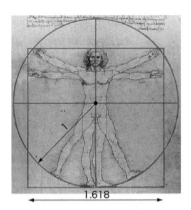

図4-3 人体の黄金比（ウィトルウィウス的人体図）

ならば，それは美的な形状と認識されるようになり，古代ギリシアでは，黄金比に基づいた造形が建築や彫刻などに用いられた。さらに，ルネッサンス期には古代文明の見直しと憧憬から，神から授けられた理想の比率として，神授比例法と呼ばれていた（三井，1996）。たとえば，図4-3に示すウィトルウィウス的人体図と呼ばれるレオナルド・ダ・ヴィンチの素描では，8等身の人体比率が，ヘソの位置が全身を黄金比の近似値3:5:8で分割する中心の位置となり，頭頂からヘソまでを1とすると，ヘソから足底までが1.6となり，黄金比と近似する。また，ヘソから足底までを1とすると，上に挙げた手からヘソまでが1となり，足底から頭頂までが1.6となる。さらに，黄金比は，現在においても美的評価が高い人工物（たとえば，ピラミッドの底辺と高さの割合や，モナリザの顔輪郭の縦横比）でも，しばしば見受けられる（Atalay, 2004; Konecni, 2003; Konecni & Cline, 2002; Livio, 2002）。キリスト教のシンボルとして多用されたペンタグラム（五線星形）も，頂点間の距離，たとえば口絵図4-4の青の線分と赤の線分の長さの比，緑と青の線分の長さの比，紫と緑の線分の長さの比など，多数の黄金比となっていて，神秘性を象徴することになる。また，1940年代に，ル・コルビュジエがモデュロール（黄金尺）を基準に室内を設計したことから，現代建築でも脚光をあびることになった。

黄金比に関する実験研究の歴史的経緯については第1章に譲るが，初期の研究では，黄金比の四辺形が最も好まれ，縦横がいずれの方向でも黄金比から離れれば嗜好が弱まることを示されたこともあるが，多くは追試に失敗しており

(Thorndike, 1917)，論争を起こしてきた（Green, 1995）。興味深いことに，四辺形の好まれる縦横比は，オブジェクトが使用される状況によって変化することが報告されている。卑近な例で言えば，重要な行事の招待状は，黄金比に近い縦横比を好むが，もっと気軽な行事の知らせに対する嗜好は，縦横比を変えても変わらないと報告されている（Raghubir & Greenleaf, 2006）。すなわち，黄金比に関わる嗜好は観察者と文脈によって大きく変化するということになる（McManus, 1980）。

❖二次元形状に対する嗜好

二次元形状に対する嗜好としては，ゲシュタルト心理学が取り上げた「よさ」という指標がある。ゲシュタルト心理学においては図形のよさは，簡潔性を持ち，それは対称性，規則性，よい連続などのプレグナンツの傾向にしたがって体制化された形状ということになる。また，90種類の多角形形状や花瓶などの形状の嗜好を検討した Birkhoff（1933）の古典的理論は，美的嗜好（M）は秩序の構成要素数（O）と共に増すように変化し，逆に複雑性（C）と共に減るように変化する（M = O / C）と考えた。ただし，このような関係の妥当性が十分に実証されたわけではなく，定性的な説明にすぎない。したがって，このほかにも様々な定式化が試みられている（Boselie & Leeuwenberg, 1985; Eysenck, 1941; Eysenck & Castle, 1971）。複雑性と嗜好との関係については，中間的な複雑さのときが一般的には好まれるという報告もある（Martindale, Moore, & West, 1988; Munsinger & Kessen, 1964）。したがって，複雑性によって嗜好が変化することは明らかであるが，複雑性にかかわる親近性には強い対比効果が存在することが知られている。すなわち，我々は単純な刺激に慣れ親しむともっと複雑な刺激を好むようになり，複雑な刺激に慣れ親しむと単純な刺激を好むようになる（Tonio & Leder, 2009）。

対称性に焦点を当てた嗜好研究では，その多くが左右対称を扱っている。それは，中心軸を持った左右対称図形は，安定性が高いので，自然界や生物においても圧倒的に多く存在することも起因していると考えられる。ゲシュタルト心理学においても対称的な図形がプレグナンツの傾向に沿ったよい形状であることが明らかにされてきたが，そのような効果には大きな個人差があることも知られている（Jacobson & Höfel, 2002）。

また，鋭角的な形状輪郭より，曲線的な形状輪郭をもつオブジェクトが好ま

れる（Bar & Neta, 2006）。記憶されやすいオブジェクトばかりではなく，抽象的な形状でも，このような傾向があることが確認されている（Silvia & Barona, 2009）。ただし，曲線的なオブジェクトへの高い嗜好は，ネガティブな感情価をもつオブジェクトでは保たれないことが明らかにされている（Leder, Tinio, & Bar, 2011）。

❖典型的見え

　我々は，最もよく見る視点からの見えの方が日常オブジェクトを認識しやすく，そのような見えは典型的見えと呼ばれる（Palmer, Rosch, & Chase, 1981）。主に日常オブジェクトには，図4-5(a)のような典型的な見えが存在する。異なる視点からの見えに対する嗜好を調べてみても，同様に典型的見えが好まれる（Palmer et al., 1981; Sammartino & Palmer, 2012b）。斜め前方向で，しかも少し斜め上方向からの見えが典型的見えとなり，最も好まれるオブジェクトが多い。また，我々はカテゴリーごとに典型的なオブジェクト形状を好みがちであり（Rosch, 1975），顔の魅力に関する研究でも，対称的で，平均的な顔を好むことが知られている（Rhodes, 2006）。

　逆に，真上からの見えや真後ろからの見えは，偶然的見えと呼ばれ，身の周りのオブジェクトでも，図4-5(b)のように容易に認識できなくなることがある。身の周りのオブジェクトは，平面的ではなく，3次元オブジェクトの形状であり，それらを認識するためには，側面や上面の形状もある程度分かる視点からの見えが望まれ，それが典型的な見えとなる一方，底面や後面の重要性が低く，それらの見えしかない場合に偶然的見えとなる。

　視点の違いによって，オブジェクトを認識する難易度が変化する現象は，視点依存効果と呼ばれ，我々が各オブジェクトの形状情報を脳内にどのように蓄えているかという観点から，盛んに研究が行われてきた。各オブジェクトには，典型的見えという，最も認識しやすく，好ましい見えが存在するが，なぜ典型的見えを我々は好ましいと感じるのかという疑問に答えていないように思われる。オブジェクトを認識するという問題は一般的に，何が存在するかという問いだけでなく，どのような状態で存在するのかという課題の解を見つける問題であるはずである。たとえば，目の前に馬がいるとき，何がいるかと聞かれれば，「馬がいる」という答えになる。どのような状態でいるのかと聞かれれば，「馬が我々と向かい合っている」もしくは「馬が背を向けている」という答え

(a) (b)

図 4-5 典型的見え(a)と偶然的見え(b)（Biederman, 1987）

になる。「馬」が我々と向かい合っていることが分かれば，その「馬」に乗馬するためには「馬」の横側に回り込むという次の行動に移るために必要な情報が得られる。そこで，Niimi & Yokosawa (2008) は，同じ角度差の見えであるにもかかわらず，典型的見えでの方向ずれの検出は難しく，偶然的見えでの方向ずれの検出は容易である一方，偶然的見えでのオブジェクトが何であるかという認識は難しいが，方向ずれについての判断は容易であることを明らかにした。すなわち，典型的見えでのオブジェクトが何であるかという認識を迅速に行えるが，方向ずれについての判断は困難であった。すなわち，典型的見えでのオブジェクトは，何であるかを認識しやすいというのは，オブジェクトを理解する一側面にすぎず，どちらの方向を向いているのかという問いに対しては，かなり曖昧な回答しかできない可能性が高いことをあわせて理解する必要がある。我々は，身の周りのオブジェクトを様々な視点から眺めていたとしても，1つ1つ瞬時に認識しなければ，多数のオブジェクトを処理することができない。このとき，視点の違いによって，見え方が違えば，それにいちいち対応しなければならなくなる。瞬時に認識するためには，視点ごとに変化する情報を捨て，方向ずれによらない安定した処理が求められる結果，どちらを向いているのかが曖昧になってしまうのに，それを好ましいと感じるのは，認識するための安定性を確保できるためであろう。正確な方向がわからないので，多少方向がずれても同じ方向から見たオブジェクトと同じに見えてしまうことが，認識しやすさを高めるので，典型的見えの好ましさを上げることにつながって

いると考えられる。このような状況において，典型的見えでは，オブジェクトが何であるかという認識を迅速に行えるので，見えの好ましさは高まるが，方向ずれについての判断は曖昧になる。

典型的な大きさも嗜好に影響する。我々は，小さいオブジェクト（たとえば，虫）は枠の中でより小さく，大きなオブジェクト（たとえば，象）は枠の中でより大きくした方が好まれる傾向がある（Konkle & Oliva, 2011）が，それは各観察者が1つのオブジェクトの画像を異なるサイズで見たときでさえ同様であった（Linsen, Leyssen, Sammartino, & Palmer, 2011）。

❖情景に対する嗜好

一般的に言えば，美しい自然の中の情景を忠実に映し出すときに，その画像は好まれるはずである。これは，人間の視覚システムが適応する統計的構造を持つ画像を好むことを示している。視覚情報が眼球，網膜を経て大脳皮質に到達するまでに，空間周波数分析が行われる。絵画や情景の空間周波数分析をしてみると，低空間周波数で強く，高周波数になるほど，おおまかには1/fゆらぎのスペクトルのように，対数的に減弱していく（Graham & Field, 2007；Graham & Redies, 2010）。

1/fゆらぎとは，不規則とも思えるリズムのゆらぎ（ある種の雑音成分）であり，周波数をfとすると，ゆらぎの大きさが1/fに比例する現象を指す。小川のせせらぎや心臓の鼓動など，心地よさを感じさせる音が1/fゆらぎになっていることが知られている。視覚的にも，ある種の絵画や情景の空間周波数が，1/fゆらぎ現象と同様の傾向を示すことが分かっている。しかしながら，1/fスペクトルが画像に対するポジティブな美的反応に必要十分かどうかという因果関係は明確ではなく，周波数スペクトルだけでは，情景に対する嗜好は決定できないだろう。

絵画は一般的に斜線より水平線や垂直線を多く含んでいる（Latto & Russell-Duff, 2002）。すなわち，視覚刺激として，高空間周波数成分として，すなわち細密に斜線よりも水平線や垂直線を与えられがちである（Switkes, Mayer, & Sloan, 1978）。このような異方性は，我々が視覚環境の統計的な基本特徴を反映する画像を好むようになるさらなる証拠を与える。たとえば，モンドリアンのような画像の中で，斜め方向より，水平方向や垂直方向の線分を好むことが知られている（Latto, Brian, & Kelly, 2000）。

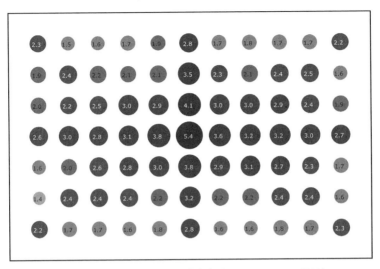

図 4-6 四辺形内の円配置の適合度（Palmer & Guidi, 2011）

❖ 空間配置への嗜好

　様々な絵画から情景写真，グラフィックデザインまで，ほぼすべての2次元の視覚作品は，長方形の空間に配置された要素からなる。そのため，これらの要素の空間的属性と配置が，我々の嗜好にいかに影響するのかが検討されてきた（Arnheim, 1988）。2次元的な作品における空間的属性と配置とは，オブジェクト間の相対的位置関係であるとともに，周囲枠との相対的位置でもある。その中で，空間的配置の研究の主たる焦点は，枠の中心から要素をいかに分布させたかという画像のバランスについてであり，各要素とその周囲の四辺形枠の関係に依存している。たとえば，Arnheim（1954）は，図2-4のような，枠の周囲から動的に広がる構造的骨格が存在すると考えた。Palmer & Guidi（2011）は，観察者が四辺形の中の35点の円の配置における適合の良さを評価すると，図4-6に7段階評定値の平均を示したように，枠の中心がいつでもよさがもっとも高く，中心から離れるにつれて単調減少することや，2番目によい位置は，垂直対称軸および水平対称軸上であり，枠のコーナーからの二等分線上は，少し増加することなどを明らかにした。このような中心軸の重要性は，コントラスト感度のような他の知覚的測定においても明らかにされている（Kovacs & Julesz, 1994）。

Pierce（1894）は，固定した2本の縦線にテスト線を加え，最適な位置（"most agreeable" position）に配置するように指示すると，だいたい黄金比になるように配置するが（ただし，定量的な分析は行われていない），左から0センチ，20センチ，60センチに配置した3本の縦線にテスト線を最適な位置に加える課題で調べると，テスト線が左から40センチの位置に配置される（すなわち，すべての線が等距離に配置される）ことを明らかにした。この結果は，バランスに関する物理的概念と一致し，このようなPierceの研究は，バランスへの嗜好に関する最も初期の研究である。

　芸術作品や抽象的形状を使った作品の知覚的バランスを評価させると，観察者は一般的に，絵が枠のほぼ中心，もう少し詳しく言えば中心のちょっと左でバランスすることが報告されている（McManus, Edmondson, & Rodger, 1985）。色付きの正方形（赤，緑，青）を1つもしくは2つを抽象的作品として配置する場合，各正方形の位置は知覚されるバランスに影響を受けるが，色とも関係があり，赤が最もバランスに影響し，青の影響は少なかった。Locher, Overbeeke, & Stappers（2005）は，図4-7のようなモンドリアン（Piet Mondrian）による抽象画6種類と，それを元に色を交換した変形画を比べたとき，観察者はオリジナルの抽象画のほうが色の変形画よりバランスしていると判断するし，それは画像の中心でバランスしていると判断されることを示した。バランスの中心を判断する課題に基づいて考察すると，領域の大きさと色の関数としての知覚的荷重は変化し，色別では赤を最も重く，青が中間，黄色を軽く知覚していたと考えられる。また，観察者はバランスの良い抽象画は，同時に視覚的に"正しい"と感じることができた（Locher, 2003）。また，小さな紙を興味深い作品になるように配置させると，対称に配置しつつ，最終的には大多数の作品が，画面の中心付近に物理的な重心がくるように配置されることが明らかになった（Locher, Stappers, & Overbeeke, 1998）。

　嗜好における中心の重要性は肖像画に関しても当てはまる。それらを分析すると，図4-8のように，人間の顔の中の，2つの目のうちの1つは，常に枠の中心縦線上もしくはその近くにありがちであることがわかっている（Tyler, 1998）。これは，強い中心バイアスというのが，全体としての顔よりも目に対して存在することを示している。ただし，McManus & Thomas（2007）は，どちらの目も中心にない顔画像と，1つの目が中心にある顔画像を比較したが，嗜好に違いはなく，目に関する中心バイアスについては論争が続いている。

4.3 形状嗜好

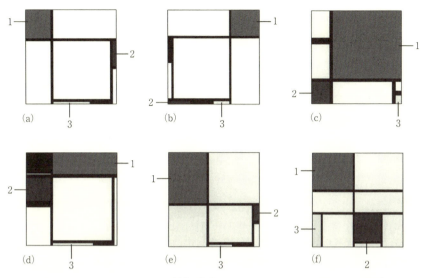

図 4-7 モンドリアンによる抽象画 (Locher, Overbeeke, & Stappers, 2005)

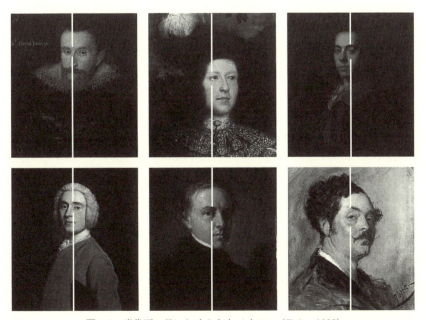

図 4-8 肖像画の目における中心バイアス (Tyler, 1998)

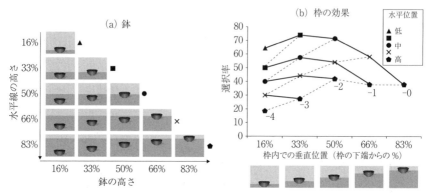

図 4-9　オブジェクト配置嗜好における内向きバイアス（Sammartino & Palmer, 2012a）

　長方形の枠内の1つもしくは2つの有意味オブジェクトを含む写真の空間的な配置に関する嗜好を様々な測定法を使って調べた結果，Palmer, Gardner, & Wickens (2008) は対称物体が枠の中心に向かう嗜好（すなわち，中心バイアス）と中心の左もしくは右に位置する右向きもしくは左向きのオブジェクトに対する嗜好（すなわち，内向きバイアス）をそれぞれ見出した。内向きバイアスは，動物に関する絵画でも確認されている（Bertamini, Bennet, & Bode, 2011）。Sammartino & Palmer (2012a) は，単一のオブジェクトの写真の垂直位置の嗜好にも同様のバイアスを見出した。たとえば，図4-9のように，1つのオブジェクトの画像が，水平軸に関して対称であるとき，中心バイアスが確認できるものの，オブジェクトが上向き（たとえば，鉢）や下向き（たとえば，天井灯）のとき，内向きバイアスを確認した。我々は，枠の中心より下に置かれた鉢，上に置かれた天井灯を好んだ。観察者にとって典型的な位置と一致するオブジェクトの位置を好むという生態学的バイアスは明白であった。空を羽ばたく鷹は枠の上部が好まれ，海底近くを泳ぐエイは下部が好まれる。
　お互いに関連する2つのオブジェクトを含む画像の配置に関する文脈効果の研究もある（Leyssen, Linsen, Sammartino, & Palmer, 2012）。枠内でバランスを欠いている配置だったとしても，意味的に関連したオブジェクトが近接し，非関連なオブジェクトが離れていることが好まれる。二者択一で，バランスのある配置と意味的関連のある配置を比較させたとき，意味的バイアスは存在するが，バランスに関するバイアスはないので，意味的バイアスのほうが大きいこ

とを示している。

McManus et al.（2011）は，様々な複雑な写真があらかじめ決められたサイズの四辺形枠の中で切り取られる際に影響する要因を調べた。実験参加者は，大きな画像の中に四辺形枠の位置を調整し，最も美的で好ましい画像として切り取られるように選んだ。切り取りに関する選択において，色のような低次レベルの特徴はほとんど影響せず，高次の意味に基づく特徴が本質的な影響をもたらしたと報告されている。

有意味オブジェクトの空間的な配置に関する研究は，事前知識が重要な役割を果たすことが明らかになっている。内向きバイアスでさえ，観察者のどちらの側が正面であるかという知識に依存し，有意味オブジェクトがどちらからの見えであるか（典型的見え），それらがいかに大きいか（典型的な大きさ），目線を基準として垂直方向での位置がどこにあるのか（典型的高さ）という生態学的な統計を観察者が知っていることが影響している。これらの効果はすべて，簡単に知覚できるほど，そのオブジェクトの画像を好きになるという関係にあると考えられる（Reber, Schwarz, & Winkielman, 2004; Winkielman, Halberstadt, Fazendeiro, & Catty, 2006）。

❖美的評価とタイトル

Millis（2001）は，興味，思考，感情，美的理解という美的な体験の４つの指標について，イラストや写真のタイトルの効果を調べた結果，画像それ自体から直接的な情報を与えることのない比喩的なタイトルは，記述的なタイトルや無題より，美的理解が高まった。また，抽象的な作品と具象的な作品で呈示時間の効果を調べた結果，タイトルの存在は好みや内容の理解には影響しなかったが，呈示時間とは交互作用があった（Leder, Carbon, & Ripsas, 2006）。記述的なタイトルは１秒間呈示という短い呈示時間では影響があり，精密なタイトルは10秒間呈示という長い呈示時間で効果があった。枠内のオブジェクト配置に関する先行研究（Palmer et al., 2008）を拡張して，Sammartino & Palmer（2012b）は，水平方向の配置とオブジェクトの見えの好みに関する異なるタイトルの効果を調べた。タイトルが記述的であるとき（たとえば，競走馬と歩いている男），観察者は枠の中心にオブジェクトがあり，内向きに向いていることを好むという従来の研究を追試する結果になった。タイトルが，見えないオブジェクトやイベントの一部であるような場合には，劇的に異なる結果となった。

中立的なタイトルは好まれず，構成に合う精密なタイトルが好まれた。オブジェクトの様々な見えに関しても似たようなタイトルの効果を見出している。

このような実験研究から，美術作品のカテゴリーによっては，どのようなタイトルをつけるかが，美的評価や観察者の嗜好に大きく影響することは間違いない。

4.4 嗜好研究の展開

嗜好は我々の美感と不可分であることは明らかではあるが，その嗜好研究には比較的長い歴史があるものの，科学的実験研究に基づいた特性が議論されるようになってからはそれほど長くはない。身近にあるオブジェクトの好ましさが，その色の好ましさに影響することが明らかになり，オブジェクトの向きが曖昧なときに，そのような見え方は安定しているので，形状として好ましいと感じることが明らかになったのは，ごく最近である。しかしながら，きちんとした科学的実験データに基づき，そこで得られた特性を利用できる分野は非常に大きいと考えられる。同じ製品でも好ましいと思える向きが存在するということは，商品の紹介カタログによる広告宣伝では，このような方法で大衆の嗜好を操ることができることになる。ファッションにおいて，仕掛けられたトレンドカラーの商品の好ましさが上がり，結果的に社会的流行につながるだろう。嗜好が決定される仕組みが明らかになっても，嗜好そのものは固定的ではなく，様々な要因によって影響を受けることを理解しておかなければならない。

第5章　対人魅力と美感

5.1　なぜ対人魅力研究が必要か

　本書でこれまで取り上げてきた「美」という概念を極めて短い言葉で定義すると「感性的経験を伴った快や不快の感情」ということができよう（本書における美の定義については第1章参照）。美とは芸術作品や景観などの自然，特定の形態（パタン）に対してだけ当てはめられるものではなく，人（ヒト）においても認めることができる。芸術においても，多くの芸術家が人体美を憧憬し絵画や彫刻作品に表現していることは，たとえば古代ギリシャ時代の彫刻やミケランジェロの作品を見れば，誰しもが同意するであろう。また，身体表現による芸術は，ダンスやバレエ，歌舞伎など多岐にわたっており，そこに感じうる美に関する研究も散見される（たとえば，Calvo-Merino, Jola, Glaser, & Haggard, 2008; Cross, Kirsch, Ticini, & Schütz-Bosbach, 2011）。そればかりでなく，芸術の文脈から切り離された形で，人を見て「美人だ」とか「かっこいい」のように（あるいはその逆も）美的評価を行うことも多い。

　私たちヒトは集団社会のなかで他者とコミュニケーションをとりながら生き，自分が他者に，他者が自分にとってどれほど重要かを，様々な手がかり・方法で認知している。ただし，その手がかりの表出は，外見的にも，行動的にも様々である（多くの動物種においても当てはまる）。ヒトでは男性においても女性においても，自己の価値（配偶価値：mate value）が様々な点に見うけられ，その特徴の1つは外見（容貌）の良さ，つまりは美しさや魅力であるとされる。ただし，人物に感じる美しさや魅力の手がかりは非常に多くの特徴に基づいており，とても複雑なものとなっている。1つの手がかりだけで，ヒトは他者に惹かれるわけではない。このような対人魅力の認知は，異性間では配偶者選択（mate selection あるいは mate choice）や繁殖（reproduction）に，さらに同性・異性を問わず人間関係の維持や新たな関係の構築に重要である。

　本章では，このような対人関係に見られる他者の魅力，つまり対人魅力の認

知について述べる。ヒト／人は，何を手がかりに，どのような情報処理に基づいて，他者に魅力を感じ取っているのであろうか。対人魅力研究の歴史は，心理学の実証的研究に限定しても40年ほどの歴史があり，特に盛んになってきたのは1990年代になってからである（たとえば，Thornhill & Gangestad, 1999）。対人における美感研究では，美（beauty）という言葉よりも「魅力」（attractiveness）という言葉を用いることが多い。特に，顔魅力（facial attractiveness）や身体的魅力（physical attractiveness）というように，対人認知におけるあらゆる魅力の性質について，どのような特徴が魅力に関与し，それらがどのように処理されて魅力的と感じるメカニズムがあるのかについて，膨大な研究が国内外で展開されてきている。対人魅力に関する研究は，知覚や認知に関する心理学の領域ばかりでなく，社会心理学や非言語コミュニケーション研究，パーソナリティ心理学，さらには進化心理学の領域において，興味深い知見が蓄積されつつある。

5.2 対人魅力研究の対象と語用

　美しい，綺麗，かわいい，かっこいい，魅力的だなど，容姿の良さを評価する言葉はたくさんある。それは日本語でも英語でも，あるいは他の言語でも同じであろう。ただ，これらの意味の違いは，辞書的には定義できても実際の語用は曖昧である（たとえば，Geldart, 2010）。また日常場面での対人認知では「美しい」とか「きれい」という言葉を頻繁に使うのに対して，研究では圧倒的に「魅力的」という言葉を用いる（Augustin, Wagemans, & Carbon, 2012）。本章では，対人認知やコミュニケーション場面において，美しさや魅力，選好を，広く美感の問題として取り上げる。そのため，語用についてはある程度正確であるように努めたく，本章を理解するために，以下では語用を整理しておこう。

✥印象
　対人認知における語用としてまず言及しておきたいのは，印象（impression）という言葉である。辞書的には「見たり聞いたりしたときに対象物が人間の心に与える感じ」（大辞林による）を意味する。対人認知においては，対人印象や第一印象，印象形成というように用いられ，人が他者について感じること全般を指す。魅力にせよ，美しさにせよ，信頼性や支配性などの個別の特性印象

（trait impression）についても，容姿の様々な特徴から，ある他者がどのような人物であるかを捉えるように印象が形成される（たとえば，Oosterhof & Todorov, 2008; Willis & Todorov, 2006）。

　では，私たちは何を手がかりに対人印象を捉え，相手を評価・判断しているのか。それは，相手のどのような特徴を捉えようとするかで，頼るべき手がかりは異なる。詳細は後述するが，たとえば，ある人の外向性が高いかどうかを評価する際には，見た目の健康さや表情（笑顔かなど），姿勢の緊張度合いなど，顔を含めた外見を手がかりとする（Borkenau, Brecke, Möttig, & Paelecke, 2009; Naumann, Vazire, Rentfrow, & Gosling, 2009; Hertenstein, 2013）。寄付を募る際には，相手が太っ腹であるか（向社会的か利己的か）を外見から見極め（Verplaetse, Vanneste, & Braeckman, 2007; Pradel, Euler, & Fetchenhauer, 2009），さらに証明写真を見ただけでその人物の外向性や自尊心，信仰心の度合いの予測はある程度可能だとされる（Naumann et al., 2009; Hertenstein, 2013）。また，その人の知的な程度を捉えようとするのであれば，容貌（Zebrowitz, Hall, Murphy, & Rhodes, 2002; Zebrowitz & Rhodes, 2004）だけでなく，視線（Murphy, Hall, & Colvin, 2003）や声（Borkenau & Liebler, 1995）といった非言語コミュニケーションの手がかりも重要になる。たとえば，声の高さ（ピッチ）は，コミュニケーション時に視覚情報が曖昧であったり利用できない際に魅力認知に影響し（たとえば，Collins & Missing, 2003），男性は低い声とともに呈示した女性顔よりも高い声とともに呈示した女性顔の方を好むことが示されている（Feinberg, Jones, Little, Burt, & Perrett, 2005）。印象は対人的行動を変化させる。しかもごく短時間の観察で相手のパーソナリティがある程度分かる（Willis & Todorov, 2006）。印象を得るということは，その人物がどのような人物であるかというパーソナリティの認知であるということができよう。

❖魅力

　対人認知における良さを意味する言葉として最も頻繁に用いられるのは「魅力」である。しかし，多くの実験的研究では，様々な刺激画像を呈示し，刺激の魅力について評価や判断をさせるが，その際，実験対象者に魅力の基準や定義をあらかじめ与えることはほとんどない。辞書的に魅力とは「人の心をこころよく引きつける力」であり，魅力のあるさまを魅力的であるという（たとえば，大辞林）。魅力とは対人的な美に関するより広い定義であるといってもい

いだろう。魅力は英語で "attractiveness" もしくは "attraction" であるが，前者が日本語の魅力の「魅」の意味合いが強いのに対して，後者は誘因としての「力」の意味合いが強いと捉えることができよう。いずれにしても，魅力は，人物の顔や身体の美感の機能を表す言葉である（Gerger & Leder, 2014）。

　魅力とは対人認知における美しさやかわいさなどの包括的概念であるが，同性に対してと異性に対してでは意味合いが異なる。特に，配偶者選択といった恋愛対象の性に関する魅力を，限定的に「性的魅力」（sexual attractiveness）ということがある（たとえば，Rhodes, 2006）。同性に対する魅力の評価は，その人物が異性に対する潜在的なライバルとなり得るかどうかの評価として解釈することができる（たとえば，Rhodes, 2006）。女性は同性の顔の魅力評価について，異性の魅力評価よりも高く評定するが（Cooper, Geldart, Mondloch, & Maurer, 2006; DeBruine, 2002, 2004），これは女性においては非恋愛関係の内集団での適応的な行動の結果であると解釈することができる（DeBruine, 2004）。内集団において配偶行動に競合的な他者への感度は男性よりも女性の方が高いといえる。また，容貌から感じる異性への性的魅力の評定は，デートしたいという望ましさや結婚の望ましさの評定とみごとなまでの高い相関を示す（Cunningham, Barbee, & Pike, 1990）。さらに魅力は，同性・異性を問わず，社会的な関係の望ましさを意味する場合もあり，「社会的魅力」（social attractiveness）という（たとえば，Little, Jones, & DeBruine, 2011）。また，Rhodes は，魅力は性的魅力とかわいさのような異なるタイプの魅力とに分類されると仮定し，それらが性的覚醒や競争力，養育といった情動や行動の結果をもたらすとしている（Rhodes, 2006）。このように，魅力，あるいは魅力的という言葉は，文脈によって意味合いがことなるものの，いずれにしても「人の心を快く引きつける」状態，あるいはその機能であるといえよう。

❖ 美，美しさ

　ここでいう「美しさ」とは，人の容姿に関する美しさであり，英語で facial beauty や physical beauty と記述されるように顔の美しさや身体美にあらわされるものである。魅力が人物の顔や身体のもつ美感の機能を表すのに対して，美しさとは特定の顔や身体がもつ美感の良さを表す言葉であるといえよう（Gerger & Leder, 2014）。また，容姿に関する美しさは比較的成熟した美しさのことを指すことが多く，後述する子どもっぽさや愛しさの意味合いを含む「か

5.2 対人魅力研究の対象と語用

わいらしさ」（cuteness）とは意味を異にする（たとえば，蘆田・藏口, 2013）。Darwin（1871）は，「人間のからだの美しさについて，人々の心の中に美の普遍的な基準があるとするのは，確かに間違いである。ある種の趣味は，時代を経て遺伝されてきたのかもしれないが，それを支持する証拠は，私は知らない。そして，もしそうならば，それぞれの人種は，それぞれに固有の美の理想的基準を本能的に備えていることになる」（長谷川訳, p. 420）と述べている。

　また，顔や身体の美しさの要因を明らかにしようとしていても，実際には魅力の評定を行っていることが多く，美と魅力とを厳密に切り分けるのは難しいのかもしれない。確かに，個人的な美（personal aesthetics）であっても，ビューティー・コンテスト（beauty contest）の結果などから，ある程度万人に共通した客観的な意味での「良さ」を対人認知における美として捉えることはできると考えることはできる。しかし，実際には，文化によってその基準がある程度異なることも指摘されている（Berry, 2000; Etcoff, 1999）。たとえば，Cunningham, Roberts, Barbee, Druen, & Wu（1995）は，白人アメリカ人，アメリカに来て4カ月程度のアジア人（その多くは日本人），ラテンアメリカ系アメリカ人（いわゆるヒスパニック）の留学生の男女を実験参加者として，それぞれの人種の女性顔に対する魅力評定の一貫性について検討し，それぞれの人種間の評定値は $r > .9$ 以上の非常に高い相関係数を示した。また，目の大きさや鼻の長さ，両眼間距離などの顔の形態的特徴や頬骨の隆起や眉弓の大きさなど，性的二型性（男性らしさや女性らしさ，後述）に関する特徴については，いずれの人種でも同様に顔魅力の評定に影響するが，眉や口の位置などの表情に関する特徴についてはアジア人ではその影響が小さいことも示されている。さらに別の実験では，アメリカ文化にそれほどの接触がない台湾に住む台湾人による評定は，白人アメリカ人等と $r > .9$ 以上の非常に高い相関係数を示したが，表情や性的二型性の顔特徴による影響を受けにくいことが示されている。このように，ある程度は人種や民族の違いによって接する情報が異なり，そのことが美の基準となり，魅力の感じ方に影響を与えていると考えることができるであろう（美の感じ方の個人差や文化差については第4章参照）。

　また，容貌の，つまり外見的な美しさと，内面の美しさの関係性についても考える必要はある。大坊（2007）は「日本では『顔より心』とされるのに対して，韓国では『心のきれいな人は顔も美しい』と言われることに象徴されるように，「形の美イコール内面美」というスキーマがある」と述べ，そのことが

韓国における美容整形の肯定的捉え方に影響することを指摘している。外見と内面の美意識に関する研究について、実証的な知見は十分にないが、外見が内面をどのように反映するかについての信念はある程度うかがい知ることはできる。

❖かわいい

　日本語では「うつくしい」の語源は、かわいらしさを意味する古語の「うつくし」にある。一方で、「かわいい」の語源は、「かおはゆし」（顔映ゆし）にあり、顔が火照ることが転じて、きまりが悪い、恥ずかしい、かわいそうで見ていられない、といった意味となった。日本では、「美しい」と「かわいい」の語用は歴史的にも交錯し、意味に混同がみられることがある。日本語の「かわいい」に相当する英語には "pretty" と "cute" という形容詞がある。英語圏の研究では、成人における "attractive" という評価は子どもにとっては "pretty" という評価におよそ一致するとされる。そのため、成人が "attractive" と評価する幼児の顔を幼児はおおむね "pretty" と評価する（Dion, 1973）。また、Cooper et al.（2006）では、成人の実験参加者には刺激となる顔画像が attractive かを評価させ、子どもの参加者には pretty かどうかを評価させている。また、Short, Mondloch, & Hackland（2015）も同様に魅力のある様を pretty として、3歳と7歳の子どもに顔画像を評価させている。

　"cute" もまた「かわいい」に対応する。詳しくは5.4にて述べるが、幼く感じられ保護的な意味でのかわいさとして感じられる。その意味では、子ども自身が捉えるかわいさではなく、大人が子どもに対して（あるいはそのようなスキーマをもつデザイン等に対して）感じられるものである。そのため、cute である様には、成熟した性的魅力の手がかりの含意はない。

　なお、近年の日本における「かわいい」文化は特にアニメやファッション等で海外において受け入れられつつあり、"Kawaii" という言葉が用いられることもあり、また "Kawaii" の認知ついては心理学的展開も見うけられる（Nittono, Fukushima, Yano, & Moriya, 2012）。

5.3　対人魅力に関する理論的枠組み ·······························

❖進化的観点

　ヒトが魅力的な相手を見つけようとする理由の多くは進化的理論，特に生存と繁殖の観点から説明されてきた。婚姻や繁殖のためには，個人の遺伝子の質や健康状態について知ることが求められるが，遺伝子そのものは目に見えることはない。そのため，必要な資質を見つけ出す手がかりを顔や身体の特徴を通して認知することで，優れた異性と仲間を見つけ出し，効果的に相互作用をもつことが必要となる。たとえば，出産直後では，女性は男性よりも育児を含めて生活上の負担を背負い込むことになってしまい，一人で十分なカロリーや栄養のある食べ物を得るのは難しくなってしまう。そのため，怠惰で思いやりに欠けた未熟な男性を選ぶと，繁殖活動が不首尾に終わってしまう可能性が高くなる（たとえば，Diamond, 1997）。また，魅力的な人物がそうでない人物よりも身体的に健康であり（Shackelford & Larsen, 1999），また比較的長生きであること（Henderson & Anglin, 2003），さらには多産であること（Pflüger, Oberzaucher, Katina, Holzleitner, & Grammer, 2012）などが指摘されてきており，そのような人物は子育てなどに多くの時間や労力を費やすことができると考えることができる。ヒト／人には，そのような点から魅力的な相手を認知する能力を獲得できるように進化的適応が行われてきたという説明が，対人魅力の進化心理学的枠組みである（Buss & Schmitt, 1993; Gangestad & Scheyd, 2005; Little et al., 2011; Thornhill & Gangestad, 1999; Rhodes, 2006）。

　優れた顔や身体には，様々な形態的特徴があり，その特徴がよく反映されているほど，魅力的であるとされることになる。たとえば，後に述べるように，平均性（averageness）や対称性（symmetry），性的二型性（sexual dimorphism）などがその特徴として挙げられる（Thornhill & Gangestad, 1999; Rhodes, 2006）。このような進化心理学的理論は仮定であるが，顔や身体に反映される形態的特徴の程度が魅力の程度や特性印象に大いに影響することは多くの研究で明らかにされてきた。

❖認知的観点

　一方で情報処理的理論に基づく認知的観点に立った対人魅力研究の枠組みも

ある。認知的観点に基づく理論では婚姻や繁殖を前提としない。むしろ，脳の情報処理の結果として魅力が生じると仮定する（Gerger & Leder, 2014）。また，魅力認知の諸特徴については，魅力を感じる側（評価者）の問題と，魅力を感じられる側（非評価者）の問題に分けて考えることが必要である。評価者における魅力の認知については，「どのように魅力が感じられるか」という情報処理の特徴として記述することができる。また，対人魅力においてのみ当てはまることと，特定の事象や現象が対人魅力に対しても当てはまる場合とに分けて考える必要もある。以下では，処理流暢性と単純接触効果をもとに，認知的観点に基づく魅力認知研究の枠組みを概観する。

処理流暢性

　経験的に形成されたプロトタイプをもとに，類似したものは認知的にアクセスが速く，より快の刺激となりうる（Winkielman, Halberstadt, Fazendeiro, & Catty, 2006）。このような，刺激の特徴や属性によってその処理の速さや正確性は異なるとする考え方を，処理流暢性理論（processing fluency theory）と呼ぶ。また，快を伴いつつ処理が流暢化することで，感じられる魅力はより高まるという考え方を快楽流暢性理論（hedonic fluency theory）と言い（Reber, Schwart, Winkielman, 2004），処理がより簡単になるほど，より魅力的に感じられるようになる（Bornstein & D'Agostino, 1994; Reber et al., 2004）。実際，顔以外のもの（たとえば自動車や鳥など）に対しても，情報流暢性の高まりによって，その魅力が高くなることが明らかにされている（たとえば，Halberstadt & Rhodes, 2003）。

　処理流暢性理論に基づくと，より長く観察している方が処理流暢性が増し，より魅力的と感じられるようになると考えられる。しかし，Rashidi, Pazhoohi, & Hosseinchari（2012）では，短時間呈示である方が（200ms）長い呈示時間（5秒）よりも魅力の評定が高くなることが示されている。また Gerger, Forster, & Leder（2016）は，幾何学図形の知覚とその好ましさの評定については，刺激の呈示時間が長い方が刺激の知覚が容易になり（流暢性が高くなる），好ましさの評定も高くなり，かつ評定に対する確信度もおおむね高くなるが，顔画像の場合には，呈示時間が長くなり流暢性が増しても，好ましさの評定はむしろ低下し，短い呈示時間の方が高くなることを示している。つまり，流暢性に基づく好ましさの上昇には刺激依存性があると考えることができ，必ずし

も対人魅力が処理流暢性に基づくものではないことを示す知見が示されつつある。

単純接触効果

　繰り返し同じ情報に接することで，その情報への好意度が高まることを単純接触効果（mere exposure effect）といい（Zajonc, 1968），顔の魅力の評定値も高まることが知られている（Moreland & Zajonc, 1982; Peskin & Newell, 2004）。Zajonc（1968）以降，様々な説明概念やモデルが検討されてきたが（たとえば，Solomon & Corbit, 1974），閾下で呈示された刺激の同定ができない場合でも単純接触効果が生じることが示され，知覚的流暢性誤帰属説（Bornstein & D'Agostino, 1992, 1994）がその説明として代表的なものになってきている。この説では，反復的に情報に接することで情報処理が流暢になされ，その結果生じた親近感が好ましさとして誤帰属されてしまうことで単純接触効果が生じるとされている。また，単純接触効果は認知的な処理なしに自動的な情動過程の結果であるとする考え方もあり（Zajonc, 2001），その背後にあるメカニズムについてはいまだ議論が続いている。

その他の要因：熟知性，順応，選択の効果

　単純接触効果は，顔などの対人的なものに限定されるものではなく，抽象的図形などにおいても生じる。また単純接触効果や処理流暢性以外にも，たとえば熟知性が好ましさや魅力の認知に影響することも明らかにされてきている。顔は，風景や幾何学図形などの他の視覚対象に比べて熟知性が高いものがより好まれる傾向にある（たとえば，Liao, Yeh, & Shimojo, 2011）。また，個人の好みとしての魅力の現れについても，これまでにどのような顔に対して接触経験があったかが重要とされる。たとえば，男性的または女性的な顔のいずれかに視覚的に順応することで，新奇な顔であっても同じように男性的もしくは女性的いずれかの方に好みが引っ張られる（Buckingham et al., 2006）。つまり，男性らしさが強調された顔に順応することでより男性らしい顔を好むようになり，女性らしさが強調された顔にさらされることで，より女性らしい顔を好むようになる。さらに，自分が一度魅力的であると評価を下した顔は，以前よりも魅力的に感じるようになるという評価バイアスの存在も指摘されている。
　さらに，Nakamura & Kawabata（2013）は，事前評定で同程度に好ましい

と評定された 2 つの顔のうち，より好ましい顔を選択する課題を行った後で，それらの顔に対して事後評定を行なうと，選択された顔は事前評定よりも好ましいと評定されるようになることを報告している。この効果は，選択誘導選好変化（choice-induced preference change；Brehm, 1956）の一種であり，顔以外でも生じるが，選好と魅力認知とが共通したメカニズムによることを明らかにする研究の 1 つとなっている。また，近年では，Go/No-go 課題など，誤答をしないように注意を制御し，反応抑制が求められる課題において，抑制した刺激に対して評価の低減効果（Distractor devaluation）が生じることが明らかにされている（たとえば，Raymond, Fenske, & Tavassoli, 2003）。

5.4 対人魅力の形成

❖顔魅力が引き起こす印象形成：「美しい人は良い人」バイアス

　外見的に魅力の高い，あるいは美しいことが，その人物の他の側面の印象にもポジティブに影響することはこれまでしばしば示されてきた。たとえば，魅力的な人物は雇用や昇進に有利であり（Dipboye, Arvey, & Terpstra, 1977; Landy & Sigall, 1974），社会的な評価を受けやすい職業に就きやすい（Cash & Kilcullen, 1985; Dion, Berscheid, & Walster, 1972; Eagly, Ashmore, Makhijani, & Longo, 1991）といった社会的承認を受けやすい傾向にある。また，魅力的だと，社交的であることや社会的スキルが高い人物であると評価をうけ（Dion et al., 1972），さらには魅力の高い子どもは養育上親からの罰を受けにくく可愛がられ（Dion, 1972; Langlois, Ritter, Casey, & Sawin, 1995; Ritter, Casey & Langlois, 1991; Ritts, Patterson, & Tubbs, 1992），教師からも熱心な指導をうける（Ambady & Rosenthal, 1993; Hamermesh & Parker, 2003）といった傾向にあるという知見もある。さらに，外見の魅力が高いと，犯した罪の深刻さについて判断を低めて考えられやすいことや（Sigall & Ostrove, 1975），保釈金が少ないこと（Downs & Lyons, 1991）などにも現れている。ただし，魅力的であることと，これらのような能力の高さとが必ずしも対応するわけではない。むしろ，美しいことは良いこと，あるいは美しい人は良い人ということを表している，"what is beautiful is good" ステレオタイプ（Dion et al., 1972）が関与しているとの見方も強い。

❖「美は見る者の目に宿る」か？

　「美は見る者の目に宿る」(Beauty is in the eye of the beholder) という言葉がある。美とは見るものの主観的な意識の中にこそ存在するのであり，これこそが美である，という客観的なものはない，ということを意味している。どのような身体的外見（physical appearance）に魅力を感じるかについても同様に，本人の好みや文化に依存するように思われることが多い。日本では「丸みのある顔で，目が大きく，唇の小さな，鼻の小さな顔」が一般に魅力的な顔とされてきたが（大坊, 1991），あらゆる文化が西洋化された現代日本は魅力ある顔も西洋化されてきた可能性もある。特に近年では，インターネットやメディアの影響もあり，対人的好ましさの特徴も変化している可能性もある。

メディアへの接触経験は魅力認知に影響するか

　人の好みがインターネットの利用によってどのように影響されているかを検討した研究もある。Batres & Perrett (2014) は，インターネットの利用がいまだ少ないエルサルバドルの男女を実験参加者として，インターネットの利用の有無が魅力のある顔に影響しているかを検討した。彼らは，顔の男性らしさ（masculinity）とふくよかさ（脂肪体質, adiposity）の好みについて，一対比較による検討を，オンライン調査（インターネット利用者限定）と対面実験とで行った（図5-1）。その結果，インターネットを利用している対象者はインターネット非利用者に比べて，性的二型性の傾向がはっきりした顔（より男性らしい男性顔と，より女性らしい女性顔）をより好み，さらに女性顔においてはふくよかさが低い顔を選ぶことが示された。現代社会のメディアでは，より男性らしい，より女性らしい顔立ちをした人物が俳優やタレント等で重用され，そこに登場する女性はより痩せていることが望まれていることが，インターネット利用者の好みに反映していると考えられる。このような知見は，顔の魅力認知が文化の影響を受けやすいことを表しているといえよう。また，Geldart (2010) は他者が評定した顔の魅力度を呈示した場合と呈示していない場合（コントロール群）とでは，他者がどのように評定したかによって注視時間が異なり，より高い魅力度が評定されているとより長く見るが，評定の度合いが呈示されていない場合には，魅力的な顔であってもそのような観察時間の違いは見うけられないことを示した（5.3 参照）。この研究は，魅力の度合いの高低を知ることによって，その顔を観察する時間が異なることを表しており，行動に他者の意

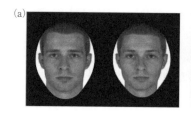

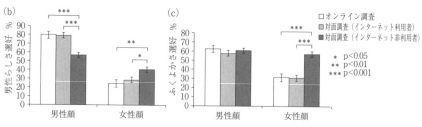

図 5-1 Batres & Perrett (2014) で用いられた刺激の例(a)と男性らしさ(b), ふくよかさ(c)への選好率の結果

見が反映されることを示している。

　これらのように魅力認知に文化や他者の影響が見られる一方で，文化や年齢，性別といった個人の背景が異なる実験参加者であっても，多様な人々の顔画像についての魅力度の判断には高い一致率が認められることを示す研究もある (Langlois et al., 2000; Perrett, May, & Yoshikawa, 1994)。このような基本的な魅力認知の特性に加えて，文化的背景や，個人的経験，個人の趣向などが，対人魅力の認知に影響を及ぼすと考えることができる (Cunningham, Barbee, & Philhower, 2002; Hönekopp, 2006; Zietsch et al., 2011)。

恋人顔に対する魅力認知

　同一人物の顔であっても，全ての観察者が同程度に魅力の評価をするとは限らない。その典型的な例は，恋人顔に対する魅力評価によって明らかにされている。実験参加者の性別を問わず，恋愛関係にあるパートナーの顔や身体の魅力の度合いについては過大評価が行われることも知られており（たとえば，Barelds, Dijkstra, Koudenburg, & Swami, 2011），"love-is-blind"（恋は盲目）バイアスと呼ばれている (Swami, Furnham, Georgiades, & Pang, 2007)。また，筆者らによる予備的研究では，現在恋人がいる男女を実験参加者として，自分自身

の恋人の写真と恋人と同性の友人の写真，他の実験参加者（第三者）の恋人および友人の写真画像の魅力度を評定してもらった。実験参加者は自分の恋人の顔は他の写真の顔よりも高い評定値をつけることが分かっている（Nakamura, Arai, & Kawabata, 2017）。さらに，恋人やパートナーがいる人はそうでない人よりも，他者の顔の魅力に対する感度が低く，恋人以外の他者の顔を魅力的でないと評価する傾向にある（Karremans, Dotsch, & Corneille, 2011；Simpson, Gangestad, & Lerma, 1990）。恋人顔については魅力が過大評価されることや，恋人（配偶者）がいる人が他の異性に対する魅力感度が低いことは，進化的適応として相手との関係性を維持する上で働く機能として捉えられている（Karremans et al., 2011）。

　確かに魅力は見る人の主観に委ねられ，多くの要因に影響を受ける。その意味では「美は見る者の目に宿る」が，どのようなものを美しい／魅力的とするかについてはある程度の多様性と個人差がある。たとえば顔においては目が大きいことや，女性顔においてはより女性らしい顔が魅力的とされるなど，魅力にはある程度の客観的な基準があると考えることもできる。また，人それぞれ異なる対人的な好みはあっても美しい／魅力的と感じる際には特定の脳の働きが関与していることは明らかである。

❖心理学実験に基づく「魅力」と「美しさ」，「かわいさ」の比較

　対人認知における魅力等の評定実験では，実験参加者に評定してもらう諸概念（たとえば，「美しさ」や「魅力」）の定義について改めて定義することは少ない。Geldart（2010）は女性の実験参加者を対象に，同性である女性の顔画像を観察しているときの観察時間を調べている。その際，他の実験参加者がそれらの画像を，魅力（attractiveness），かわいさ（prettiness と cuteness），美しさのそれぞれについて評定した高中低の度合いを実験参加者に見せ，それが観察時間にどの程度影響するかについて，それらの概念間を被験者間で比較した（Geldart, 2010）。概して，どの概念についても評定が高いときの方が観察時間は長くなるが，概念間で観察時間の特徴があり，attractiveness で高く評価されたものとして呈示された顔はそうでない顔よりも長く，また prettiness や beauty で高く評価された顔は低く評価された顔よりも長く観察されることが示されたが，cuteness や統制群（何も付加する情報がなかった群）については差

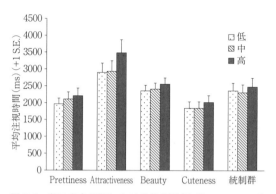

図 5-2　顔の印象評価における注視時間（Geldart, 2010）

は見られなかった（図5-2）。このように，評価される概念によって，その顔画像を観察するという行動がある程度異なることが明らかにされた。また，Ferdenzi et al.（2015）は，性的欲求低下障害（hypoactive sexual desire disorder, HSDD）を伴った女性群と健常（コントロール）群を実験参加者とし，男性顔画像と声を対呈示して，その男性に感じる魅力と美しさの程度について調べた。その結果，魅力度と美しさの評定とは非常に高い相関があるが，HSDDの対象者はコントロール群よりも魅力評定の幅が小さく比較的低い評定値をつける一方，美しさの評定は比較的高くなることを示している。このような心理学的データからは，対人魅力や美感に関する概念は，相互の相関は高く見うけられながらも，それぞれが独立した認知的働きを反映したものであるということがわかる。

❖対人魅力は生得的か後天的か：魅力認知の生得的側面

乳児に対して，大人が魅力的とする顔とそうでない顔とを対呈示すると，乳児は魅力的とされる顔をより長く注視する。この傾向は22カ月児においても（Langlois et al., 1987; Langlois, Ritter, Roggman, & Vaughn, 1991; Samuels & Ewy, 1985），さらには生後1週間以内の新生児であっても見うけられる（Slater, Von der Schulenberg, Brown, Badenoch, & Butterworth, 1998）。このように，人が対人魅力についてある程度の感度をもって生まれてきていることは確かであろう。これらの乳児は，顔の年齢や性別に特別な感度をもつわけでもないが，大人が

5.4 対人魅力の形成

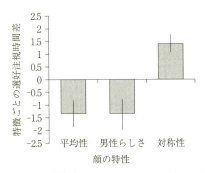

図 5-3 乳児における顔選好（Griffey & Little, 2014）。たとえば平均性が高い顔とそうでない顔とでは高い顔の方が 1.5 秒ほど短くなる。

魅力的であると評価する成人の顔だけでなく，大人が魅力的と評価する乳児の顔においても選好を示し（Van Duuren, Kendell-Scott, & Stark, 2003），さらにその顔の人種の違いに関係なく示されることも分かっている（Langlois et al., 1991）。また，乳児が，倒立顔ではなく正立顔についてのみ魅力的な顔に対する選好があることを示した研究や（Slater, Quinn, Hayes, & Brown, 2000），より成熟した成人顔よりもより子どもっぽい顔に対する選好を示すことも指摘されている（たとえば，Kramer, Zebrowitz, San Giovanni, & Sherak, 1995）。

では生後まもない乳児にとって，顔のどのような形態的特徴が選好を引き起こすのであろうか。6 カ月児を対象にした研究では個別の顔よりも平均顔の方が（Rubenstein, Kalakanis, & Langlois, 1999），5-8 カ月児を対象にした研究では，顔がより平均的であることより，対称性が高い顔に対して選好を示すことが明らかになっている（Rhodes, Geddes, Jeffery, Dziurawiec, & Clark, 2002）。しかし，4-5 カ月児の場合には対称性が選好に結びつかないことを示す研究もあり（Samuels, Butterworth, Roberts, Graupner, & Hoyle, 1994），顔の特定の特徴に対する感度は成熟によってもたらされる可能性が考えられる。さらに近年，Griffey & Little（2014）は，視線計測を用いて顔の対称性や平均性，性的二型性といった諸特徴が乳児の選好をどのように引き起こすかについて 12-24 カ月児を対象にして検討している。彼らの実験では，対呈示された顔刺激に対して，乳児はより対称性が高い顔とより女性的に画像を操作した顔に対して選好を示している（図 5-3）。

110　　　　　　　　　　第5章　対人魅力と美感

　また，思春期前の女子においては，男性性が高い男性の顔に対しての選好は成人と同様には見うけられないことが指摘されているが（Little et al., 2010），この傾向は乳児における実験でも一貫して示されており，このことは思春期におけるホルモンの変化の影響を受けることで男性性の高い顔への好みがあらわれていく可能性があることを示唆している。その一方で，Griffey らの結果では，平均性が高い顔よりも低い顔（示唆性が高い顔）に対して選好が示されており（Griffey & Little, 2014），このことは後に述べるように成人を対象にした結果（たとえば，Little & Hancock, 2002）と逆になっているが，乳児を対象とした研究結果としては一貫しているところでもる。たとえば，3-4 カ月児を対象としたローデスらは，乳児が平均顔よりもそうでない顔の方に選好を示すことを明らかにしている（Rhodes et al., 2002）。乳児が平均顔よりもそうでない顔に対して選好を示す理由として，新奇性が高いものに対する注意バイアスが考えられている（Rochat & Hespos, 1996; Spelke, 1985）。

　このように部分的には成人が示す魅力認知の特徴とは異なる点もあるが，乳児でも（しかも生後間もない新生児であっても）魅力の高い顔に対する選好が示されていると考えることができよう。もちろん，そこには後天的な側面も多分に含まれているが，先天的に魅力顔に対する選好バイアスがあることを物語っている。

5.5　魅力認知の時空間的特性

　以下では，対人魅力の代表例である顔魅力の認知特性について，主に時間的，空間的注意の観点から紹介する。本節で述べる心理学的諸特徴とは，主に，見る側，つまり魅力を認知する側の特性についてである。

✦顔魅力認知の即時性

　顔魅力は非常に短時間の呈示であっても識別が可能であり，短時間呈示された顔の魅力の程度が後続する刺激の検出に影響を及ぼすことも示されている。マスクされた画像の検出は，知覚的にも神経活動としても 14ms ほどの呈示時間で可能であるが，その同定となると，それよりも長い時間が必要となる（Keysers, Xiao, Foldiak, & Perrett, 2001）。Locher らは，100ms で呈示された顔画像について魅力の程度の判定が可能であることを示している（Locher, Unger,

Sociedade, & Wahl, 1993)。

Olson & Marshuetz（2005）は，39ms の前マスク画像（forward mask）の後にターゲット顔が 13ms 呈示され，そして同じく 13ms の刺激間間隔（ISI）の後，39ms の後マスク画像（backward mask）が呈示されるという刺激呈示事態において，実験参加者にターゲット顔の魅力度を評定させた（実験 1）。彼らの実験結果では，魅力が高いとされる顔と低いとされる顔とでは，有意に平均評定値に違いがあったが，魅力の違いは分かっても，どのような顔だったかという同定は不可能であった。また彼らは別の実験で，同じく 13ms という非常に短い呈示時間であっても，呈示された顔の魅力の度合いが，その後に呈示される単語認知に影響を与えることを明らかにしている（実験 2）。しかも，顔の魅力の影響は，顔画像に対して意図的に注意を向けなくとも自動的に引き起こされるものであることを示唆している。

また，Willis & Todorov（2006）は，顔画像刺激呈示時間が 100ms であれば，それ以上の呈示時間（500ms や 1000ms）あるいは制限時間なく判断する場合とかなり一致する形で，魅力（attractiveness），好ましさ（likeability），信頼性（trustworthiness），能力（competence），攻撃性（aggressiveness）といった印象を形成できることを報告している。また Todorov, Pakrashi, & Oosterhof（2009）は，より短時間呈示で信頼性に関する印象評価を実験参加者に行わせているが，33-50ms あたりで急激に時間制限がない呈示での評定と高い相関をもつようになり，167ms 以上では相関がより高くなるということはなかったと報告している。

❖顔魅力が引きつける注意特性：魅力評価とは非関連な認知課題におよぼす魅力の効果

魅力的な顔は自動的かつ強力に注意を引きつけることは，心理学実験によって検討した多くの研究によって明らかにされてきている。その理由として顔の魅力が社会的にも生物的にも重要な信号であることが挙げられる。これまでの研究では，顔刺激の魅力の程度の自発的評価（Spontaneous appraisal）が魅力とは非関連の課題成績にどのように影響するかという観点で検討されることが多い。

顔魅力の自動性

Sui & Liu(2009)は,空間手がかり課題を用いて,顔魅力が自動的に処理されることを実験的に示した(図5-4)。彼らの実験では,参加者は手がかりが示す方向とは関係なく,ターゲットの向きを検出する課題を行った。その際,ターゲットが呈示される位置とは反対の視野に魅力度を操作した顔画像を呈示した。彼らの実験結果からは,手がかり刺激が呈示されてからターゲットが呈示されるまでの時間が短い(250ms SOA)場合に,顔の魅力が高いとそちらに注意のリソースが自動的に奪われてしまい,ターゲット検出の反応時間が長くなることが示されている。

このような自動的な注意の引きつけ効果については,Nakamura & Kawabata (2014)によっても示されている。彼らは,高速逐次視覚呈示(rapid serial visual presentation, RSVP)を用いて,複数の男性顔の妨害刺激が継時的に呈示される中に,魅力度を操作した女性顔(第1ターゲット,T1)と,魅力度が中程度の女性顔(第2ターゲット,T2)を埋め込み呈示した。その結果,T1の魅力度が高いと,その呈示の直後に呈示されるT2の検出が抑制されるが,T1とT2との時間間隔が長いとT2の検出はむしろ促進することが明らかになっ

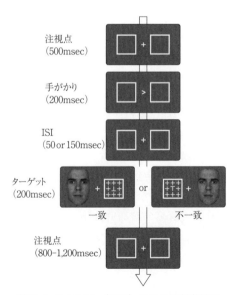

図5-4 Sui & Liu(2009)における刺激呈示

5.5 魅力認知の時空間的特性

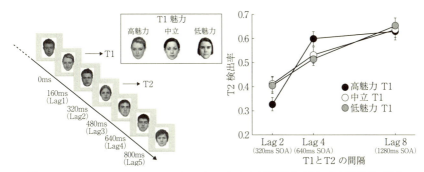

図 5-5 Nakamura & Kawabata (2014) における刺激呈示(左)と実験結果(右)

ている。しかし，T1が魅力的でないとT2の時間的な呈示位置にはさほど関係なく検出が抑制されることとなった。このことは，魅力的な顔が一時的に注意を引きつけ，直後の刺激検出を抑制するが，その抑制は一時的でむしろある程度の時間が経つと注意の切り替えが容易になることを示唆している（図5-5）。

顔の魅力の程度を操作した研究ではないが，停止信号課題（stop signal task）を用いて，刺激の性的覚醒度（erotic）の高さが注意を変容させ，進行中の認知過程に対して急な抑制ができなくなってしまう（特に男性参加者において）ことを示した研究もある（Yu et al., 2012）。

顔魅力の視野特性

また，魅力的な顔は周辺視野に呈示された場合でも無視できないほど注意を引く。一般的に，空間周波数特性やパタン認知は周辺視よりも中心視の方が感度は高い。しかし，Guo, Liu, & Roebuck (2011) は魅力的な顔はある程度周辺視でも検出が可能であることを示している。彼らは，魅力の程度が高い顔と低い顔とを対呈示し，どちらがより魅力的かを判断させた。その際，対呈示される顔は，画面中央から2°，5°，10°離れた場所に呈示される。もちろん2°や5°といった中心に近い位置ほどではないが，10°離れた周辺視野に呈示された場合であっても，ある程度（>65%）の魅力の弁別が可能であることが示されている。Guo et al. (2011) は，周辺視野でも魅力認知が可能なことが低空間周波数に基づいた処理の反映であると考察している。また，Kuraguchi & Ashida (2015) は，魅力的な顔とかわいい顔との処理特性が異なることを同様

の実験によって示している。魅力的な顔の弁別は中心視野でも周辺視野でもさほど変わらないが，かわいらしさの弁別は周辺視野では困難となり，男性顔ではその傾向が顕著であることが示されている。周辺視野になると画像の解像度が低下するが，画像にボケ（blur）を施しても，魅力もかわいさの判断にも影響はない。つまり，かわいさの周辺視での感度の低下は，解像度の低下だけではないことを示している。なお，魅力認知の大脳半球優位性に関して，性的魅力が右半球処理に基づく左視野で優位となるのに対して，性に基づかない社会的魅力は左半球処理に基づく右視野がより優位となるという知見もある（Franklin & Adams, 2010）。このように，周辺視でも顔の魅力が認知可能であることは，注意捕捉の特性として重要な知見であろう。

複数の顔刺激に埋め込まれた標的顔の検出に及ぼす魅力の効果

視覚探索課題のように，周囲に多くの妨害刺激（ディストラクタ）がある事態において，顔刺激の魅力の程度がその検出にどのように影響を及ぼすかについても検討されている。そもそも，視覚探索課題においては，顔以外のカテゴリの妨害刺激の中にある顔刺激は速く検出され（たとえば，Hershler & Hochstein, 2005），複数の妨害刺激の中で標的刺激に変化があるかどうかを検出する課題でも（変化検出課題），顔は他のカテゴリの対象よりも効率的に検出される（Ro, Russell, & Lavie, 2001）。このような検出課題では，特定のカテゴリの刺激を見つけ出すことが求められる。このような妨害刺激のなかにある顔画像の魅力は，どのように注意を引き，検出成績に影響するのだろうか。

たとえば，Liu & Chen（2012）は複数オブジェクト追跡（multiple object tracking, MOT）課題を用いて検討している。実験参加者は魅力が低いターゲット顔よりも魅力が高い顔の方をより効果的に追跡し，妨害刺激の顔の魅力の程度は関係ないことを明らかにしている。しかも，女性参加者において，高魅力の男性顔の追跡成績はより高いことも示されている。MOT課題では，画面中央を凝視しながら複数のターゲットを追跡することが求められており，顔の魅力の評価そのものが関係するわけではない。

また，Chen, Liu, & Nakabayashi（2012）は，変化の見落とし（change blindness）課題を用いて複数の顔のなかにある標的顔の変化検出について検討している。彼らが用いた課題では，いわゆるフリッカー法が用いられ，2つの画像が一定のブランクを挟んで繰り返されるという刺激事態で構成されていた。具

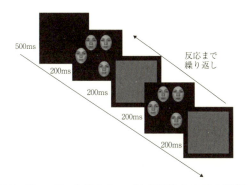

図 5-6　Chen, Liu, & Nakabayashi (2012) における刺激呈示

体的には，2つの画像とは4つの顔画像を含むもので，全体の試行の半分では4つのうち1つが別の人物に入れ替わり，残りの半分は同じものが呈示される。参加者の課題は変化が生じたかどうかを報告することであった（図5-6）。このような変化検出課題では，標的顔刺激と妨害顔刺激の示唆性（distinctivenesss）が小さくて区別がつきにくく，さらに妨害顔刺激の魅力の程度が高い場合に変化検出の効率が悪くなると報告されている。特に，標的刺激も妨害刺激も魅力の程度が高いと，検出が非効率になって反応時間が遅くなり，確信度も低下する。その一方で，標的刺激・妨害刺激がともに魅力が低い場合には，それほどでもない。つまり，魅力の高い顔に注意が高まり，注意の切り替えが上手くいかなくなってしまうことが変化の見落としを引き起こす原因となりうるということを示している。

❖ 日常の中での魅力

　Leder, Tinio, Fuchs, & Bohrn (2010) は，街中のスナップのような画像に魅力的な顔や非魅力的な顔の人物を入れ込み，観察中の眼球運動を計測すると，魅力の高い顔は容易に目につきやすいことを示した。ただし，この効果もまた，顔魅力に限定されると言うよりも，物体や商品の探索課題でも，好ましい対象により同様の注意の引きつけ効果が生じる可能性がある。

　また，男性でも女性でも，魅力度の高い異性顔をそうでない異性顔より長く注視するが，特に女性においては同性の魅力度の高い顔についても注意が引きつけられ，そのことは魅力の高い競争相手（ライバル）を素速く見つけるため

であると解釈されている（Maner et al., 2003）。そのため，魅力の高い女性顔は男性においても女性においても注意を引きつけるものとなっている。また，男性では，夜のバーでの観察事態で，魅力の高い女性をより長く注視するといったように，出会いといった文脈があるほど魅力の高い女性顔に注意を引きつけられる（Van Straaten, Holland, Finkenauer, Hollenstein, & Engels, 2010）。男性は先回りした自発的な求愛方略をとり（Moore & Wilson, 2002; Van Straaten et al., 2010），魅力的な女性を見ることからより報酬を得ている（Hayden, Parikh, Deaner, & Platt, 2007）。性的な出会いにより開放的な男性は，顔に対する注意がより速いことも知られている（Duncan et al., 2007）。このようなパーソナリティや社会的態度と魅力認知とのストラテジーに関する研究も多く見うけられるようになってきている。

5.6 顔魅力に関与する形態的要因

　これまで取り上げてきた魅力認知に関する話題は，「どのように」魅力を感じるか，といった感受者側の側面が中心であった。一方で，「何を」もしくは「どのような」視覚的特徴について，魅力が感じられるかについても，これまで多くの研究がなされてきている。その代表的な例は，平均性と対称性であるが，近年では様々な顔や身体に関する特徴が魅力認知に有効であることを明らかにしつつある。以下では，顔魅力の形態的要因について説明する。

❖平均性と示唆性
　顔の平均性とは，顔の各パーツの大きさ，形，配置がある特定の集団内の人々の平均的な性質を持っており，典型的で極端な特徴を有していないことを指す（たとえば，Thornhill & Gangestad, 1999）。また，その平均的特徴にどの程度近いかという指標でもある。平均性の高い顔や平均化した顔は，より魅力的であることが示されている（たとえば，Langlois & Roggman, 1990; Rhodes & Tremewan, 1996; Rhodes, Sumich, & Byatt, 1999）。複数の顔から平均顔を作成するとより対称性が増すが，それだけで魅力の増加を説明できるわけではない（Rhodes et al., 1999）。進化的観点から，平均性が魅力に関与するという説明がいくつかなされてきた。まず，顔以外でも平均化することで魅力が向上し，それは対象の属するカテゴリーの典型性に対する選好が基盤となっていることが

理由として挙げられる（Halberstadt & Rhodes, 2003）。また，平均性は健康らしさと結びついているという（Rhodes et al., 2001）。さらに，顔の平均性が高いことが，その人物がもつ遺伝的性質（たとえば，繁殖力）の高さを表しているという説がある。顔の平均性は，免疫機能を司る抗体の遺伝的多様性のシグナルとなっており（Lie, Rhodes, & Simmons, 2008），特に免疫反応に関与する主要組織適合遺伝子複合体（major histocompatibility complex, MHC）の異型結合性（あるいはヘテロ接合性，heterozygosity）を表していることを示す研究もある（Roberts et al., 2005）。なお，MHC とは免疫反応に必要な多くのタンパク質の遺伝子情報を含む大きな遺伝子領域であり，異型接合性とは染色体の対が同一（同型接合性）ではなく，異なる場合をいう。

　顔の目立ちやすさ，区別しやすさの特徴を示唆性（distinctivenesss）といい，ある集団の中での顔の典型性（あるいはプロトタイプ）と個々の顔との類似性の程度を反映した相対的な特性として（Valentine, 1991），また集団の顔の平均性とそのばらつきを反映した顔の典型性の指標となっている（Vokey & Read, 1992）。示唆性の高い顔はそうでない顔よりも記憶されやすく（たとえば，Shepherd, Gibling, & Ellis, 1991; Winograd, 1981），また高速逐次視覚呈示された刺激において示唆性の高い顔は妨害刺激のなかから検出されやすい（Ryu & Chaudhuri, 2007）。また，顔の魅力と示唆性との関係は，概して負の相関関係となり（たとえば，Langlois, Roggman, & Musselman, 1994），魅力的な顔と示唆性の高い顔は明確に区別される。さらに，顔の示唆性と記憶の関係については，正の相関を示すものと負の相関，もしくは無相関を示すものがあり一貫性が低く，その原因として示唆性の定義が複雑であることが挙げられている（Sarno & Alley, 1997）。

❖対称性

　対称性も顔の魅力の重要な特徴であるとされてきた（たとえば，Little & Jones, 2006）。対称性とは，顔の形態がその正中線を軸として左右対称の構造をもつことを指す。しかし顔や身体においては，コンピュータで加工された画像を除いて対称性が完全であることはほぼなく，変動非対称性（もしくは，対称性のゆらぎ；Fluctuating asymmetry, van Valen, 1962）がある。変動非対称性とは，ある集団内での完全な対称性からの微細な偏りを表している。顔の対称性は，過去の健康状態やストレス，栄養状態，顎の噛み合わせなど様々な要因

によってズレが生じていくこととなる（Moller & Swaddle, 1997; Thornhill & Møller, 1997）。対称性の高い顔は，発生過程で有害な物質に晒されることなく十分な栄養状態で発育していったという発達的安定性（developmental stability）の結果であり（Thornhill & Gangestad, 1994），それゆえ，対象の見かけの健康とも結びついていると考えることができる（たとえば，Rhodes et al., 2001）。実際，より左右対称な身体もつ人物の体臭は，異性の評定者により性的である（セクシー）と評定される（Rikowski & Grammer, 1999）。しかし，対称性が健康や繁殖などについての個体の質と結びついているという多くの結論は過剰であるとの指摘もある（van Dongen & Gangestad, 2011）。

❖かわいさとベビー・スキーマ

　かわいさも魅力と関係する特徴である。かわいさは，より乳児らしい特徴を持ち，保護的な魅力があることを意味する（Karraker & Stern, 1990）。乳児らしい特徴とは，広い額に，大きな目，小さい顎，輪郭の丸さなどがそれに相当する（Alley, 1981; Maier Jr., Holmes, Slaymaker, & Reich, 1984）。このような乳児らしさは，成人に対して「かわいい」と感じさせ守るべき対象として認知するというベビー・スキーマ（ベビー・シェマ；Lorenz, 1943）の基礎となっている（Alley, 1981; Hildebrandt & Fitzgerald, 1979）。

　Brooks & Hochberg（1960）は，赤ちゃんの顔においてどのような顔形態の要素がかわいらしさの要因となっているかについて，顔画像の目の位置を変化させて検討し，魅力認知の古典的な研究を行っている。その結果，顔の中での目の高さがかわいらしさに起因し（目が低い位置にあるほど，かわいらしいと評価する），目の離れ具合は効果をもたらさないことを指摘している。また，乳児の顔は成人の顔よりも快いと評定されるとともに，より注意をひきやすいことや（Brosch, Sander, & Scherer, 2007），ベビー・スキーマの特徴が強い乳児の顔は，ベビー・スキーマの特徴が弱い顔よりもかわいいと評定されることも明らかになっている（Glocker et al., 2009）。また成人女性顔が，ベビー・スキーマがより当てはめられるような形態をもつと，より魅力的であると評定されるという指摘もある（Geldart, Maurer, & Henderson, 1999; Little, 2012）。

　Kuraguchi, Taniguchi, & Ashida（2015）は，成人女性の顔のベビー・スキーマの特徴（額の広さや目の大きさなど）が，どのようにその顔の魅力やかわいらしさ，そして美しさに影響を及ぼすのかを検討した。顔の形態特徴が，魅力

や美しさ，かわいさの評定値に与える影響は複雑であり，評価者の性別によっても影響関係のパタンは異なる（Kuraguchi et al., 2015, Figure 4 参照）。しかし，ベビー・スキーマがかわいさの評定に及ぼす影響に限定すると，顔の長さに占める額の長さが大きくなるほど全ての指標が高く評定されることが示されている。さらに，Cooper et al.（2006）は，成人や12歳の子どもでは，顔のパーツの位置が顔の輪郭全体の中央部分にある刺激は，顔のパーツが輪郭の下側あるいは上側にある場合よりも魅力的であると評価されるのに対して，4歳や9歳の子どもの場合には，顔のパーツが上側にあるよりも，下側もしくは中央にある刺激を高く評価することを示している。顔のパーツが下側にある刺激画像は子どもらしい顔立ちとなっており，仲間集団などの日常的に目にする顔立ちがより高い評価につながったと考えることができよう。

❖顔色の効果

「顔色が悪い」とか「顔色をうかがう」，「顔色が変わる」といったように，顔の色（血色）そのものだけでなく感情の表れとしての顔の様子を表す言葉として，日本語では「顔色」という言葉が用いられる。魅力認知においても顔色（facial coloration）は相手の印象形成に影響を与え，内的状態を推定する際の手がかりとして用いられている。肌の色に影響する要因としては，肌に存在するメラニンやカロテノイドといった色素とヘモグロビンを挙げることができる。

ヘモグロビンは赤血球に含まれ，酸素と結合すると鮮紅色，酸素を離すと暗赤色となる。顔色が適度に赤みがかっているということは，循環器系の働きが良いことのあらわれであるが，日本語で「顔を赤らめる」とは「恥じらいの表情」を表し，英語でも "cheeks blush" というと頬が火照ることから同じく恥じらいを表している。また，赤は恐れ（fear）・脅威（threatening）の色でもあるが（Little & Hill, 2007），魅力を高める色でもあり，生物学的にもアカゲザルの雌は顔色がより赤い雄ザルの顔を好むことが報告されている（Waitt et al., 2003）。ヒトにおいても，赤みがかった顔の肌の色は血液がよく通っていることの現れであることから，見かけの健康らしさと正の相関関係にあることが指摘されている（Stephen, Coetzee, Smith, & Perrett, 2009）。スティーブンらは，男性の顔写真を用いて顔の赤みを操作することで，魅力だけでなく，見た目からの攻撃性や支配性といった印象特性についても影響が出ることを明らかにし，赤みを強くするほどそれらの印象特性は高くなるが，もとの顔の赤みが強い人

ほど赤みの操作をすることでそれらは低くなることを示している（Stephen, Oldham, Perrett, & Barton, 2012a）。

　また，動植物（特に果物や野菜）の適切な摂取から得られるカロテノイドの影響を受けた黄みがかった肌の色は，良い栄養状態にあり健康的であるとされ，魅力的に感じられるための要素となっており，これは人種を問わず当てはまるとされる（たとえば，Stephen et al., 2012b）。私たちの顔色に対する感受性は高く，数日間特定の量の野菜や果物を摂取することで増えるカロテノイドの影響によるごくわずかな肌の色の違いであっても検出することができる（Whitehead, Re, Xiao, Ozakinci, & Perrett, 2012）。肌の色が健康らしさと結びついているということは，言い換えればカロテノイドが十分に反映された肌の色は栄養を十分に摂取しているということである。また，メラニンは太陽の紫外線を吸収することで肌を褐色化させるが，カロテノイドの方が見た目の健康らしさに関係が強いとされている（Stephen et al., 2012a）。とは言え，顔色の変化はごくわずかである。肌におけるこの微細な色の違いを検出するために，霊長類の3色色覚が進化していった可能性を論じた研究もあるほどである（Changizi, Zhang, & Shimojo, 2006）。

　また，加齢とともに，しみなどの影響で肌の色は不均一になるが，肌色の均一性が女性顔の魅力や見た目の健康らしさ，見た目の年齢に影響し，均一性が高いほど魅力的で，健康らしく，若く評価されることを示した研究もある（Fink, Grammer, & Matts, 2006）。

　肌の色に加えて，顔のパーツ（目や唇）と肌のコントラストも魅力に影響する要因の1つとして挙げることができる。コントラストは男性よりも女性の方が高く（Russell, 2009），女性顔においてはコントラストが大きいほど女性らしさや魅力は高まるが，男性ではその逆に男性らしさや魅力は低下することが報告されている（Russell, 2003）。女性の場合は化粧をすることが多いが，化粧は顔のパーツと肌とのコントラストを高めるためにも有用であり，その効果が女性顔の魅力の認知にも影響すると考えられる（Russell, 2009）。

　さらに，唇の色もまた魅力に影響する要因となっており，地肌と唇の色のコントラストがもつ効果についても調べられている。Stephen & McKeegan (2010) は唇の明るさと色味が性的二型性（女性らしさ，男性らしさ）と魅力の程度に与える影響について検討し，女性顔では唇の赤みは女性らしさと魅力の双方を高めるが，男性の顔では赤みを低減させると男性らしさが高まることを

報告している。また，男女とも，唇と肌とのコントラストが高い方が魅力の程度も高まるが，性的二型性の程度には影響がないことを明らかにしている。女性においては，女性ホルモンの1つであるエストロゲンの影響を受け唇は厚みを増すようになる（たとえば，Fink & Neave, 2005）。また，唇の色は血中の酸素レベルを反映するため，見た目の健康らしさにも影響を与える。それゆえ，唇が青みがかると魅力が低下することになる（Stephen & McKeegan, 2010）。

✤目の色の効果

肌が黄色くなるというと柑皮症や黄疸を連想させるが，前者が柑橘類の過剰摂取によって含まれるカロテノイドの影響を受けて黄色くなるのに対して，後者で黄色くなるのはビリルビンという赤血球のヘモグロビンから肝臓で生成される物質が原因とされる。黄疸では目の強膜の色も黄みがかることになる。目の強膜の色は，このような何かしらの疾病によっても変化し（たとえば，Murphy, Lau, Sim, & Woods, 2007），加齢とともに強膜の白さは低下し，赤みと黄みが増すといった変化が生じる（Russell, Sweda, Porcheron, & Mauger, 2014）。魅力度については，顔写真の目の強膜の色を人工的に変化させる（たとえば，赤みや黄みを強くする）操作によって低下することが示されているし（Provine, Cabrera, Brocato, & Krosnowski, 2011），魅力度だけでなく見た目の健康らしさや年齢にも影響することが示されている（Russell et al., 2014）。顔色と同じく目の色もまた，その人の健康状態などを表す窓となっているということである。

また虹彩の色（いわゆる瞳の色）が印象に影響することを示した研究もある。Kleisner, Priplatova, Frost, & Flegr (2013) は虹彩の色が青い場合と茶色い場合とで知覚された信頼感が異なり，男性であっても女性であっても茶色い方が信頼感は高く見積もられることを示している。近年ではカラーコンタクトレンズの登場で様々な瞳の色に変えられるようになったが，他者に異なる印象を与えることを示した一例として取り上げることができる。

ただし，肌の色でも瞳の色でも，そもそもメラニンの量が異なるなどの個人差や人種差がある。それらの人種差や個人差によって現れる肌や瞳の色の違いというよりも，個人における健康や加齢に伴う色の変化に対して私たちが敏感であると考えた方がよいし，同じ人種の他者に対して，それらの変化による印象変化の度合いが大きいことも明らかになっている（Stephen et al., 2012b）。差別の材料が検討されているのではなく，見た目の健康と魅力との関係性が身体

の諸特徴に表れうることを検討していることに注意する必要がある。

❖年齢の認知や推論に関与する要因

顔や体型は，何かしらの努力を伴わない限り年齢とともに変化する。たとえば，顔でも身体でも，加齢とともに，皺やたるみ，しみは増える。一般的に，男性の場合には加齢とともに顔に脂肪がつくのに対して，女性の場合には顔の筋力が落ち脂肪も低下するため痩せた顔がちになる。進化生物学的には，若さは将来の配偶者（パートナー候補）において望ましい特性の1つであるとされ（Kenrick & Keefe, 1992），評価者の年齢や性別を問わず，年齢が高い人よりも若い人をより魅力的であるとする傾向にある（負の相関がある）こともいくつかの研究で報告されている（e.g., Korthase & Trenholme, 1982; Mathes, Brennan, Haugen, & Rice, 1985; Tatarunaite, Playle, Hood, Shaw, & Richmond, 2005）。さらに，男性の評価者に限定すると，女性顔に対して知覚された年齢が女性顔の魅力に因果的に影響を及ぼすことを示した研究もある（Kuraguchi et al., 2015）。このような若さや年齢の認知については，女性の顔を用いた研究が多く，男性については明らかでないことが多い。しかし，女性であれ男性であれ，若いことが，元気で親として子どもの養育や投資に長いあいだ関わることができるという点では共通し，女性においては，若い方が高齢であるよりも出産の機会や卵子の質が高いことも，進化的観点からは重要なことであろう。ただし，進化的観点において想定している婚姻年齢と現代社会の実際とはやや乖離したものがあるだろうし，医療技術が発展した現代では，進化的な問題だけでは解決しえない認知的な問題についても考えていく必要がある。

❖体格の認知

上記に述べたものは顔に対する魅力についてであるが，身体についても魅力に関わる要因がこれまでに検討されてきている。たとえば，体重が1つの例であり，顔は体重の手がかりともなるとともに，魅力認知に体重が影響を及ぼしていることも知られている。また，西洋社会や現代の日本では，痩せていることは評価される特徴となっており，低いボディマス指数（body mass index, BMI，＝体重（kg)÷身長（m）の二乗）の女性がより魅力的であるとされるという知見もある（Tovée, Reinhardt, Emery, & Cornelissen, 1998）。また，男性においても，より痩せた男性の方が太った男性よりも魅力や社会的望ましさ

5.6 顔魅力に関与する形態的要因 123

(social desirability) が高く評価されるという知見もある (Wade, Fuller, Bresnan, Schaefer, & Mlynarski, 2007)。このような体重・体格の認知が魅力に影響を及ぼしている理由として，年齢の認知と同様に健康らしさの指標となっていることが挙げられる (Coetzee, Perrett, & Stephen, 2009)。

　しかし，この傾向は文化に依存した美感に基づくのかもしれない。5.4 で述べたように，Batres & Perrett (2014) では，西洋文化の情報にさらされているインターネット利用群が非利用群よりも，より西洋文化的に望ましいとされる，より痩せた女性顔を魅力的と評定することを示している。確かに，太りすぎは免疫応答性が低いなど様々な健康上のリスクを引き起こしやすいが (e.g., Pi-Sunyer, 1993; Must et al., 1999)，痩せすぎもまた健康上のリスクを負っていると考えるのが医学的には妥当である。実際，タンパク質・カロリー欠乏 (Protein-calorie malnutrition) を伴った栄養失調の人は，健康な正常範囲の体重の人よりも免疫機能が低いとされる (Ritz & Gardner, 2006)。痩せていることが重要なのではなく，健康であることの予測子になり得る見た目の痩せ具合／太り具合が魅力認知にも重要であると考えた方がよいだろう。また，男性においては，男性ホルモンであるテストステロンが思春期以降の性的二型性に影響し，より男性的な顔や身体となると同時に免疫応答性においても重要であるとされる (たとえば，Folstad & Karter, 1992)。しかし，Ranata et al. (2013) は，女性が，より男性的に見える男性よりも，太っていない男性をより魅力的と評価することを示している。彼らは，女性から見て，配偶者の対象となる男性においては，外見的に男性的であることよりも太っていないことの方が免疫応答性の手がかりとして重要であり，配偶者選択にも影響することを示唆している。

　これまでの体型の魅力研究でしばしば取り上げられてきた（特に女性の）身体特徴として，ウエスト・ヒップ比 (waist-to-hip ratio, WHR) を挙げることができる (たとえば，Singh, 1993)。WHR を操作した線画画像を呈示し，どの WHR の人物がより魅力的かを回答させる研究が多い。そうすると，おおよそ，WHR $\approx$ 0.7 の画像が魅力的な人物として選択されることが多く (たとえば，Singh, 1993; Furnham, Petrides, & Constantinides, 2005)，そのような女性（WHR が 0.68 〜 0.8 程度）は高い循環エストロゲンレベルであるという (Jasieńska, Ziomkiewicz, Ellison, Lipson, & Thune, 2004)。エストロゲンは女性の第二次性徴に重要な役割を果たし，低い WHR や高いバストとウエストの比（bust-to-waist ratio, BWR，およそ 1.30 程度がより魅力的と判断される。Gründl, Eisenmann-Klein,

& Prantl, 2009）に反映される。

5.7 対人魅力に関与するホルモンと内分泌神経系 ·······················

　これまでに述べてきたように，顔や身体に関する魅力認知は，どのように魅力を感じるかという知覚・認知のプロセスに関する問題と，顔や身体のどのような特徴により高い魅力を感じうるのかという性質の問題として考えることができる。私たちの身体や心的機能は，遺伝と環境の多くの要因の相互作用によって発達，形成されていく。そこに関与する重要な要因の1つとして，性ホルモンを挙げることができ，主に思春期以降（早ければ児童期から）の第二次性徴に影響し，顔や身体（体格）に反映されることとなる。

✥性的二型性

　男性と女性の顔や体格は様々な点で特徴が異なっており，その違いがもたらす男性らしさや女性らしさを性的二型性（sexual dimorphism）とよび，対人魅力に関与する要因の1つとなっている。性的二型性は身体の第二次性徴とともに思春期に現れ，先に述べたテストステロンやエストロゲンのような性ホルモンが関与している。

　男性の顔では，テストステロンの作用により，頬骨と下顎，眉弓が張り（たとえば，Marečková et al., 2011），髭が濃くなる（Farthing, Mattei, Edwards, & Dawson, 1982）。一方女性の顔では顎が細く，エストロゲンの影響で唇がふくよかになるという特徴が現れる。それぞれ男性らしい顔，女性らしい顔の特徴とされる。同時に，男性では肩や胸の骨格が張り，女性では乳房と臀部が発達し胴囲との差が大きくなるといった身体的特徴が現れてくる。よりその性らしい特徴を有することは，ストレスや病気等に耐えうる優れた免疫機能を有することを表すとされる（たとえば，Gangestad, Merriman, & Thompson, 2010）。ただし，このような性ホルモンの作用には個人差があり，女性では月経周期の時期によってもホルモン量が異なるといった個人内での変動もある。

　女性も男性もそれぞれ，その性的二型性が強調された異性顔を好むが，女性らしさを強調した女性顔は男性に好まれるが，男性らしさを強調した男性顔は必ずしも女性に好まれず，むしろ女性顔に近づけた男性顔の方が好まれるという傾向がある（Rhodes, Hickford, & Jeffery, 2000; Swaddle & Reierson, 2002）。こ

5.7 対人魅力に関与するホルモンと内分泌神経系

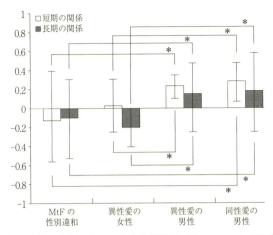

図 5-7 性の自認によって異なる顔選好（Ciocca, et al., 2014）

れは女性においてはエストロゲンの作用によってより女性的な顔・体つきになることが繁殖適応性と結びついているが（Little et al., 2011），一方で男における極度の男性らしさは冷たさや不正直さ，不貞といった不利な社会的信号を反映するため，より男性らしさが強くないことが正直さや温かさ，さらには育児への投資を与える意思があるという社会的信号となっている可能性が指摘されている（たとえば，Perrett et al., 1998）。

　また，異性愛や同性愛といった性的傾向というよりも，自分の性自認（gender identity）によって，魅力的とされる相手の顔の性的二型性の程度は異なる。Ciocca, Limoncin, & Cellerino（2014）は，異性愛の男女，同性愛の男性，そして性的違和感（自分の生物学的性と自己の性との適合に違和感を感じている）を示す生物学的男性を対象に，モーフィングによって男性らしさと女性らしさを強調・低減するように変化させた顔画像に対する好みの程度を調べた（図5-7）。性的違和感を示す男性と異性愛の女性においては，性的二型性の程度が低くより女性らしい顔に対して好みを示すのに対して，異性愛の男性では顔を極端に女性化した顔，同性愛の男性では極端に男性化した顔に対して好みを示した。これらの結果は，恋愛対象によってというよりも，自己の性がどうかによって魅力的とされる顔の特徴が変わることを示している。さらに，卵胞期では卵胞期前期や妊娠期よりもより男性らしい男性に選好を示すなど（Limoncin et al.,

2015), 女性においては月経周期の時期によって, 示される好みの男性らしさの程度が異なることも示されている。

❖ 魅力認知に関与する性ステロイドホルモンとその顔および身体特徴への影響

テストステロン (testosterone) と fWHR

テストステロンは男性ホルモンの一種であり, 男性ではテストステロンのほとんどが精巣で作られ, 性機能だけでなく脳や骨格, 内臓など身体の多くの部位に作用する。女性においても卵巣で男性の約 20 分の 1 のテストステロンが生成され, さらに男女ともに副腎から微量が生成されている (伊藤・小林, 2010)。男性では思春期において先に述べたような身体的な変化が現れるが, テストステロンの低下によって性欲の低下などの性機能症状やほてりや腰痛などの身体症状, いらつきやうつなどの心理症状へとつながる (伊藤・小林, 2010)。

心理的側面としては, テストステロンが社会的行動と関係していることが指摘されている。たとえば, テストステロン量は男性においても女性においても, 攻撃性や暴力性との間に正の相関が見うけられる (たとえば, Dabbs & Hargrove, 1997; Dabbs & Morris, 1990)。その一方で fWHR が高いことが達成努力 (Lewis, Lefevre, & Bates, 2012) や仲間集団に対する自己犠牲といった積極的な行動と結びついていることも明らかになっている (Stirrat & Perrett, 2012)。

顔の形態としては, 第二次性徴期においてテストステロンが多くなることで頬骨が張り, 顔の横幅が広くなり, 顔における幅と高さの比 (facial width-to-height ratio, fWHR; 図 5-8) に反映される (たとえば, Lefevre, Lewis, Perrett, & Penke, 2013)。fWHR の大きさはより攻撃的な行動傾向に結びついており (たとえば, Carré & McCormick, 2008)。顔刺激が 40 分の 1 秒という非常に短い時間で呈示されても, fWHR の高さとその人物に知覚された攻撃性とは高い相関を示し, さらに知覚された攻撃性と, その本人が質問紙に回答した本人の攻撃性の程度も高い相関を示す (Carré, McCormick, & Mondloch, 2009; 図 5-9)。そればかりでなく, fWHR と信頼性との間には負の相関が, そして攻撃性と信頼性との間にも負の相関があり, fWHR が小さいほど信頼性は高く感じられる (図 5-10)。また, fWHR が高くなると精子の質が低くなることを示す研究もある (Soler et al., 2014; 図 5-11)。その理由は, fWHR が高くなることは男性らしさが増すことにつながり, そのような男性らしさは女性にとって魅力的であっ

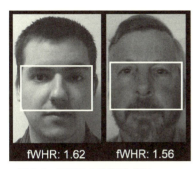

図 5-8 fWHR の具体例（Hehman, Leitner, & Freeman, 2014）

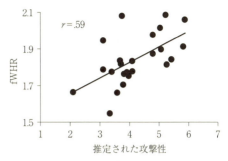

図 5-9 顔の幅高さ比（fWHR）と他者から推定された攻撃性度合いの関係（Carré, McCormick, & Mondloch, 2009）

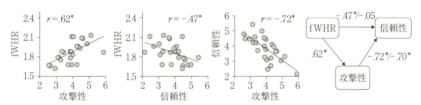

図 5-10 攻撃性，信頼性の認知と fWHR との関係（Geniole et al., 2014）

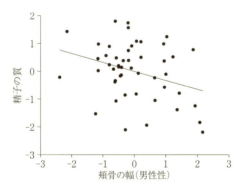

図 5-11 男性における精子の質と顔の横幅の関係（Soler et al., 2014）

て（極端な男性らしさは魅力が低下するが），生殖の機会に恵まれるため，精子の質がそれほど高い必要がないという進化心理学的理由が成り立つ。

女性ホルモン

男性と違って，女性では月経周期によって分泌される性ホルモンは異なっている。女性ホルモンとして知られているのは，卵胞ホルモンと黄体ホルモンである。前者はエストロゲン（Estrogen）といい卵巣や副腎皮質などにおいて作られ，さらにエストロン（Estorone），エストラジオール（Estradiol），エストリオール（Estriol）の3種類に分類される。特に強い生理活性をもっているのはエストラジオールであり，以下でエストロゲンというと主にそれを指している。後者は子宮内膜に着床を引き起こさせ，妊娠を維持するために重要なホルモンであり，プロゲステロン（progesterone）が主に知られている。

これらの女性ホルモンのうち，対人魅力に関わっているのは主にエストロゲンである。女性の顔は月経周期でエストロゲンの分泌量が最も多くなる妊孕期（fertile period）つまり排卵期（ovulation period）により魅力的になるとされ（Roberts et al., 2004），また女性個人のホルモン量と顔の魅力との間には正の相関があることが示されている（Law Smith et al., 2006）。よりエストロゲンが高く排卵可能性が高い女性が男性にとって魅力的に感じられることで，より妊娠の機会を増やすことになり，女性の魅力に対して敏感な男性は，結果的により多くの子孫を残す可能性が高くなるということである（Law Smith et al., 2012）。

コルチゾール

性ステロイドホルモン以外にも対人魅力に関係しているホルモンはいくつか知られている。また対人認知は，快不快にかかわらず様々な情動反応を引き起こし，自律神経系や内分泌系の活動変化をもたらすことが知られている。情動刺激に対する反応により放出されるホルモンは異なる。たとえば，コディスポティらは，情動刺激としてしばしば用いられるIAPS（International Affective Picture System；Center for the Study of Emotion and Attention, 1995）刺激を用いて実験参加者が快もしくは不快と感じる前後のホルモン変化を血液から調べ，不快刺激によってノルアドレナリン，コルチゾール，アクス（副腎皮質刺激ホルモン）は上昇し，快刺激によってプロラクチンが上昇し，アドレナリンは快／不快いずれでも変化がないことを示した（Codispoti et al., 2003）。このように情動反応によってホルモン放出量が異なることが明らかになっている。

これらのホルモンのうち，コルチゾールはストレス関連ホルモンとして知られているが，魅力的な顔であると他者から評価される女性はコルチゾールが低

いことが知られている（Rantala et al., 2013）。また魅力的とされる顔の男性においてもコルチゾールが低く（かつテストステロンが高く），特に排卵期にある女性はこのような顔の男性により選好を示すことも知られている（Moore et al., 2011）。これらの理由として考えられるのは，コルチゾールが低いことがその人物の健康を反映しており，様々な疾病や免疫反応に影響することが知られている，ストレスに対処しうる能力を備えていることを表していると考えられている（Moore et al., 2011）。

5.8　その他の心理学的要因

❖ノンバーバルコミュニケーションの影響：視線・表情と魅力認知

魅力認知には，顔や身体そのものの物理的特徴だけではなく，行為や振る舞いなどの非言語的特徴も視覚的に影響する。視線や表情はその顕著な例である。

視線と魅力

視線の方向や表情は，他者が自分自身にどのように関わろうとしているかについて，非言語的な社会的手がかり（social cue）となる。視線の方向は，何に注意や関心が向いているかを伝え，その評価は表情に表れる。視線や表情と魅力の関係については様々な研究によって検討が行われており，顔の魅力評価に対する視線と表情との相互作用が明らかにされている。フェルメールが描いた「真珠の耳飾りの少女」（図5-12）のように，相手の顔の向きに関係なく視線が評価者の正面に向いていることで，相手に感じられる魅力は高くなり（Kampe, Frith, Dolan, & Frith, 2001），それがそもそも魅力的な女性顔であればなおさらである（Ewing, Rhodes, & Pellicano, 2010）。またこの効果は異性顔に対する魅力認知においてのみ生じることも示されている（Mason, Tatkow, & Macrae, 2005）。さらに，視線は魅力だけでなく，能力（competence）や信頼性，支配性といった社会的評価にも影響を与える（Kleinke, 1986）。

表情と魅力

表情は，その人の感情状態が表出される社会的手がかりとして重要となる。対象の快・不快の度合いや，覚醒度，接近や回避などの行動傾向といったものが表情には表れる。このような表情は，魅力認知や印象評価にも影響を与える

図 5-12　Vermeer, J. (1665).「*Het meisje met de parel*（真珠の耳飾りの少女）」

(Mueser, Grau, Sussman, & Rosen, 1984; Reis et al., 1990)。笑顔は相手をより魅力的に感じさせ，有能さや社会性，誠実性を高く評価させる一方で，独立性や男性性を低く感じさせる (Reis et al., 1990) このことが，魅力が女性顔においてはより顕著に魅力を高めるが，一方で男性顔においては必ずしもそうでないことを示唆している（たとえば，Tatarunaite et al., 2005）。

視線と表情の相互作用と魅力

評価者自身に視線が向けられている直視顔では，笑顔がその顔をより魅力的に感じさせるが (Jones, DeBruine, Little, Conway, & Feinberg, 2006)，嫌悪の表情の場合には当てはまらず，このことは異性の顔に対して顕著に表れる (Conway, Jones, DeBruine, & Little, 2008)。むしろ嫌悪の表情では，視線が逸れている場合の方が魅力が高く感じられる場合もある (Jones et al., 2006; Main, DeBruine, Little, & Jones, 2010)。文脈に応じて視線と表情が相互作用してダイナミックに魅力認知に影響を及ぼしてくる。

❖ 魅力認知における個人差

進化心理学的観点から顔の魅力評価を説明しようとする研究は，顔の魅力，顔の魅力判断における共通性を強調する傾向にある。しかしその一方で，我々の現実的感覚と合致するように，顔に対する魅力評価には大きな個人差が存在する (Hönekopp, 2006)。これまで男性顔の「男らしさ」に対する選好に個人差

5.8 その他の心理学的要因

をもたらす要因について概観したが，それ以外の要因もまた，顔の魅力判断に個人差をもたらすことが明らかにされている。具体的には，魅力評価の直前に接した顔刺激や，日頃よく接する人々の顔に類似した顔をより魅力的と判断することが明らかにされており（Buckingham et al., 2006），知覚者の視覚的経験がその後の魅力評価に影響を与える可能性が示唆されている。また，他者が先に選好した顔に対する魅力評価が上昇するという現象（社会的伝達，social transmission）も報告され，これは顔の魅力判断における社会・文化的差異を説明する要因として注目されている（Jones et al., 2007）。最後に，評定者自身の顔に類似した顔（Buckingham et al., 2006）や，異性親に似た特徴を有する顔を選好する現象（Little & Hancock, 2002）も報告されている。特に自己に類似した顔に対する選好については，血縁者との互恵的関係を促進するための特別な心理的メカニズムの反映である可能性が指摘されている（DeBruine et al., 2008）。視覚的経験・社会的伝達・自身や親に類似した特徴に対する選好といった要因についても，個人差の詳細な解明に向けた今後の進展が望まれる。

　顔の魅力に対する進化的アプローチは，様々な要因が進化論的仮説と合致する方向で魅力を予測することを明らかにしてきた。また，普遍的に顔の魅力判断に影響を与える要因に加えて，個人差や文化差に影響を与える要因も次第に明らかにされている。ただし，先行研究の多くが顔の特定要素と魅力評価の関連性を問うものである一方で，実はそうした評価に至るまでの認知・感情的過程はほとんど問題にされていない。

　主たる先行研究では，魅力の測定として，大ざっぱな認知的・感情的次元を扱っているのみである。したがって，場合によっては，評定上の評価が同一のものであっても，その背後に存在する認知・感情的プロセスが異なるものである可能性は十分に考えられる。ある顔が魅力的と評価されるとき，知覚者にポジティブ感情が生起しているのか。あるいは，ネガティブな感情が生起されないとき，主観的には魅力的と評価されるのか。また，魅力評価において，認知的判断と感情的状態は常に合致しているのか，あるいは拮抗しあうことがあるのか。こうした魅力評価に至るまでに関与する認知過程の検討は，現在提起されている魅力規定因をめぐる進化心理学的仮説の検証に向けて不可欠であり，今後更なる検討が望まれる。

5.9 魅力認知の脳内基盤 ……………………………………………………………

　この節では，人物の評価として魅力を感じる心理的メカニズムが，ヒトという種において普遍的に備わっていることを示唆する。その心理的メカニズムは脳の働きの反映であり，魅力認知を支える脳内基盤についてもいくつかの脳研究が知られている。そのような脳研究は，酸素供給のパタンを血流の反応から調べる機能的磁気共鳴画像法（functional magnetic resonance imaging, fMRI）や脳の電気的な反応を調べる脳波（electroencephalogram, EEG，とくに事象関連電位 event-related potential, ERP）によって行われることが多い。空間的解像度が高い fMRI では，魅力や印象と関わる脳の場所について，また時間解像度が高い EEG ではその時間的特性について調べることが多く，様々な知見が得られつつある。

❖顔認知の脳内基盤

　人は顔という画像的特徴から，その人が誰なのか，性別や感情状態，年齢，さらにはその人のパーソナリティなどを推測するが，そのための情報処理は非常に複雑である。そのように複雑な顔認知はどのように脳内で実現しているのであろうか。物体認知や風景認知が，共通する部分もあるにせよ異なる特定の脳内基盤が関与してそれぞれの認知を実現しているように，顔認知も特定の脳内基盤が重要な働きを担っている。顔刺激を観察している時はそうでない刺激（建物や家具など）に比べて，後頭顔領域（occipital face area, OFA），紡錘状回近傍にある紡錘顔領域（fusiform face area, FFA）と，上側頭溝（superior temporal sulcus, STS）の活動量が多くなり（口絵図5-13），コミュニケーションに求められる顔の情報処理の中核的な脳領域として知られている（たとえば，Haxby, Hoffman, & Gobbini, 2000）。顔認知の脳内基盤自体についてはこれ以上述べないが，顔認知の中でも，同定なのか，視線の検出なのか，表情の認知なのか，その働き（役割）によって関与する脳領域は異なっている。

　顔に魅力を感じることも，顔認知の働きの1つとして捉えることができる。感覚処理レベルから評価レベルに至るまで，顔魅力の認知に関与するいくつかの異なる脳内基盤があることが示されてきている。情報処理レベルとして，顔認知そのものと顔魅力の認知とに共通した脳のメカニズムがあることが示され

ている。たとえば，Chatterjee らの研究では，意図的に顔魅力を判断する課題で腹側後頭領域は活動するが，同定課題においても刺激となる顔刺激の魅力の程度が影響し，FFA と外側後頭複合体（lateral occipital complex, LOC）といった脳領域の活動に影響を与えることが示されている（Chatterjee, Thomas, Smith, & Aguirre, 2009; 口絵図 5-14）。同様の結果は他の研究でも認められており，FFA の活動が，顔の同定課題の時よりも魅力認知課題の場合に多いことも示されている（Iaria, Fox, Waite, Aharon, & Barton, 2008）。さらに，川畑らが行った絵画の美的判断に関する研究でも，肖像画の美しさを判断する際に，FFA の活動がより高まることが示されている（Kawabata & Zeki, 2004）。ただし FFA は，時としてより魅力が低いとされるような示唆性が高い顔（Rhodes & Tremewan, 1996）に対して，示唆性が低い顔よりも活動が高くなるという知見もあり（Loffler, Yourganov, Wilkinson, & Wilson, 2005），FFA が魅力認知の中心的役割を担っているかというと必ずしもそうではない。FFA だけでなく上側頭溝についても，魅力的な異性顔に対して活動が高まることを示した研究もある（O'Doherty et al., 2003）。

❖ 魅力認知の脳内基盤：魅力そのものと関連した脳領域

　魅力の高さは脳の報酬系回路の神経活動に相関し，魅力的な顔はそうでない顔よりも，神経ネットワークに含まれる脳部位の神経活動を変化させる（たとえば，Aharon et al., 2001; Ishai, 2007; O'Doherty et al., 2003）。そのような報酬系は，金銭的報酬や食べ物，薬物，また芸術鑑賞における美的評価にも関わっている。

　魅力認知に関わる報酬系の働きは 2 つの側面に分けて考える必要がある（Berridge, Robinson, & Aldridge, 2009）。すなわち，欲求（wanting）と好ましさ（liking）の問題である。欲求は，魅力的な人を見て，接近したいという欲求に駆られることと結びついており，腹側線条体などの中脳辺縁系のドパミンの神経回路が関係している。一方，好ましさは，魅力的な人を見て快を感じるように，報酬への快と結びついており，好ましいと感じる時には眼窩前頭皮質内側部（medial orbitofrontal cortex, mOFC）などの前頭葉系ドパミン回路が関係している。欲求と好ましさとは関連した事柄である。それぞれ独立した概念でありながらも，それらの神経ネットワークには共通したものが含まれている（図 5-15）。

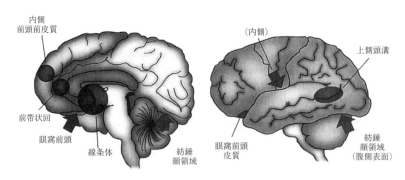

図 5-15 顔魅力と関係する報酬系ネットワーク

　魅力に関わる報酬系といっても，腹側線条体などの中脳辺縁系や，扁桃体などの大脳辺縁系，眼窩前頭皮質内側部（mOFC），前帯状回（Anterior cingulate cortex, ACC）といった前頭葉，さらには島皮質（insula）などが含まれており（たとえば，Aharon et al., 2001; Iaria et al., 2008; Ishai, 2007; O'Doherty et al., 2003），それらの活動変化は，顕在的に魅力を評価している時だけではなく，受動的に観察しているだけでも，無関連な課題をしているときであっても，魅力の高い顔には反応する（Aharon et al., 2001; O'Doherty et al., 2003）。顔魅力が報酬に関連した情報処理の引き金になっている可能性がある。

　異性顔の魅力は，腹側線条体に含まれる側坐核や mOFC といった報酬系領域の神経活動を強く引き起こす（たとえば，Aharon et al., 2001; Cloutier et al., 2008）。男性においては異性である女性の顔魅力の方が，同性である男性の顔魅力よりも mOFC の活動を強く引き起こす（Cloutier et al., 2008）が，女性においては当てはまらない。このことは，女性においては異性顔と同性顔とで魅力評価の差が小さいという評定研究の結果と一貫している。このことは異性か同性かということよりも，性的傾向が重要であり，実際 Ishai（2007）では同性愛者と異性愛者とでは異性に対する反応が異なり，恋愛対象者の顔の魅力に応じて mOFC の活動量が変化することが示されている（図 5-16）。

❖魅力認知に関する脳内処理の時間特性：脳波研究
顔認知の事象関連電位
　fMRI は魅力認知はどのような脳領域が基盤となっているかを明らかにして

5.9 魅力認知の脳内基盤

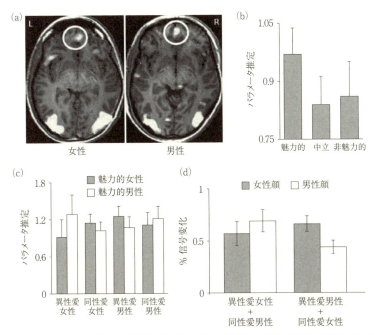

図 5-16 顔魅力と関連した脳活動 (a, b),性の自認と mOFC の活動の関係 (c, d) (Ishai, 2007)

くれるが,脳内の時間的な働きまでは十分に明らかでない。一方で,脳波を用いた研究は,対象の処理の時間的過程について多くの示唆を与えてくれる。顔処理の脳波成分としてよく知られているのは,顔刺激の呈示後,約 170ms にピークとなる事象関連電位(ERP)で,後頭側頭部からは陰性電位成分 N170 が(たとえば,Bentin, Allison, Puce, Perez, & McCarthy, 1996),前頭中心部からは陽性電位成分 P170 が得られる(Jeffreys, 1996)。一方で,顔以外の物体認知や単語認知においても,この潜時の ERP は得られることから,視覚認知一般に見うけられる情報処理の符号化に関連した初期成分であるとの見方もある(Rossion, Joyce, Cottrell, & Tarr, 2003)。しかし,多様な物体認知において認められる N170 であっても,その振幅は顔に対してより大きく,FFA 近傍由来の成分であり(Bentin et al., 1996),顔処理に関与した成分であると考えられている。

顔魅力に関連する初期成分

　顔魅力は，P100 や N170，P200 といった初期成分の ERP に影響（振幅の増大）を与えることが示されている（Halit, de Haan, & Johnson, 2000; Schacht, Werheid, & Sommer, 2008; Van Hooff, Crawford, & van Vugt, 2011）。情報処理の符号化過程に重要な成分である N170 以前にピークとなる P100 に影響するということは，視覚処理過程が完了する前という非常に早い時点において，すでに顔魅力が影響することを意味している。また，P100 が顔の速い全体処理に関与することも指摘されつつあり（たとえば，Halit et al., 2000），魅力が及ぼす全体処理への影響を反映している可能性もある。また，N170 に影響が表れるということは顔の検出やその符号化についても魅力が影響を与えることを示しており（たとえば，Halit et al., 2000），また P200 は選択的注意の働きを反映していると考えられる（Hajcak, Weinberg, MacNamara, & Foti, 2012）。

　これらの初期成分から少し遅れて，後頭側頭部から 200-300ms をピークとする陰性電位（早期後頭陰性電位 early posterior negativity, EPN）が顔魅力によって増大することも示されている（たとえば，Marzi & Viggiano, 2010）。この電位の増大は，情動刺激によって，特に快情動によって生じるという指摘もある（Hajcak et al., 2012）。

顔魅力に関連する後期成分

　顔魅力が影響する脳波成分として後期陽性電位（late positive potential, LPP）を挙げることもできる。魅力的と評価された顔刺激を呈示すると，そうでない中性顔刺激と比べ，頭頂部付近から 300-400ms 以降により大きな陽性電位が生じる（たとえば，Marzi & Viggiano, 2010; Rellecke et al., 2011; Werheid et al., 2007）。LPP は情動的評価過程におけるボトムアップ処理とトップダウン処理とを統合する高次過程の反映であると考えられている（Weinberg & Hajcak, 2010）。

　ただし魅力的な顔ばかりでなく，魅力的でない顔に対しても，中間的評価を与えられる刺激に比べてより大きな電位変化が得られ（たとえば，Marzi & Viggiano, 2010; Werheid et al., 2007），かつこれは受動的観察下においても見うけられるため，自動的な評価関連電位であると考えられる（Johnston & Oliver-Rodriguez, 1997; Van Hooff et al., 2011; しかし，否定的な結果についても，Rellecke et al., 2011; Schacht et al., 2008 で示されている）。さらに，この電位は，男性に

よる異性顔の評価において特に見うけられ（たとえば，Johnston & Oliver-Rodriguez, 1997），このことは男性における異性顔の魅力評価が高くなるという評定研究の結果とも一貫している（Buss & Schmitt, 1993）。

このように，魅力認知の脳内基盤は，顔認知そのものに関わる脳領域と評価系，とくに報酬系に関わる脳内領域とが関与し，魅力が認知過程の様々な側面に影響を与えることがうかがえる。

5.10　対人魅力研究の課題

本章では，対人魅力の認知に関与する要因をある程度網羅的に述べてきた。魅力認知の研究は 1970 年代より社会心理学の領域を中心に行われてきたが，近年では進化心理学や認知心理学，脳神経科学の領域でも盛んになりつつある。本書では芸術に対する美感を中心に述べているが，魅力認知と芸術美の認知とは，脳の働きとしては共通したメカニズムもあり，双方の関連性については今後検討しなければならない課題であると考えられる。

また，これまで述べてきたような，「見た目」が対人印象において非常に重要であることは誰しもが日常的に実感していることであり，本章はその実証的な知見を紹介している。しかし，対人関係の形成や維持において「見た目」主義（Face-ism; Olivola et al., 2014）に陥ることの危険性については注意するべきであり，その点についての心理学の貢献は今後の課題でもある。

第 6 章 美感の神経美学的基礎

6.1 脳神経科学としての美感研究

これまでの章で扱ってきた美感に関する知見や議論は，主に知覚心理学や認知心理学を基礎とした実験美学に関するものであり，「何に」「どのように」美を感じるのかを対象にしたものであった。美感に限らず多くの心理学や認知科学の領域においてそうであるように，脳神経科学を含めた近年の研究手法の発展は目まぐるしい。特に，1990 年代以降，脳の働きを血流の変化として捉える脳機能画像計測が非侵襲でできるようになったことで心理学や神経科学は大きく様変わりしつつあり，美感に関する研究もまた近年大きな発展を遂げようとしている。芸術作品を鑑賞したり作り上げたりするのに必要な心理的過程は実に複雑である。本章では，その心理的過程の背景にある脳の働きや構造の理解を通して美感の成り立ちを理解することを目的としたい。

近年，美感を司る脳の働きを明らかにすることは，神経美学（Neuroaesthetics）という 1 つの研究分野としてのまとまりをみせ（Zeki, 1999; Skov & Vartanian, 2009）。実際，論文数は爆発的に増えつつある。とはいえ，美感に関する脳研究の歴史は十数年程度のものであり，まだ学問的には産声をあげたに過ぎない。それでも哲学や美学，心理学，脳神経科学など多分野にまたがる議論を生み出し，大きなインパクトを生み出しつつある。

6.2 神経美学の枠組みとアプローチ

❖神経美学以前

美感に関する脳神経科学的基盤はどのように検討されるようになってきたのであろうか。第 1 章で述べられているように，美感に関する実証的検証は 19 世紀後半の G. T. Fechner による実験美学の提唱に始まる。Fechner は，当時の美学や芸術哲学における形而上学的な接近法を「上からの美学」と批判し，

美への実証的接近法を目指した「下からの美学」として，美への行動的反応を基礎とした選択法，使用法，生産法による検討を行った（Fechner, 1876）。その後，ゲシュタルト心理学などではバランスや対称性，形式，構図などの研究へと受け継がれ（たとえば，Arnheim, 1959），実験美学は知覚心理学の一分野として細々と営まれるようになった。実験美学とはルーツが異なるが，脳損傷や脳疾患を負った患者を対象とした神経心理学的研究も比較的古くから検討されてきている（詳しくは，第7章を参照）。それらの研究の多くは，芸術作品の認知や情動反応，表現が，患者と健常者とでどのように異なるか，また病前と病後でどのように変化したかについて，脳の損傷部位や病変領域の機能との対応で明らかにしようとしている（たとえば，Zaidel, 2005）。

❖神経美学の枠組み

　非侵襲な方法で精緻にヒトの脳の構造や働きを捉える技術が進展してくると，様々な行動や心の働きが脳の活動と対応づけて理解されるようになってきた。神経美学が美や芸術表現を脳の働きとして理解しようとするように，経済行動を脳の働きとして理解するアプローチは神経経済学（Neuroeconoics）とよばれ（Schultz, 2008），政治行動を脳の働きとして理解するアプローチは神経政治学（Neuropolitics）とよばれている（Knutson, Wood, Spampinato, & Grafman, 2006）。これらのように様々な人間活動を脳の働きとして具体的に理解しようとする動きが21世紀になって急激に加速してきた。

　美術にしても音楽にしても，人が脳と身体を使って作り出したものであり，その働きを明らかにすることも当然課題として挙がる。芸術にまつわる脳の働きを知ろうとする上で，はじめに問題として取り上げられるようになったのは「美しさ」についてだった。とは言え，美に関する哲学の歴史は，心理学や脳神経科学の歴史をはるかに凌駕しており，美の捉え方についても一概には言えないところがある。

　また，神経美学は美感への科学的接近法の1つであるだけでなく，芸術表現や芸術の存在そのものへと接近するための科学でもある。神経美学を打ち立てたロンドン大学ユニバーシティ校のSemir Zekiは，「シェークスピアもワーグナーも，（本人がそれを意識することなしに）人の心理構造に関わる根本的な何かを理解していたのであり，それが究極的には脳の神経科学的機構に依存していることは，その機構についての正確な知識の有無に関わらず事実なのであ

る」と述べた（ゼキ，2002）。そして，美術と脳の機能は同一のものであること，少なくとも美術の目的は脳の機能の延長にあること，そして，脳の働き，そのなかでも特に視覚脳の働きを知ることによって，生物学を基礎とする新しい美学・美術論を展開できることを主張した。つまり，神経美学は，美感に関する脳神経科学的基盤を明らかにすることだけにとどまらず，脳の働きを明らかにすることを通して美学や芸術の本質や作品の理解へと通じることを目指しているといえる。とはいえ，現在のところ，後者に関する実証的な研究はほとんどなく，今後に期待がかかる。

神経美学の目的は，鑑賞者における神経科学的な美感の原理の解明であり，それは認識の対象としての美というよりも，認識の主体の側における主観的な美の享受（反応）についての探求であった。それは，18世紀のドイツの哲学者，Immanuel Kant の問題意識にとてもよく合致している。Kant（1790）は，美の分析はある対象を美と判断する主観の判断力の分析であり，直感的・主観的な判断として快／不快の感情に関係づけ，満足を伴うものと規定している。Kant の言う，「美が現れる条件と美的判断に対して妥当性を与える前提」について，神経美学は脳の神経活動に答えを探していくことになった。そこでの美への接近法は，プラトン的な美の分析における絶対的なものではない。私たちは美しいと感じる対象には違いがあるにも関わらず，そこに美を感じるときの脳や心のメカニズムは人々の間で共通しているという前提に立つ。その1つは心的プロセスとしてであり（たとえば，Leder et al., 2004），もう1つがそれを可能とする脳の仕組みや働きとしての神経プロセスであると言えよう。このように，神経美学は（実験美学が元来そうであるように），哲学や美学における芸術の様々な問題につて，脳研究の手法をもとに明らかにする研究領域として定義づけることができよう。実験美学の目的と神経美学の目的とが異なるというわけではない。むしろ根源は同じであり，アプローチが異なるだけとも言える。

脳機能画像研究が誕生する以前から，美感に対する脳の働きの関与については指摘されてきている。たとえば，Berlyne（1971）が美的経験において生理学的覚醒の側面を重視し，また Rentschler, Herzberger, & Epstein（1988）が美と脳の働きとの結びつきとを生物学的に理論づけた。さらに，後述するように，サルを用いた神経生理やヒトを対象とした神経科学的方法から得られた知見をもとに，Zeki & Lamb（1994）は絵画の様式や表現と視覚脳の働きとを対応づけて，理論的に説明した。これらの美感の理論的検討は，実証的研究が盛

んになる前から，ある程度見通されてきたところでもある。

　石津（2016）は神経美学を大きく2つのアプローチに分類する。1つは「分析的神経美学」（analytic neuroaesthetics）であり，もう1つは「機能的神経美学」（functional neuroaesthetics）である。前者は，芸術表現に利用されている人の知覚や認知の仕組みを心理学や神経科学の知見をもとに分析する。必ずしも仮説検証的な実証研究であるばかりでなく，理論的研究も多い。たとえば，後述するように，神経美学の黎明期に行われた，脳の視覚情報処理の仕組みと芸術家の視覚世界の表現との類似性を記述する理論的研究がそうである（Zeki, 1999）。後者は，脳の働きを外側から記録することのできる脳機能画像法を用いて美醜などの主観的体験に関係する脳領域を調べ，脳機能障害研究（第7章を参照）や心理学で得られた知見と併せて脳と主観性との関係を検討するものである。本章では，後者の「機能的神経美学」からのアプローチを中心に，美感に関する脳神経科学的基盤を明らかにすることを神経美学として，その詳細を述べていく。

❖神経美学の方法

　脳における機能の局在性については古くから知られていたが，ヒトにおいてその働きを理解するための手法は限られていた。代わりに，たとえばサルの脳に微小電極を刺して個別のニューロンの活動を記録して明らかにしたり（単一ニューロン記録：single-unit recording），脳損傷患者における脳の損傷部位とそれにともなって生じる機能的障害との対応関係を明らかにしたりする方法など，ヒトの脳の働きを直接的に調べるには限界があった。しかし，1990年代以降になると，脳の働きを血流の変化として捉える機能脳画像研究が盛んになり，様々な手法を用いて，行動や認知といったヒトの活動の機能的な側面と脳の局所的な活動との対応を，空間的（spatial: 脳のどの部位に特定の機能があるのか，あるいはそれらがどのようなネットワークを構成しているのか）・時間的（temporal: 特定の脳の活動変化がどのような時間タイミングで生じるか）に明らかにすることができるようになった。たとえば，その代表的な方法には，機能的磁気共鳴画像法（functional Magnetic Resonance Imaging: fMRI）があるが，およそ神経活動に伴う血流における酸素代謝の変化をもとにして脳の活動の変化を推定する。近年の非侵襲の脳機能計測技術の発展は，ヒトの感覚や運動，記憶などを調べるにとどまらず，ヒトが人たる人間性や社会性，さらには経済行動や政治行動

6.3 視覚芸術の情報処理過程　　　　143

など，従来の神経科学では取り組むことが困難だった問題についても研究の対象となり始めた。美感の脳神経科学的基盤の探求，つまり神経美学も同じくして21世紀になるのを境にして誕生することとなった。

　以降で紹介する研究の多くには，fMRIのほか，脳磁図（Magnetoencephalography: MEG）や脳波（Electroencephalogram: EEG）といったニューロンの活動によって生じる磁場の変化やマクロな電位の変化を計測する方法，ポジトロン断層法（Positron Emission Tomography: PET）という脳の特定の領域の代謝を調べる方法などを用いたものもある。これらの手法にはそれぞれ長所・短所があり，何を明らかにするのかによって手法の選択がなされるようになってきた。これらの空間解像度と時間解像度は，計測手法ごとに異なる。また特に最近では，頭皮上に置いた刺激装置を用いて磁気を特定の脳部位に当てたり（経頭蓋磁気刺激，Transcranial Magnetic Stimulation: TMS），微弱な電流を流したりして（たとえば，経頭蓋直流刺激，transcranial Direct Current Stimulation: tDCS）脳の活動に直接影響を与える方法も用いられてきている。それらの特徴については，具体的に研究を紹介する段階で必要に応じて述べることとする。

6.3　視覚芸術の情報処理過程 ·······································

❖視覚皮質の情報処理

　脳は芸術作品に美をどう感じるのか。その脳内基盤ついての条件やプロセスは複雑であり，一概に明言することは難しい。大雑把には，作品を認知するプロセスと，それに対する美的評価や美的経験のプロセスとがある（たとえば，Chatterjee, 2004, 2011; Leder et al., 2004）。

　視覚皮質における情報処理のプロセスは段階的かつ並列的に処理が進んでいく（たとえば，Van Essen, Felleman, DeYoe, Olavarria, & Knierim, 1990）。ここでは視覚情報処理を大きく初期（early vision）・中期（intermediate vision）・後期（late vision）という3つの段階に切り分けて考える。初期過程では，画像の輝度や形，色，動きといった情報について，それぞれが視覚皮質の異なる経路で独立して処理されていく（たとえば，Livingstone & Hubel, 1987）。たとえば，視覚皮質の入り口に位置する第1次視覚野（V1）は，検出する輪郭線の方位や色の波長の分析，さらには局所的な動きに対する応答など，あらゆる視覚情報を分析的に処理して，それに続く視覚領野へと情報を伝達している（Livingstone

& Hubel, 1987)。それに対して，視覚皮質のより高次な領野である第5次視覚野（V5，MTともいう）のニューロンは大きな受容野を持ち，大局的な動きについて応答する（Zeki, 1974）。中期過程では，初期過程で抽出されたそれぞれの視覚情報が統合され，まとまりをもった情報へと変換されていく（Grossberg, Mingolla, & Ross, 1997）。さらに高次な後期過程では，意味のある対象や物体や形の処理が行われていく（Farah, 2000）。たとえば，顔や場所は，それぞれに含まれる輪郭線や色といった情報だけでなく，顔や場所そのものがヒトにとっては重要な情報であり，脳には直接的にそれらの処理に関わる領域がある。また，視覚皮質では，1つのニューロン（神経細胞）が受け持つ視野上範囲（受容野）で，ある特定の情報について反応するが（Hubel & Wiesel, 1968），視覚皮質では情報処理が進む領域によって受容野が大きくなり，特異的に反応する特徴も複雑になる（Kobatake & Tanaka, 1994）。

　このように，ある特定の脳部位やそれらのネットワークが特定の刺激に対して反応する機能特化（functional specialization）が，視覚に関する研究では盛んに調べられてきた（e.g., Livingstone & Hubel, 1987; Zeki, 1978; Zeki et al., 1991）。たとえば，色という刺激特徴は，異なる波長への感受性はV1にもあるが，より高次な領野である第4次視覚野（V4）では様々な波長に応じた応答だけでなく（Zeki, 1973），物体の色が蛍光灯の下でも曇った空の下でも同様に見えるという色の恒常性への応答性もある（たとえば，Zeki, 1983; Bartels & Zeki, 2000）。また，動きの特徴は，V1でその局所的な方向の検出がなされるが（Hubel & Wiesel, 1968），より複雑で大局的な動きについてはV5/MTが高い感受性を示す（Zeki, 1974）。このような視覚情報ごとの低次な処理だけでなく，顔の認知には紡錘状回の中に感受性が高い部位があるなど（Kanwisher, McDermott, & Chun, 1997），場所，物体の形状などに依存した情報とそれに対応した脳の処理機能との対応づけが多く報告されてきている。また，それらの部位が損傷や障害を受けると，その視覚機能は失われる。たとえば，V4が障害を受けると皮質性色盲になり（Zeki, 1990），V5/MTが障害を受けると動きが知覚できずコマ送りのように感じる皮質性運動盲を引き起こす（Zeki, 1991）。色鮮やかな作品を描いていた画家であっても，外傷性脳損傷を負うことで皮質性色盲になり，作品に色をうまく表現できなくなったという症例も報告されている（Sacks, 1995）。

　Chatterjee（2004）は神経美学において研究を導く情報処理モデルを図6-1

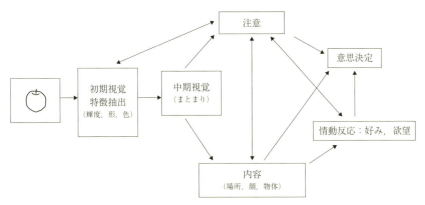

図 6-1 神経美学の基礎となる情報処理モデル（Chatterjee, 2004, 2011 を基に作成）

のように提示しており，神経美学だけでなく（通常の）美学においても当てはめることができると述べている（Chatterjee, 2011）。人が美術作品の何を見るのかは，美術作品が画像として分析されるまでの過程と，美術作品から何らかを感じとる過程に分けて考える必要があり，さらにそれらのなかに，いくつかの処理過程を想定することができる。このモデルでは，刺激としての作品は，視覚特徴に分解されて情報が抽出された後に，それらの情報がまとめられ，より高次な内容の認知や注意の過程を経て，好みや作品への欲望や望ましさなどの評価，さらには最終的な意思決定へと至るという流れを示している。

❖絵画のカテゴリと脳の情報処理との対応

上述のように，私たちの脳は顔（人物）や場所や物といった情報を，形や色や動きと同じように重要なものとして認知している。では，場所・物・顔をモチーフとした，風景画や静物画，肖像画といったそれぞれの絵画様式は，脳のなかで具体的にどのような働きを引き起こすのだろうか。どのようなカテゴリの絵画であっても，形や色などの基本的情報を含んでいるので，後頭葉にある視覚皮質の働きを基礎としている。fMRIを用いて，風景画と静物画，肖像画を観察しているときにどの脳部位がより大きく活動を変化させるかを調べてみると，風景画では海馬近傍場所領野（parahippocampal place area: PPA）という場所が，静物画では視覚野の側部にある第3次視覚野（V3）が，さらに肖像画では紡錘顔領域（fusiform face area: FFA）が大きく活動を変化させた

(Kawabata & Zeki, 2004; 口絵図 6-2)。これらの脳活動によって，脳が，風景に
「場所」を，静物画に「物体」を，さらに肖像画に「顔」に対する応答を引き
起こしていることが分かり，脳の反応は，絵画の様式というよりも，そこに描
かれている内容に対するものであるといえよう。

6.4 脳の機能特化と美術様式 ···

　この節では，このような脳の機能特化が芸術の表現や認知とどのように関連
しているのかについて見ていこう。fMRI や PET といった脳機能画像の手法
が普及しはじめた神経美学の黎明期において，視覚脳の機能特化と美術の様式
について理論的にあるいは実証的に検討された例を紹介する。

❖キネティックアートと運動視

　神経美学が最初に捉えようとしたのはキネティックアートにおける運動視の
問題であった（Zeki & Lamb, 1994）。キネティックアートとは，動く美術作品
あるいは動くように見える美術作品のことであり，鑑賞者が能動的に動かすこ
とで体験できるものもあれば，静止した絵画表現のなかに動きが感じられるよ
うなもの，さらには偶発的に動きが生じるようにしたものなど，その表現方法
は多様である。色や形とは独立して，「動き」が作品の一部（あるいは主題）と
なっている。たとえば，キネティックアートとは，マルセル・デュシャンの
「階段を降りる花嫁II」や，ブリジット・ライリー「流れ（Current）」，ウンベ
ルト・ボッキオーニ「The City Rises」（図 6-3），カルダーのモビールなど，
作品自体が動いたり，動いて感じられたり，もしくは見る人が作品を動かすこ
とができる「動く美術」のことである。
　Zeki & Lamb（1994）は，キネティックアートの展開を 3 つの段階に分けて
分析を試みた。第 1 の段階では，芸術家は，動きの重要性を意図しながらも，
それが静止した形態において引き起こされる動きの印象の表現を行い，第 2 段
階では作品に物理的な動きが取り込まれ，さらに第 3 段階では色や形と動きと
を分離することが試みられるようになったと述べる。また，キネティックアー
トにおいて美的効果が生じるためには，V5/MT の活動が不可欠であり，運動
の知覚に必要な脳の領野が損傷を負ってしまうと動きが見えなくなってしまう
ため（つまり皮質性運動盲），必然的にキネティックアートにその主題たる「動

6.4 脳の機能特化と美術様式

図 6-3 ウンベルト・ボッキオーニ (Umberto Boccioni)「*The City Rises*（立ち上がる都市）」1910 年，キャンバスに油彩，約 2 × 3m（ニューヨーク現代美術館）

き」が感じられなければ，そこに美的効果は生じえないという (Zeki, 1999)。

実際，「蛇の回転錯視」（たとえば，Kitaoka, 2014）を刺激として，静止した画像に動きを知覚することで，運動を検出する V1 や V5/MT の活動が高まることが fMRI 研究で示されていたり（たとえば，Conway, Kitaoka, Yazdanbakhsh, Pack, & Livingstone, 2005），動きの印象が強い刺激であるほど美的好ましさが大きいことが心理学実験を用いた研究で示されたりしている (Stevanov, Spehar, Ashida, & Kitaoka, 2012)。つまり，キネティックアートにおける美的効果にとって，動きを処理する脳の領野の働きは不可欠であると言えよう。

❖ フォービズムと色彩

視覚に関する機能特化で重要な別の側面に色の知覚がある。その重要な役割をはたしている視覚領野の 1 つが V4 である。（現代美術においては必ずしもそうではないという意味で）かつてそうであったように，美術作品が自然の模倣（複製）であるかぎりにおいて色の再現は不可欠な要素である。その一方で，マティス (Matisse) やヴラマンク (Vlaminck) といったフォービズム（野獣派）の画家は，原色的な色彩や奔放な筆致で表現をすることで「色彩を自然から解放した」とされる (Zeki, 1999)。ここで「自然から解放した」という意味は，色が必ずしも自然のありのままの物理的次元に従う必要はないことを絵画に導入したという意味であり，特に形にふつうには関連づけられることがない色を

付けることによって，特定の形や形の集合に隷属していた色を解放したという。それによって，絵画を単なる自然の模倣ではないものの表現へと向かわせようとした。

　形に関連づけられることのない色彩表現は，一見不相応で違和感を生み出すこともある。Zeki & Marini（1998）は，観察者が様々な物体の写真を，自然の色の条件で呈示して観察するときと，色相を操作して現実にはありえない色の条件で呈示して観察するときとで，脳の活動がどのように異なるのかを fMRI を用いて検討した。たとえば，自然な赤いイチゴを見るときと，自然にはありえない青紫色のイチゴを見たときとで，脳はどのように異なる活動を見せるのだろうか。自然な色彩の物体を観察するときには，V1 や V4 といった色の処理に関わる領野に加え，紡錘状回や海馬といった物体の認知や記憶に関連する領野の活動が高くなった（図6-4左）。一方，不自然な色彩の写真を観察するときには，V1 や V4 といった色の処理に関わる領野に加え，前頭葉，その中でも特に背外側前頭皮質（dorso lateral prefrontal cortex: DLPFC）の活動が大きく変化することが示された（図6-4右）。DLPFC は，たとえばオドボール課題（標的刺激と非標的刺激をランダムに呈示して標的刺激を弁別させる；Squires, Squires, & Hillyard, 1975）など，予期に反した刺激が呈示されたときに活動が大きく変化することが観察されている（Huettel & McCarthy, 2004）。つまり，変なもの，違和感のあるものに対する脳の反応として DLPFC の活動変化が観察されたことになる。

❖秩序や文脈からの逸脱

　フォービズムは形に関連した色彩から意図的に逸脱する表現を行ったのに対して，ダダイズムでは既成概念や秩序からの逸脱を意図的に図ることにより，新しい芸術思想を打ち立てようとした。たとえばマン・レイ（Man Ray）はアイロンの鉄面に釘を並べたりするなど，異なる要素の組み合わせを用いた作品を多く生み出している。またダダイズムの運動を引き継ぐような形で，シュルレアリスムは，偶然性や夢などを重視し，無意識の世界や現実からの逸脱を意図した芸術運動であるといえる。芸術運動としてのシュルレアリスムは，ブルトン（A. Breton）の「シュルレアリスム宣言」（Breton, 1924）に端を発し，創造力の赴くままに幻想的で夢のような世界を表現したものである（Schirrmacher & Fox, 2009）。そこでは，ダリ（S. Dali）やマグリット（R. Magritte）に代

6.4 脳の機能特化と美術様式

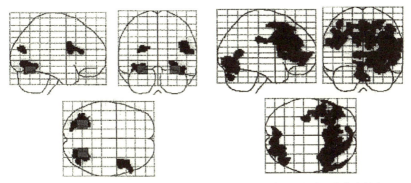

図 6-4 自然な色彩の物体を観察しているとき（左），不自然な色彩の物体を観察しているとき（右）により活動変化が大きくなる脳領域（Zeki & Marini, 1998）

表されるように，作品を構成する物体や光景は身近なものでありながらも，構成そのものが文脈や統語を無視したものとなっていた。たとえば，マグリットの連作「光の帝国」では，昼間の晴れ渡った青空を背景に，街灯の人工照明が灯る夜の景色が描かれている。

　これらのダダイズムやシュルレアリスムは，文脈や秩序からの逸脱によって，違和感を引き起こす作品であるとされる。では，このような文脈や秩序からの逸脱は，脳の中でどのように検知・処理されているのであろうか。Zeki らは，赤・青・緑・赤・青・緑・・・のように点滅する色が規則的な順で変わる場合と，赤・青・緑・青・赤・青・・・のように不規則に点滅する場合とを観察している時の脳の活動変化を fMRI で調べた（Zeki, Hulme, Roulston, & Atiyah, 2008）。その結果，規則性を伴った呈示条件は，規則性を伴わない条件に比べて，前頭葉や眼窩前頭皮質，淡蒼球といった報酬系領域の活動を高めるが，規則性を伴わない呈示条件は規則性を伴う条件に比べて DLPFC の活動変化がより大きくなることが示されている。また，規則的なパタンは，ポップスやロックのような音楽で知られるビートとよばれる拍子のパタンにも含まれている。また，Grahn & Rowe（2012）は，規則的なパタンと脳の活動との対応関係を調べ，ビートのリズム（規則的パタン）はビートになっていないリズム（不規則パタン）に比べて脳の奥深くにある大脳基底核の一部である被殻の活動を高めることを明らかにしている。この領域は，予期や期待と関連して，運動学習に重要な役割を果たしている。規則性は秩序を与え，不規則なものは秩序からの逸脱をも

たらす。どちらも芸術作品には重要であり，前者は安定を，後者は不安定を与えることによって，それらへの反応として，脳の特定の働きが引き出されているものと捉えることができよう。

また，Michelon らは fMRI を用いて，二つの全く異なる物の組み合わせ画像を観察するときに，そうでない普通の物体の画像を観察するときと比べて脳にどのような活動が見られるのかを調べた（Michelon, Snyder, Buckner, McAvoy, & Zacks, 2003）。たとえば鍵の細い部分が蛇になっていたり，バスの先頭部分が鹿の頭部になっていたりなど，普通でない異なる物体同士の組合わせを観察するときには，そうでない普通の物体に比べて，視覚野の物体の認識に関わる部分が強く活動を変化させるのに加えて，DLPFC の活動が大きく変化した。これは，二つの物体を組み合わせてできる不一致感や奇異性と，先に紹介した文脈からの逸脱や不自然さとが，脳の活動レベルでは非常に似たもの（あるいは分離できないもの）であることを表している。このことは，先に紹介した Man Ray の作品構成など，ダダイズムにおける物体同士の無意味な結びつきなど，が人に対して引き起こす脳内過程であると想定できよう。

さらに，Kirk（2008）は，文脈に沿っている自然な風景の画像や，文脈的に不自然な風景の画像を観察しているときの脳の働きについて fMRI を用いて調べた。たとえば，室内に暖炉が描かれている画像は自然だが，家の中にあるはずの暖炉が庭にあると逸脱している。また，街中に置かれた電話ボックスがあるのは自然な光景であるが，テニスコートの上に電話ボックスがあるのは不自然で文脈を逸脱していることになる。これらのような画像を用いて，文脈からの逸脱に対して，脳がどのように反応するかを検討した。その結果，自然な文脈の風景では，場所に関連する脳部位である海馬近傍場所領野（PPA）や物体認知に関連する後頭葉側部などの領域の活動が大きくなるのに対して（口絵図6-5左），不自然な文脈をもつ風景を観察しているときには，先にのべたDLPFC という場所の活動変化が大きかった（口絵図6-5右）。その領域は不自然な色彩の物体を観察したときに活動するところでもある。このように，シュルレアリスムやフォービズムの作品で描かれているような，不自然さや文脈からの逸脱を認知することで，DLPFC の活動が変化することがわかる。

❖逆遠近法と奥行きのだまし絵

イギリスの現代美術家ヒューズ（P. Hughes）は逆遠近法（reverse perspective）

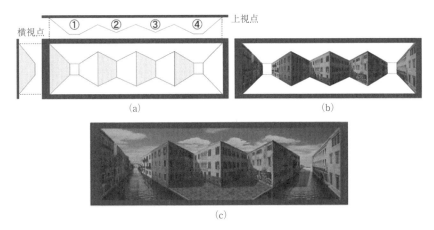

図 6-6 逆遠近法における実際の奥行き面（a）。絵画的奥行き手がかりとしては，小さな四角形の領域は遠くに感じられるが，物理的な奥行きとしては（両眼視差としては）手前にあり，観察者が動かないで観察すると，四角形の領域は手前にも奥にも感じられる。これらに線遠近法やテクスチャー，陰影などによる絵画的手がかりを追加したものが(b)であり，奥行き印象は絵画的手がかりにより引っ張られる。さらに背景などの文脈を加えたものが(c)であり，奥行き印象はさらに絵画情報に依存することとなる（Hayashi et al., 2007）

を使って，錯覚を引き起こす立体作品を多く発表している。逆遠近法錯視は凹凸のある面に本来とは逆の奥行き関係（凹凸関係）をもつ絵を描くことによって，遠近感のはっきりした平面の絵画と思いきや近づいてみると立体関係が逆（絵画上の遠近と作品の立体的な凸凹の関係が逆）になっていたり，その立体作品を見る位置が変わることで絵が動いて見えたりと，見る人を驚かせる作品となっている。その背景には，運動視差（motion parallax）と絵画的奥行き手がかりの矛盾によって引き起こされる錯視現象があり，ホローマスク錯視（Hill & Johnston, 2007）と似て，観察者の移動に連動して作品が動いて見える。

このような表現が脳のどのような活動を引き起こすのであろうか。Hayashi, Umeda, & Cook（2007）は，逆遠近法による風景画を静止したままで観察する場合と，風景画の垂直軸を中心に動かしたものを観察する場合とで，fMRIによって脳活動を計測した。研究では，逆遠近法を用いて凹凸と絵画的な奥行きとが一致しない条件（逆遠近法条件），凹凸と奥行き表現とが一致した条件（遠近法条件），凹凸のないフラットな2次元の条件（2D条件）の3つを比較した。

このなかで逆遠近法条件では，絵の実際の動きに応じて，観察者の向きに絵の奥行き方向が動いて見える。これらの3つの条件では，静止呈示のときに比べて動かして呈示することでV5/MTの活動が高くなることを示した上で，特に，逆遠近法を用いた風景画が動く場合には単なる2次元の絵を観察しているときよりもV5/MTの活動が大きく変化し，これは遠近法条件と2D条件との比較から明らかになるV5/MTの活動よりも相対的に大きいことがわかっている。

6.5　美感の脳内基盤

　ここまで紹介した神経美学に関する研究をChatterjee（2004, 2011）の情報処理モデル（図6-1）に当てはめて考えてみると，情動反応や意思決定以外の部分に当てはまり，鑑賞する対象の認知に関するものと考えられる。石津（2016）の言う機能的神経美学ではあるが，これらの知見を用いることでこれまでの美術作品を分析的に捉える分析的神経美学が可能となる。次に本節では，情報処理の後に，情動反応や意思決定としてどのように美を感じるのかについて，美感の脳内基盤について見ていこう。

❖視覚美の神経相関

　Kawabata & Zeki（2004）は，美（beauty）と醜（ugliness）を同じ軸の対極として捉え，観察者が刺激としての美術作品に対して美しい（あるいは醜い）と感じる際の神経活動を明らかにしようとした。実験参加者は，まず事前の心理実験で肖像画，風景画，静物画，抽象画それぞれ300の刺激（計1200）を観察し，それぞれの絵画刺激に対して醜いから美しいまでを10段階で評定した。その結果から，各参加者においてfMRI実験で観察する刺激を，4つの絵画カテゴリごとに「美しい」「どちらでもない」「醜い」と評定された32刺激ずつ計96刺激，総数384を選んだ。fMRI実験では，参加者はMRIの中で2秒間提示される絵画画像を観察して，美しい・どちらでもない・醜い，の3つの評定から1つを選んで反応し，そのときの脳活動が捉えられた。実験の結果，絵画のカテゴリに関わりなく，美しいと感じるときには眼窩前頭皮質内側部（medial orbito-frontal cortex: mOFC）が，醜いと感じるときには左半球の運動野（left motor cortex）の活動が高まることが明らかになった（口絵図6-7）。

　眼窩前頭皮質は前頭葉の下部にある領域で，報酬系（reward system）を構

成する脳領域の1つであり，快楽の情動体験や報酬の価値と密接に関わっている。報酬系は，欲求が満たされたときや満たされることが分かったときに活動を高め，快の感覚を与える脳の基本的なシステムである（たとえば，Schultz, 2000）。ある対象を自分のものにしたいという欲求や（Kawabata & Zeki, 2008），顔に対して感じる高い魅力（たとえば，Aharon et al., 2001），食べ物に感じるおいしさ（たとえば，Rolls & McCabe, 2007），さらには手触りの良さ（Rolls et al., 2003）や，匂いの心地よさ（Rolls, Kringelbach, & de Araujo, 2003）などについても，眼窩前頭皮質をはじめとした報酬系が関係していることが明らかにされている。

一方，Kawabata & Zeki（2004）で「醜い」という判断に対して活動が高まった左脳運動野は，具体的には手などの身体を動かし制御する際に活動を変化させる場所であるが，同時に，不快の表情や情動の情報に対して運動野が活動を高めることや（たとえば，Armony & Dolan, 2002），社会的規範からの逸脱の場面観察において同様の領域が活動を高めるなど（Berthoz, Armony, Blair, & Dolan, 2002），ネガティブな対象に対する防御や回避と関連しているのではないかという解釈も可能である（Gazzaniga, 2008）。

なお，経頭蓋直流刺激法（transcranial direct-current stimulation: tDCS）を用いて，前頭前野部を抑制的に，左半球運動野を興奮的に刺激すると，美しいという評価の値が，刺激をしない場合に比べて低下することも明らかになっている（Nakamura & Kawabata, 2015）。このことは，美感に関する脳領域を外的に操作することで美感を変えることができることを明らかにしており，さらに，これまでの眼窩前頭皮質内側部などの前頭前野の脳領域が美感に関与しているという知見の補強材料となっていると言えよう。

また，Vartanian & Goel（2004）も fMRI を用いて，抽象や具象の絵画を様々に加工して作成した画像を実験参加者に観察してもらい，それらに対する美的好み（aesthetic preference）の度合いを5段階で評定しているときの脳活動を計測した。彼らの実験では，そのときの好みの強さと関連して前部帯状回（anterior cingulate cortex）と後頭葉にある両側の外後頭回（occipital gyrus）とが強い活動を示し，一方で好みの評定が低くなると尾状核（caudate nucleus）の活動が下がることを示した（図6-8）。尾状核は脳の中心部にある線条体（striatum）の一部で，運動や行動の学習に重要な役割を担っているとともに（Graybiel, 2005），経済ゲーム課題で負けて損をする時にこの場所の活動が急激

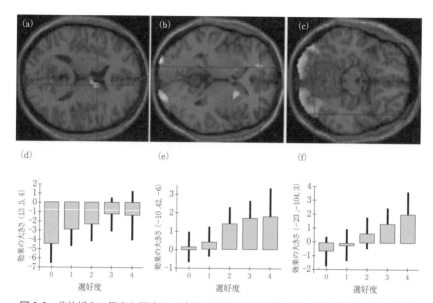

図6-8 美的好みの程度と関連して活動が変化する尾状核（a），前部帯状回（b），外後頭回（c）とそれらの領域における評定値に応じた活動の変化（d-f）（Vartanian & Goel, 2004）

に下がるというように報酬系の一部としての役割も担っており（Delgado, Locke, Stenger, & Fiez, 2000），報酬系の基盤となるドパミンの入力を中脳の腹側被蓋野（ventral tegmental area: VTA）や黒質（substantia nigra）から受けている。

❖聴覚美に対する脳反応と視覚美に対する脳反応との共通性

実は，音楽に対する魅力や美的判断に関する脳研究は，視覚芸術を用いた研究よりもよりはやくから行われてきた。たとえば，すでに1999年には，PETという手法を用いて，音楽に対する快不快の評価に応じて眼窩前頭皮質や海馬近傍の活動が変化することが示されている（Blood, Zatorre, Bermudez, & Evans, 1999）。また，音楽における快感情についてはゾクゾクとする身体反応（chill reaction）を焦点とした研究もある。Zatorreらの研究グループではPETを用いて，音楽を聴いてゾクゾクとする快体験とともに身体と情動とに関係する島皮質や腹側線状体（側坐核を含む）や眼窩前頭皮質といった報酬系をはじめ多

くの脳領域が活性化されることを示している（Blood & Zatorre, 2001）。また最近の研究では，音楽を聴いてゾクゾクすることが腹側線状体におけるドパミン放出と結びついていることも示されている（Salimpoor, Benovoy, Larcher, Dagher, & Zatorre, 2011）。視覚芸術を対象とした脳研究では，このような神経伝達物質の役割についてはほとんど明らかになっておらず，音楽研究を先行研究として視覚芸術における美の体験や判断に関わる神経伝達物質の役割についても今後検討されていくものと期待できる。

　また，Ishizu & Zeki（2011）では，視覚でも聴覚でも共通して美的判断の際に，眼窩前頭皮質内側部（mOFC）の神経活動を反応させることを明らかにしている。彼らの研究でも前述したBlood & Zatorre（2001）と同様に，音楽刺激に対して美しいと感じるときには，mOFCに加え，腹側線条体や頭皮質といった神経活動を得ている。つまり，絵を見て美しいと感じるときにも，音楽を聴いて美しいと感じるときにも，それらに共通したメカニズムを想定することができる。

　また，視覚や聴覚以外にも，触覚など他の感覚に依存した美や多感覚的で統合的な美についても今後研究は進展していくと考えられる。

❖ 美に対する脳の反応の時間的変化

　Cela-Condeらもまた絵画や写真を観察しているときに美しさに関連した脳の働きを検討しているが（Cela-Conde et al., 2004），彼らはfMRIではなく，脳のニューロンの活動に伴う磁界変動を検出する脳磁図（MEG）を用いた計測を行った。MEGは，脳波（EEG）と同じく時間精度が高いという特徴を持ち，彼らは実験参加者が呈示された絵画や写真について「美しいか（beautiful）」「美しくないか（not beautiful）」を判断して反応しているときの脳活動の時間特性を検討している。その結果，美しいと判断されたときには美しくないと判断されたときに比べて左半球の背外側前頭皮質（DLPFC）が，400msから1,000msという潜時（刺激提示からの時間遅れ）で活動が高まることが示された（図6-9）。この潜時は，様々な視覚情報処理を経て，美しいという意思決定に至るまでに数百ミリ秒の時間を要するということである。また，DLPFCは，海馬や眼窩前頭皮質といった情動や報酬の処理に関わる脳部位からの入力を受け，対象に対する行動反応（目標に向けた行動など）の基盤となるなど，情動的な意思決定や認知的評価に関わっているとされている（Krawczyk, 2002）。

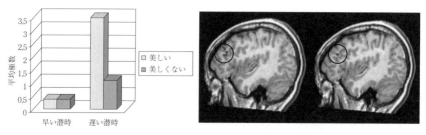

図6-9 DLPFCの活動潜時（100-400msの早い潜時と，400-1000msの遅い潜時）ごとの活動量の違い。右はその活動部位を示す（Cela-Conde et al., 2004）

　同じくCela-Conde et al. (2009) は，美的判断の性差についてMEGを用いて検討した。同じく絵画や写真を刺激として，それらが美しいかそうでないかを判断し，美しいと判断したときに（あるいは，美しくないと判断したときに）指を少し上げるという課題であった。彼らの研究では，美しいと判断するときに女性では左右両半球の頭頂皮質が，男性では右半球の同じ部位のみが300-500msの潜時で活動を高め，さらに600-700msの潜時のときに，女性では左右両半球の，男性では右半球の角回が活動を高めることを示した。

　頭頂皮質が美感に関する役割を担っていることは，それほど驚くことでもない。たとえば，Calvo-Merinoらは，ダンスの美的好ましさの判断において好きだと判断するときに，そうでない時に比べて前運動野（pre-motor cortex）がより強く活動するという知見を得ている（Calvo-Merino, Jola, Glaser, & Haggard, 2008）。さらにCalvo-Merinoらは，連続経頭蓋磁気刺激（rTMS）を用いて，ダンスの美的好ましさを評価する直前に，身体部位の認知に関わるとされる後頭葉側部の外線条身体領域（extrastriate body area: EBA）を刺激すると美的好ましさの評価が上がる（感度が高くなる）のに対して，腹側前運動野（ventral pre-motor cortex: vPMC）に相当する部位を磁気刺激すると，身体運動への美しさ評価そのものが低下する（美的なものに対する感度が下がる）ことを示している（Calvo-Merino, Urgesi, Orgs, Aglioti, & Haggard, 2010）。このような身体的な表現の認知については，頭頂皮質が重要な役割を果たしており，その美的評価についてもまた同じ部位の活動変化が見うけられることを示している。

　また，Cela-Conde et al. (2009) で活動変化が示された角回は，空間的な操作や注意に関係した機能を持っている（たとえば，Corbetta & Shulman, 2002）。

特に，男性において活動変化がみられた右角回は空間の絶対的な位置関係の把握に（Okubo & Michimata, 2004），女性において活動がより高まる左角回は相対的な位置関係の把握に関係しているとされている（Hugdahl, Thomsen, & Ersland, 2006）。Cela-Conde et al.（2009）は，美的判断に現れる大脳半球左右差の背景に，ヒトが狩猟採集生活をしていた時代の進化的淘汰圧が関係している可能性があると指摘する。その仮定では，当時の女性による採集作業と男性による狩猟作業において必要とされる能力の反映として，それぞれ相対的／絶対的な空間への注意能力を高める方向に進化の上で適応が生じたことにより，男女で注意の向け方が異なるのだと主張している。

　なお，芸術作品に対する美的判断や評価を対象とした研究ではないが，顔の好みの判断で脳の異なる領域が時間的に異なる活動を示すことを明らかにした研究がある（Kim, Adolphs, O'Doherty, & Shimojo, 2007）。その研究では，2つの顔画像が継時的に呈示され，そのうち好きな顔を選択するときの脳活動をfMRIで計測した。Kim et al.（2007）は，好ましい顔を選択する過程において，まず腹側線条体の一部である側坐核が活動を高め，それに引き続いて内側眼窩前頭皮質が活動を高めるという報酬系の神経活動の順序過程（たとえば，Knutson, Adams, Fong, & Hommer, 2001）が認められることを示している。つまり，好みの判断という意思決定において，反応の速い潜在的なプロセスと，反応の遅い意識的なプロセスがあると考えられよう。さらに，Cela-Condeらは処理時間の異なる「早い」「遅い」2つの異なる脳のネットワークがあることを指摘しており，特に美しいと判断する際の遅い潜時成分において脳の様々な領域が同期して活動することが示されている（Cela-conde et al., 2013）。

❖美的判断のための脳のシステム

　脳機能を調べる研究には，これまで述べたようにある特定の判断や評定の高低に応じて変化する脳の働きを調べるものと，特定の種類の判断や評価と別の種類の判断や評価とを比べることで明らかになる脳の働きを調べるものとがある。これまでに紹介した研究では主に前者の方法をとっているが，後者の測定方法を用いて，刺激に対する美的判断（や評価）と美的判断以外の他の判断とを比較することで，美感がどのような脳機構で成り立っているのかを調べることができる。

　たとえば，Jacobsenらはモザイク状の図形（図6-10）を実験参加者に見せ，

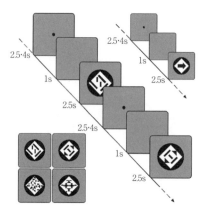

図6-10 Jacobsen et al.（2006）の刺激図形と呈示の手続き

　図形の美しさを判断しているとき（美しいか，そうでないか）と，同じ刺激画像に対して対称性を判断しているとき（対称か，そうでないか）の脳活動をfMRIで調べている（Jacobsen, Schubotz, Höfel, & Cramon, 2006）。このとき，同じ画像を観察していても，どのように感じるか，判断するかによって脳の活動の状態は異なる（口絵図6-11）。美的判断の場合，その判断の内容（美しいか，そうでないか）にかかわらず，前部帯状回や前頭前野，下前頭回などの前頭葉の活動がより高まるのに対して，対称性判断（対称か，そうでないか）では視覚情報処理，特に形の処理に関わる脳部位の活動がより高まることが示された。前部帯状回や前頭前野は報酬系の特に判断や意思決定に関係している部位であり，美的判断のときには対称性判断に必要とされた脳部位もより活動が高まることが示されている。
　またJacobsenらは，脳波計測を用いて，美的判断課題と他の課題との比較を行い，その時間的分析を行っている（Jacobsen & Höfel, 2003; Höfel & Jacobsen, 2007）。美しい／美しくないを判断する課題と対称／非対称を判断する課題における事象関連電位（ERP）を調べた研究では，美的判断課題では300-400msという比較的早い潜時で前頭葉での陰性反応がみられ，対称性判断課題では600-1100msという比較的遅い潜時で後頭葉に陰性反応がみられた。また，彼らは，刺激に対する印象形成が前頭葉の早い成分の陰性波に反映され，美的判断のような評価的カテゴリ化の課題のプロセスが遅い陽性波（late positivity）

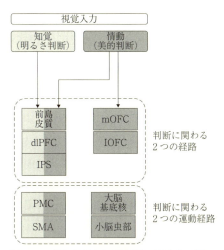

図 6-13 美的判断と知覚判断に関連する脳の
ネットワーク（Ishizu & Zeki, 2013）

に反映されているとの指摘も行っている（Höfel & Jacobsen, 2007）。

　Ishizu & Zeki（2013）は，2つの絵画画像を並べて同時呈示し，どちらがより美しいかの美的判断（選択）を行う課題と，どちらがより明るいかの知覚判断を行う課題との比較によって，美的判断に関与する脳機構をfMRIを用いて検討している。その分析では，美的判断をしているときの脳活動から知覚判断をしているときの脳活動を差し引くことで，相対的に美的判断において強く活動がみられた脳部位が現れる。美的判断課題では，眼窩前頭皮質（OFC）の内側・外側部や，淡蒼球，被殻，扁桃体，小脳虫部などの報酬系や大脳基底核の活動がより高くなることが示されている（口絵図6-12上）。これらの領域の一部は，嫌いな人物に対する脳の反応部位とも一致している（Zeki & Romaya, 2008）。その一方で，運動野や前運動野，補足運動野といった運動系の領域や島皮質，背外側前頭皮質（DLPFC）といった領域は，美的判断と知覚判断の両方に共通して活動が高くなる部位として示された（口絵図6-12下）。これらにおいて，美的判断でも知覚判断でも，2つの絵画刺激から特定の一方を選択するということについては同じであるが，美的判断のような情動的な判断に関する領域は知覚判断に求められる領域とは異なることがわかる（図6-13）。さらに，美的判断について必要とされる運動系は情動に基づく行為を規定するもの

であり，知覚判断に必要とされるものとは独立したものであるともいえる。こ
れらの結果も，Jacobsen et al. (2006) で得られた知見と同様に，同じ刺激画
像を観察しているにもかかわらず，美的判断が知覚判断のような別の課題とは
異なるプロセスで処理がなされていることがわかる。

6.6　美感の客観的特性と知覚関連性 ……………………………………………

　これまで述べてきたように，美感の脳神経科学的基盤は，(1)美感の経験や
評価，判断，価値の程度にともなって活動が変化する脳メカニズムを明らかに
するものと，(2)美感の経験や判断の課題とそれ以外の別の課題との比較を通
して明らかになる脳メカニズムを明らかにしようとするもの，に大別すること
ができる。言い換えれば，美しいと感じている（経験している）ときの脳と，
美しさを判断しているときの脳がどのように機能しているのかを，それぞれ特
定しようとしている。さらに，これまでの美感に関する研究では，色に美を感
じる，形に美を感じるなど，特定の感覚情報に基づいた美感の外的手がかりや
内容に関する研究についても行われてきた。つまり，経験される快や情動とし
て捉えることができる主観的美と，何が美しいかを規定しうる感覚情報の客観
的美とで問題を捉えようとすることができるだろう。客観的美は，心理学的に
は，調和や比率のような美の普遍的性質として捉えられ，バランスや比率や対
称性，情報の内容と複雑性，コントラストと明瞭性などの知覚的特徴と関連づ
けられて美が論じられてきた歴史がある（たとえば，Berlyne, 1971; Birkhoff,
1932; 第1章参照）。すでに本章でも，色の不自然さや文脈・規則性からの逸脱
に対して反応する脳研究の紹介を行っていたが（6.2, 6.3 を参照），それらの研
究で明らかになっている脳反応もまた，客観的美の性質を明らかにしているも
のとして捉えることもできよう。
　また，6.3 にて紹介した Calvo-Merino らの研究では，ダンスの美的選好判断
において賦活する頭頂葉の前運動野（Calvo-Merino et al., 2008）を磁気刺激して
から身体の動きの美的判断をさせると，美しさ評価が低下することも明らかに
なっており（Calvo-Merino et al., 2010），このことは，刺激の処理過程が主観的
評価に先立って美的判断に影響することを明らかにしている。つまり，客観美
と主観美とが交互作用しつつ，脳内で美感が立ち上がっていることを示す証拠
であると考えられよう。このように，美は主観的なものか客観的なものかとい

う二項対立的議論ではなく，むしろ美は対象の特性と鑑賞者の認知的・感情的処理の交互作用から生じるという，主観と客観の双方の交互作用が重要であるとの議論へと移りつつある（たとえば，Reber, Schwarz, & Winkielman, 2004）。

❖運動刺激の美的判断における運動処理領域の活動変化

　Zeki & Stutters（2012）は，fMRI を用いて，動きのあるドットの映像を実験参加者に呈示し，そのときの美的好みの評定を 4 段階で反応することを求めた。その研究では，好みの評定値が高くなるのに応じて，対象の動きの処理に関連する V5（MT）や形の処理に関連する V3 といった視覚領野，動きを含むパタンの体制化や注意に関連するとされる頭頂皮質後部，さらには眼窩前頭皮質内側部（mOFC）の活動が高くなることを示した（口絵図 6-14）。このように主観的な美としての好ましさと，客観的（知覚的）要素である運動や形の処理とが関連していることが明らかになっている。

❖黄金比によって引き起こされる感覚関連的脳内処理

　客観美の典型として古くから議論されてきたものとして，黄金比（1：1.618）を挙げることができる。黄金比は自然界にも人工物においても様々なところで見うけられ，古代ギリシャ時代から美の法則の 1 つとされてきたものである（第 1 章参照）。古代ギリシャや古代ローマ時代の彫刻にもいたるところに黄金比をみることができる。Di Dio らは，これら古代の彫刻作品の写真を画像編集して，黄金比が保たれた身体像の彫刻画像と，黄金比を崩すように加工した画像を観察するときとで，脳がどのように反応するかについて fMRI を用いて調べた（Di Dio, Macaluso, & Rizzolatti, 2007；図 6-15 左）。このとき，黄金比が保たれた彫刻を観察しているときと黄金比が崩れた彫刻とを観察しているときの比較から，黄金比が維持されている画像を見ているときには右半球の島皮質が活動を高めることが分かり，その活動は特に単純な観察課題において最も高いことが示された。

　島皮質の機能についてはわかっていることが十分ではないが，少なくとも情動に関して重要な役割を果たしていることは確かであり，これまでにも特定の課題を伴わない観察場面でより美的である刺激の観察において（特に右半球の）活動が高まることが示されており（Cupchik, Vartanian, Crawley, & Mikulis, 2009），刺激への情動価に応じて自発的反応としてこの領域の脳活動が変化す

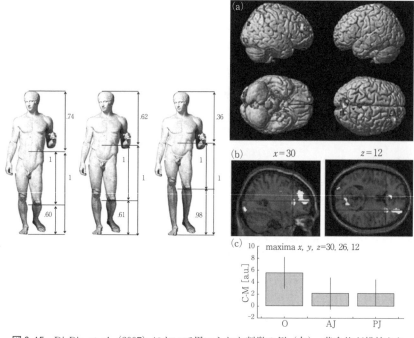

図6-15 Di Dio et al.(2007)において用いられた刺激の例(左)。黄金比が維持されているのが中央で両端は黄金比が崩れている

ることが知られている(たとえば,Critchley et al., 2005)。特に情動と身体性の結びつきについては,比較的早くから指摘されてきている。たとえば,Damasio(1996)はソマティック・マーカー仮説(Somatic-maker hypothesis)を唱え,その中で,何らかの意志決定の際に過去の情動や感情と結びついた身体や内臓系の反応が自動的に喚起され,意志決定を導くことにおいて,島皮質の役割が重要であると指摘する。

　Di Dioらの研究では,彫刻作品に備わっている黄金比が維持されているときにさえ,脳にそれを感知するメカニズムがあることを示唆している。しかも,それが黄金比の維持・崩壊といった刺激変数に依存して活動が変化する点が興味深い。また,彫刻作品に対して美的な判断を求めると,より美的だとされるときに扁桃体や眼窩前頭皮質内側部が活動をより高めることが示されている。このことは,美の客観性(黄金比という刺激特徴)と主観性(美的体験)とが同

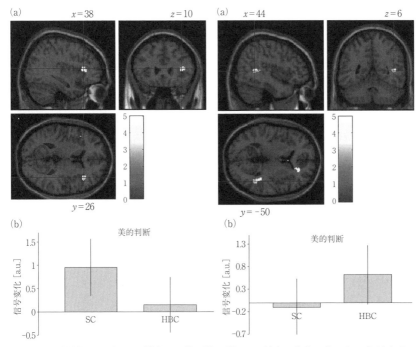

図6-16 彫刻作品に対して(左),人体画像に対して(右),美的であるという反応があるときに変化する脳部位(Di Dio et al., 2011)

時にかつ別のシステムとして存在することを示唆する数少ない例である。

また,Di Dio, Canessa, Cappa, & Rizzolatti (2011) は,彫刻画像と人体画像との両方での比較も行っており,Di Dio et al. (2007) と同様の結果が得られているが,興味深いことに,彫刻画像に対して美しいと判断する場合には扁桃体に加えて島皮質が活動を高めるのに対して(図6-16左),人体画像について美しいと判断する場合には,上側頭溝(superior temporal sulcus, STS)が活動を高める(図6-16右)。島皮質は先ほど述べたように彫刻作品の黄金比が保たれたものを観察しているときに活動が高まる場所であり,活動身体的な画像における美的判断が情動反応と結びついている可能性が示唆されているのに対して,STSは身体の動きの視覚的処理に関与しているとされ(たとえば,Perrett et al., 1989; Pelphrey, Morris, & Mccarthy, 2004),静止画での「あたかも動いているような」刺激に対してV5(MT)が活動を高めるように,人体画像の写真

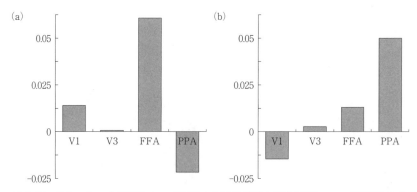

図 6-17 美しいという判断において活動する眼窩前頭皮質内側部について機能的結合を示す脳領域。(a) 肖像画に対して，(b) 風景画に対して（Kawabata & Zeki, 2004）

はダイナミックな身体表現が含まれていたために STS を活動させたと解釈されている (Di Dio et al., 2011)。

❖主観的美と客観的美の相互作用：心理生理学的相互作用として

　Zeki & Stutters (2012) や Di Dio et al. (2011) で明らかになっている美と感覚関連部位の脳活動との関連性は，美しいと感じるときの脳活動として得られているものであるが，その他の見方として心理生理学的相互作用 (psychophysiological interaction: PPI) という解析手法を用いても明らかにすることができる。PPI という手法は，ある特定の脳活動領域の活動変化に応じて交互作用を起こすようにその他の領域でも同様に変化する脳活動を明らかにすることで，それらの領域間の結合性を調べるものである (Friston et al., 1997)。たとえば，顔写真の刺激に対する情動反応によって高まる扁桃体の活動と顔の処理領域である紡錘顔領域 (FFA) とが結びついていることが挙げられる（たとえば, Miyahara, Harada, Ruffman, Sadato, & Iidaka, 2011）。Kawabata & Zeki (2004) では，美しいと判断するときに活動を高める眼窩前頭皮質内側部 (mOFC) が，肖像画の美しさについては顔の処理領域である FFA の活動と（図 6-17(a)），風景画において美しさには場所の処理領域である海馬近傍場所領野 (PPA) の活動と（図 6-17(b)）結びついて変化することが示されている。このような快や情動としての美（主観的美）のメカニズムが，刺激駆動で活動を変化させる知覚とし

ての美（客観的美）と相互作用を起こしていることが脳の働きとして示されていることも注目に値しよう。

❖崇高さに対する脳活動

　第1章に述べられているように，崇高さもまた芸術表現の対象となってきた美的価値の1つである。簡単に述べるならば，崇高さとは，抗うことのできない偉大な自然へと抱く感覚であり，その哲学的な議論はBurke（1757）に代表され，美とは異なるものとされる。Ishizu & Zeki（2014）では，fMRIを用いて，風景写真（山や海，砂漠など）を観察して崇高さの評価を行っているときの脳の働きを測定した。そのときの脳活動では，尾状核や小脳などの活動がより高くなり，美的判断や評価の際に現れる脳活動部位とは異なることを明らかにしている（口絵図6-18）。ここで測定される崇高さへの脳活動も体験時の主観性を問題にしているものの，そこに示されているのは，自然の荒々さや広大さなど崇高さの感覚が現れる特定の状態を含んでいるものであり，誰しもが感じるであろう，客観的な性質を持っているものとしても解釈が可能であろう。

6.7　今後の課題

　美とは，脳の報酬系によって得られる主観的体験ないし評価であると言えるが，そのような快もしくは情動としての美（主観的美）と関連する脳のメカニズムだけでなく，どのような刺激を観察しているかという刺激駆動型の客観的美についての処理メカニズムも重要であり，さらに頭頂葉における運動反応のメカニズムについても，美的判断とそうでない課題の判断とでは別の処理系を想定することができそうだ。これらのネットワークとしての脳全体の振る舞いについては，今後より詳細な分析が必要となってこよう。

　さらに，最近では，実験参加者が観察している絵画が，シュールレアリスムの画家であるサルヴァドール・ダリの作品か，キュビズムの時代のピカソの作品かを，fMRIで脳活動の信号を抽出し，デコーディングの手法を用いて推定する検討も行われている（Yamamura, Sawahata, Yamamoto, & Kamitani, 2009）。脳の色々な部分の信号を部分的に使わずに，視覚野の特定の領野の信号だけからでも，おおよそ70％くらいの確率で正答することができ，このような手法を用いることで，絵画の様式の同定とそれに関与する特定の脳領域の信号との

関係を明らかにすることができるであろう。

　脳は美をどのように感じるのか。この問題への探求は今始まったばかりである。美とは何か，何をもって美とするのか，様々な問題については，脳神経科学や心理学（実験美学）の知見だけでなく，哲学や美学との対話により，より深い議論を重ねる必要がある。そのような美感のメカニズムへの関心はますます高まるばかりであり，今後への期待がかかる。

第7章　美感と脳機能障害

7.1　美感研究における脳機能障害研究の位置づけ ……………………

　第6章に述べられているように，近年にみられる脳機能画像技術の進展はヒトの脳の働きや仕組みを知るのに非常に有効であり，美感の背後にある脳神経科学的メカニズムをも明らかにする手立てとなってきている。脳機能画像を用いた美感の探求は21世紀以降，急速に進展したものであり，美感に関する脳内基盤は極めて近年の研究展開のように感じられるだろう。しかし，脳機能画像の方法が広まる以前にすでに，神経心理学（neuropsychology）や精神医学（psychiatry），さらには発達障害研究（developmental dysfunctional study）において美感や芸術表現と脳機能との関係が検討されてきたという経緯があり，美感にまつわる脳研究には実はそれなりに長い時間が経過している。

　神経心理学では事故や脳卒中等によって脳のある特定の領域に損傷を負った患者において，芸術表現や美的評価に関する症例研究がなされてきた。精神医学では統合失調症（schizophrenia）やうつ病（depressive disorder）などの脳や心の疾患において，美感や芸術表現に関する多くの事例報告がなされてきた。さらに，認知症（dementia）やアルツハイマー型認知症（Alzheimer's disease）といった脳の疾患と芸術表現について，神経心理学と精神医学とで検討されてきた。さらに発達障害研究では，自閉症や学習障害などを通してその障害と対応する表現や認知が明らかにされつつあり，美感に関しては，描画行動の発達過程（たとえば，Cox, 1993）やサヴァン症候群や自閉症者における芸術能力について記述が試みられてきた（たとえば，Treffert, 2006）。これらの研究では，脳のある領域やネットワークの機能が失われたり障害をきたしたりしている個人を対象として，彼らの美感や芸術的表現と心や脳の働きとの対応関係が，主に症例報告として断片的にではあるが明らかになってきている。

　これらの広い意味での脳機能障害について扱ってきた諸研究では，主に病前と病後との「感じ方」や「表現の仕方」の変化が明らかになってきている。

そこに見えてくるのは，美感や芸術表現についての失われた側面ばかりではなく，脳の一部の機能障害がゆえに新たな表現が現れてくる面もあるということである。芸術を創造したり美しさを感じたりする心の働きは，人の様々な行動や認知と同様に，脳の損傷によって失われたり変化したりすることがある。しかし，多くの画家たちは，脳や心の働きに障害を受けたとしても，自らの芸術表現を試み続けている。見方や描き方の変化が生じるのは，脳のどのような場所が障害を受けたかによって異なる。

　本章では，脳機能や精神機能の障害から見えてくる美感や芸術表現と脳機能との関係について概観する。特に，脳血管障害によって脳機能障害を示した症例に基づきながら，脳の機能障害が引き起こす様々な美感や表現の変化について見ていく。画家などの絵を描くことを職業としている症例において，急性の脳血管障害を負ったり，アルツハイマー型認知症のように進行性の病気になったりすることによって脳機能障害が生じた症例を中心に，脳損傷の範囲やそれによって生じる機能障害の程度と彼らの表現の姿を対応づけながら美感や美術表現の変化について概観しよう。一見，それぞれの症例や障害に特殊なことであるようにも思えるが，それらの例に見られる共通性と，障害によって見うけられる変化によって，脳や心のどのような特徴が，美感や芸術表現に関係しているのかが浮き彫りになってくる。

7.2　脳機能障害が美感へ与える影響：感覚欠乏症 ……………………

　脳の損傷によって，見ている対象が何であるかは分かるのに，その対象から生じてくるはずの感情が持てなくなる障害を視覚性感情欠乏症（visual hypo-emotionality）という（Bauer, 1982; Habib, 1986）。後頭葉から側頭葉にかけての底側（腹側）が損傷を受けた症例では，病前には美しいと感じていた花が病後には自然の一部ではなく模造品のように見えたり，雄大に見えていた風景が虚しく感じられたり，さらには異性の性的な写真を見ても何も感じないなど，現実の世界に生きているという感覚が失われたという報告がなされている（Bauer, 1982）。しかも，視覚を通して得られる感情だけが失われ，視覚以外の感覚を通して得られる感情には問題はないので，音楽や会話で得られる感じ方は脳に損傷を負う前と変わらないと報告されている。

　これまでに報告されている視覚性感情欠乏症の例では，相貌失認（prosopag-

図 7-1 Bauer (1982) による視覚性感情欠乏が生じる原因の説明 (河内, 1997)。
(V)視覚皮質, (S)体性感覚皮質, (A)聴覚皮質, (MT)側頭葉内側部, 右下のLesionで下縦束の切断が生じていることを示す

nosia) を伴ったり (Bauer, 1982; Habib, 1986), 現実感喪失 (derealization) や離人症 (depersonalization) を伴ったりすることが挙げられている (Sierra, Lopera, Lambert, Phillips, & David, 2002)。たとえば，左右両半球基底部の側頭後頭領域に血腫による損傷を負った症例では，相貌失認が生じるとともに，視覚対象を感情をもって見ることができないという報告がある (Lopera & Ardila, 1992)。これらの視覚性感情欠乏症は，後頭葉にある視覚皮質と感情の中枢である辺縁系とを連絡する場所が損傷を受けて切断されたために，視覚情報が辺縁系に伝わらなくなったことが原因であると指摘されている (河内, 1997)。また，下頭頂小葉や後頭頂回は，後頭葉から頭頂葉と側頭葉に広がる視覚野と連結しており，その領域の損傷によって視覚や内受容感覚と記憶との統合ができなくなることも知られており，心的イメージの生成の障害や現実感喪失といった症状が現れることも報告されている (ffytche, Blom, & Catani, 2010)。離人症もまた自己身体感覚や主観的感情に基づく現実感を麻痺させるが，前頭葉と辺縁系の連合野に相当する前部島皮質 (anterior insula) の障害などが原因とされている (Sierra & David, 2011)。

一方，側頭葉から頭頂葉にかけての損傷や，島皮質から前頭葉や扁桃体にかけての損傷によって，聴覚を通して得られる感情が障害されることもある (Griffiths, Warren, Dean, & Howard, 2004; Mazzoni, Moretti, Pardossi, Vista, & Muratorio, 1993)。この聴覚性の感情欠乏症の例では，病前には感じられた音楽に対する喜びが，病気の後には感じられなくなったという。そのような症例では，聴覚そのものやそれらを通して得ることのできる認知は可能であり，さら

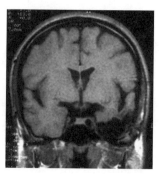

図 7-2 Sellal et al.（2003）で報告された症例における損傷部位

に他のモダリティ（たとえば，視覚）を通して得られる美感や感情には問題は認められない。このように，感情欠乏症は特定のモダリティに依存した症状であると考えられる。

　これらのように脳のなかのある領域が障害を受けたり，領域間をつなぎ合わせる場所が切断されたりすることで，「分かる」のに「感じない」ことが生じる。つまり，対象が何であるかという知性に関する脳の仕組みと，その対象への印象や感覚的な評価としての感性に関する仕組みとが，脳の器質的な障害によって解離したことを示唆している。

　なお，慢性骨髄性白血病の治療で IFN-α 2b というインターフェロン治療を行った患者において，右内側頭葉の機能低下が生じるのと同時に，視覚性感情欠乏症が生じたという例も報告されている（Marianetti, Mina, Marchione, & Giacomini, 2011）。また，てんかん等の治療のために行った側頭葉の部分切除によって（図7-2），絵画や音楽，文学などの芸術的な「好み」が変化したという症例の報告もある（Sellal et al., 2003）。ちなみに，世界的に著名な詩人であり美術評論家であったギヨーム・アポリネール（Guillaume Apollinaire, 1880-1918）は第一次世界大戦のときに36歳で右頭側部（こめかみ部であったとされる）に榴弾による外傷を負い，その後，彼のパーソナリティや行動，感情状態が劇的に変化したという記述もある（Bogousslavsky, 2003, 2006）。外傷を負うまでほぼ毎日のように情熱的な手紙を書き続けた相手，婚約者であったマドレーヌに対して突如関心を失ったという。また彼は，外傷を負ってからは詩を書くよりも水彩画を描くようになった。このような変化については，右側頭葉に受けた

外傷が認知と感性との解離を引き起こしたのが原因ではないかとされる（Bogousslavsky, 2005）。これらの症例でも，脳の器質的障害による感性の欠如や感性の性質の変化という，脳と美感との因果関係を示唆している。

7.3 美感と大脳半球機能差 ···

　脳機能障害について述べる上で，大脳左右半球機能差（ラテラリティ：laterality）について考えることは不可欠であろう。1981 年にノーベル生理学・医学賞を受賞した Roger Sperry（1913-1994）や Michael Gazzaniga らによって，てんかん治療などで大脳の左右半球を接続している脳梁を切断した分離脳（split-brain）の患者に対して，左右のそれぞれの大脳半球でどのような認知能力がより優位なのかが調べられてきた（たとえば，Gazzaniga（2005）参照）。彼らの研究をはじめとして多くの大脳左右半球機能差研究では，左半球では言語や発話，論理的問題解決，計算などが，右半球では空間認知や顔や感情の認知といった社会的認知がより優位であるとされてきた。それゆえか，芸術表現は右半球が優位であるといった見なされ方が一般的に広くなされるようになってきた。ただし，これらの研究が示すのは，たとえば，左半球にある特定の脳領域（たとえば，ブローカ野やウェルニッケ野）が言語の処理や生成と関わっていることが多く，右半球よりも優位に働くということであり，右半球が言語に全く関与しないという「右半球」対「左半球」というトレードオフの関係ではないことに注意する必要がある（「右脳・左脳神話」については，八田（2013）を参考にされたい）。確かに，神経心理学的研究や脳機能画像研究では，美感に関連する認知過程について右半球の優位性を示す研究が数多く報告されている。たとえば，創造的問題解決のような創造性に右半球が優位に関連していることもこれまでもしばしば言及されてきている（たとえば，Finkelstein, Vardi, & Hod, 1991; Miller, Boone, Cummings, Read, & Mishkin, 2000; Heilman, Nadeau, & Beversdorf, 2003）。

　神経心理学的研究について詳しく紹介する前に，脳機能画像の研究を少し紹介しよう。たとえば，小渡らは，ペンが描かれた画像を見ながら，新しいペンのデザインを考案するという課題をしているときの脳活動を fMRI で計測し，デザインに熟達した被験者（エキスパート）とそうでない被験者（素人）の脳内活動の違いを検討した（Kowatari et al., 2009）。その結果，熟達した被験者は

右半球の前頭領域が左半球のそれよりも活動量が高く見られることが示された。また，認知心理学者として名高い Solso（2001）は，画家のように絵を描くことに熟練した人とそうでない素人とで，鉛筆で顔のデッサンをしているときの脳活動を fMRI で計測したパイロット研究を行い，顔の刺激画像に対して応答する紡錘状回近傍の活動は両者で変わらないのに対して，プロの画家においてのみ右半球の前頭葉が強い活動を示したことを報告している。

　さらに，Bhattacharya らは，芸術表現の専門教育を受けた人がそうでない人よりも右半球で脳波上での高い神経活動の位相同期が見られることを示している（Bhattacharya & Petsche, 2002）。また彼らは，経験者は，絵画鑑賞時に右半球のデルタ帯域（1-4Hz）やガンマ帯域（30-80Hz）の脳波が生じたことを，また心的イメージの想起時には，デルタ帯域の低い脳波が生じたのに対してアルファ帯域（8-12Hz）の脳波が少なくなることを示した。そのような左右半球での非対称な脳波は，芸術経験者では左半球より右半球において顕著であり，非経験者には見られないものだという（心的イメージについては，Bhattacharya & Petsche（2005）でも類似した結果が得られている）。

　これらの研究では，熟達者における創造性や心的イメージが右半球の脳活動に依存するような結果が示されているが，必ずしも多くの研究で同様の結果が得られているわけでもない。たとえば，発散的思考（divergent thinking）によって測られた個人特性としての創造性が，安静時脳機能結合（resting state functional connectivity）において内側部の前頭前野と後部帯状回との連絡と関連していることや（Takeuchi et al., 2012），視覚的に図形を組み合わせるなどして測られた創造性が，左半球の前頭前野や補足運動野，下前頭回などの活動と関連していること（Aziz-Zadeh, Liew, & Dandekar, 2013）など，右半球のみが創造性や美感に関与しているかというとそうでもなく，やはり脳全体のネットワークの問題が重要になっていることを示す知見も多い。

7.4　芸術家における脳機能障害と芸術表現

　脳に損傷や病変が生じた芸術家の表現や認知がどのように変化していったかについての知見は，脳機能画像研究だけでは不足する貴重な情報を提供してくれるだろう。局所的な脳損傷が生じた部位が芸術的表現や認知に与える影響を捉えることによって，芸術表現や創造性，美感と関係する脳機能が，因果関係

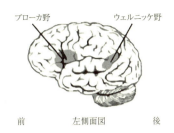

図 7-3　左半球におけるブローカ野とウェルニッケ野

として浮き彫りになってくると期待できる。左半球・右半球それぞれの損傷によって芸術的表現や表現上の認知の変化は，どのように生じるのか，また脳のどのような側面が美感や創造性，そして芸術家の表現に関係しているのであろうか。まずは，脳血管障害によって左半球もしくは右半球に損傷を負った芸術家たちの変化を紹介しよう。

　脳血管障害によって引き起こされる典型的症状としては，身体の運動機能障害や言語障害がある。特に，左半球の損傷によって言語機能が低下することがしばしば報告されている。今から 150 年ほど前，フランスの医師 Broca は，左半球の前頭葉の腹後部にある脳領域（ブローカ野と呼ばれる）の病変が言語の産出を妨げることを（Broca, 1861），またその十数年後，ドイツの神経学者 Wernicke は側頭葉と頭頂葉が接する脳領域（ウェルニッケ野と呼ばれる）の病変が口頭言語の理解について妨害することを（Wernicke, 1874）明らかにした（ブローカ野とウェルニッケ野の場所については図 7-3 参照）。言語の障害そのものについて述べることは本章の範囲を超えるが，脳卒中などで左半球に脳血管障害が生じると，その病巣の位置によっては言語機能が損なわれることになる。では，脳のある特定の領域が損傷を受けた場合，言語機能障害が現れるのと同じように，芸術家の美感や芸術表現に関する特定の機能へも障害をもたらすのであろうか。そうであれば，どのような側面についての障害を引き起こすことになるのであろうか。本節では，左半球，右半球ごとに，脳機能障害と病後の表現の変化とを対応させて，表として整理した。なお，以下で紹介する症例のいくつかは，すでに Zaidel（2005）で紹介されており，本章で紹介しきれない図についてはそちらを参照されたい。

❖左半球の脳機能障害と芸術表現

　脳損傷と芸術表現の関係を明らかにした神経心理学的研究は，すでに1930年代から見うけられる。左半球に脳血管障害等によって損傷を受けた症例では，病巣の詳しい位置や回復までの時間には違いがありながらも，損傷後，病前と同じように創作を再開し，さほど変わりなく芸術的能力を発揮した芸術家は数多く報告されている（表7-1）。一方で，左半球の損傷によって，構図や色使いなどに変化が見られたり，絵の主題に変化が生じたりすることはあることが示されている（表7-2）。

表7-1　左半球の損傷によっても芸術表現に大きな障害が生じなかった症例

出　典	症例・損傷部位	障害を受けた認知機能・運動機能	障害後の芸術表現と経過
Kennedy & Wolf (1936)	19歳の美術学校生 頭蓋骨の埋没骨折により左半球の前頭－頭頂領域に損傷。	右手の扱いがやや弱くなった。	言語の表出や理解には問題が生じなかったが，発症後2週間が経過した時点で顔を描くように指示されても，円で描いた輪郭のなかに目にあたる2つの点と鼻にあたる1本の垂直な線，口にあたる1本の水平な線を描いたのみであった（図7-4a）。描く訓練を重ねて日々技術は戻りつつあり，やがて半年ほど後には十分に芸術的表現ができるレベルまで回復（図7-4b）。
Alajouanine（1948）	フランス画家パウル＝エリス・ジェルネ（Paul-Elie Gernez, 1888–1948）52歳のときに側頭葉後部と後頭葉を含む左半球に脳血管障害。	軽度のウェルニッケ失語症や構音障害，右片麻痺，弱い右視野欠損，健忘性失語や錯語，失書がひどく，記憶力も低下（ただし，日常生活での理解は比較的でき，思考力もさほど落ちておらず，感情表現もあった）。	失行の症状が出てしまうときに一時的に創作を止めるだけで，失語症といった言語障害に関係なく，芸術的表現技能は変化せずに残されていた（Boller, 2005; 図7-5）。
Zaimov, Kitov, & Kolev（1969）	ブルガリアの画家ズラチュ・ボヤジエフ（Zlatio Boya-djiev, 1903-1976）48歳で左半球に脳血管障害。	右手の重度の麻痺，理解・発話ともに困難がある失語症。	彼は言語能力についてはあまり回復することはなかったが，絵画表現は病後も続け，麻痺のない左手で絵を描くことを学習し，病前のように描くテーマも変わらず絵を描くことができるようになった[*1]。

7.4 芸術家における脳機能障害と芸術表現

出典	症例・損傷部位	障害を受けた認知機能・運動機能	障害後の芸術表現と経過
Kornyey (1977) 参照：Marsh & Philwin (1987)	画家であり彫刻家でもあったベニ・フレンジー (Beni Ferenczy, 1890-1967) 66歳のとき左半球に脳血管障害。	右半身麻痺，運動性失語。	病後数カ月して，再び左手を使って発症前と同じように芸術活動を再開。はじめは描こうとする線が定まらず，遠近法も部分的に失われたが，その後回復し，彼の素描や水彩画は基本的に病前と変わることはなかった。彫刻作品にしても病前と変わらず，基本的に三次元知覚や芸術的創造性を発揮することが可能であった。
Waldman (2000) 参照：Chatterjee (2008)	画家・大学教授のキャサリン・シャーウッド (Katherine Sherwood, 1952-) 44歳のとき，左半球に病巣をもつ脳卒中を発症。	右半身麻痺，失語症。病後，言語能力は改善を見せたが，抑揚がおかしいことで彼女はあまり言葉に出して話をすることをしなかった。	右半身の麻痺は少ししか改善することはなかったため，それまで手に取っていた絵筆を左手に変えて，その後は絵を描くようになったとともに，病前の知的な作風は，より直感的なものへと変化していった[*2]。

[*1] Zaidel (2005) は「色は豊饒感が低下して変化も乏しくなり，作品のなかに描かれる図形の数も減少している。1つの作品のなかに想像や現実のテーマの混合がみられ，また線の収束による遠近法の使用も病前と比較して明らかに減少した」と述べている。同様の記述は Mazzucchi, Sinforiani, & Boller (2013) にも見うけられる。

[*2] 今もなお，彼女は画家として研究者として活躍し，現在の作品は http://www.katherinesherwood.com/ で見ることができる。

図 7-4 (a) 発症直後に書かれた文字や人物，(b) 回復後に描かれたもの (Kennedy & Wolf, 1936)

(a) (b)

図 7-5 (a) 発症前の作品 (Gernez, 1931; Nu et coquillages),
(b) 発症後の作品 (Gernez, 1941; Fleurs)

表 7-2 左半球の損傷によって芸術表現が障害を受けた症例

出典	症例・損傷部位	障害を受けた認知機能・運動機能	障害後の芸術表現と経過
Critchley (1953)	ファッションデザイナーで画家 左半球の側頭葉から頭頂葉にかけての脳血管障害。	発話と理解に困難、一過性の右筋力低下。	病前に表していたような繊細で細かな線による輪郭を描くことができなくなり、むしろ力強い輪郭で描くようになった。さらに視覚野がある後頭葉と頭頂葉の境界付近の損傷によって視空間を表現するのに必要な技術が失われた。
Kaczmarek (1991)	ポーランドの画家で研究者リチャード・L (Richard, L) 51歳のときに左前頭葉に脳血管障害を負った。	失語症、右半身の手や足に麻痺。	木炭で描く自画像や風景画では技術は保たれたが、病前の言語的で象徴的な絵画表現は、病後に困難になっていった[3]。治療と訓練によって、言語能力の回復と象徴的表現が可能となっていった。
Annoni, Devuyst, Carota, Bruggimann, & Bogousslavsky (2005)	57歳のときに脳卒中によって左半球後頭部に損傷。	視野右上部に色弱と盲視が生じる等の視覚障害。高不安等の感情制御の困難。	描く絵画のスタイルが変化。病前は素朴で原始的美術に影響を受けた絵画を描いていたが、病後はその抽象度がさらに高まり、様式化された象徴的な表現が際立つようになった。
Annoni, Devuyst, Carota, Bruggimann, & Bogousslavsky (2005)	71歳で左の視床部に梗塞[4]。	(不明)	病前には印象主義的な表現をしていたが、病後は幾何学的でより単純化された抽象絵画を描くようになった[5]。

[3] 言語的な象徴が視覚的表現における象徴と関連していることを示す数少ない症例となっている。
[4] 血管の閉塞により虚血が起こることで酸素や栄養が細胞に行き届かずに壊死を起こすこと。
[5] 後頭葉への損傷の広がりが抽象化された表現への変化をもたらしたと考えられている。

❖右半球の脳機能障害と芸術表現

　右半球に損傷を負った芸術家たちは，病後どのような表現をするようになったのだろうか。病後，描くことはできても，芸術表現に歪みが生じた症例もあれば，新たな表現方法を採用するようになった症例もある。一方で，右半球の損傷によって生じた身体の麻痺等の機能不全から，以前の手法から病後別の手法をとることにより，新たな表現方法を意図的に採用した芸術家たちもいる。右半球の損傷により，左半身が動かなくなってしまい，それが特に利き手であった場合には，以前の制作手法や作風からあえて離れた新しい表現をとっていった芸術家の例は，表7-3で示した症例の他にもいくつか報告がある。さらには創作や芸術表現に対して脳の損傷の影響をほとんど受けることがなかった芸術家もいる。たとえば，映画監督で挿絵画家でもあったフェデリコ・フェリーニ（Federico Fellini, 1920-1993）は，73歳のとき右半球の側頭一頭頂接合部に生じた脳血管障害により左半側空間無視と左半身の運動と感覚の障害を負ったが，病後に左半側空間無視が生じても，描画能力，筆使い，さらにはユーモアも維持しており，概念的意味的な表現の問題も生じなかった（Cantagallo & Della Salla, 1998）。また，画家，建築家として知られるグリエルモ・ルシノリ（Guglielmo Lusignoli, 1920-2003）は67歳のときに右半球の脳卒中に倒れ，半視野盲と左半身の感覚障害を負ったが，その後制作を再開し，多くの作品を描き続け，芸術表現に大きな変化が見られたことは報告されていない（Mazzucchi, Pesci, & Trento, 1994）。このように，脳の損傷に伴ういろいろな障害はありながらも病前と変わらない表現ができた芸術家たちもいる。

7.5　緩徐進行性神経病変と芸術表現 ·····························

　上記の症例のほとんどは，脳卒中などの急性の脳血管障害で神経細胞群が損傷を受け，特定の脳領域や領域間のネットワークの機能が障害されたものである。その一方で，パーキンソン病やアルツハイマー型認知症などの緩徐進行性神経病変によって，特定の神経細胞群が徐々に死滅し，脳が萎縮し，容積が減少することがある。これらの進行性の脳の疾患をもつ画家の例では，症状が進行して脳に萎縮が生じても描画能力はある程度保たれることが多いが，脳の萎縮がひどく進行すると，運動機能や記憶など様々な認知機能が障害を受け，最終的に描けなくなってしまうことも多い。

表7-3　右半球の損傷によって芸術表現が障害を受けた症例

出　典	症例・損傷部位	障害を受けた認知機能・運動機能	障害後の芸術表現と経過
Jung（1974）	新即物主義[*6]の中心人物の1人であったドイツの画家，レーダーシャイト（Anton Räder-scheidt, 1892-1970）75歳で右半球の中大脳動脈梗塞による発作に倒れた。	左半側空間無視と，初期症状としての空間の歪み，相貌失認。	新即物主義の中心人物の1人でもあった彼は，その当時はシュールレアリスムにも似た端正かつ幻想的な写実的表現を，新即物主義の終焉後はキュビズムの影響を受け抽象的表現が多くなっていった[*7]。病後は，人物画を多く描いたが，線は粗くデフォルメも激しくなり，形も完全なものではなく，着色も粗雑になっていった[*8]。半側空間無視の影響により作品の左側は空白が目立っていたが，次第にダイナミックな筆跡と色彩で画面全体に描けるようになった。
Jung（1974）参照：Bäzner & Hennerici（2006）	ドイツの新即物主義の画家，オットー・ディクス（Otto Dix, 1891-1969）76歳のとき右半球に脳血管障害を負った。	左半身麻痺，左半側空間無視，部分的片側視野欠損。	病前は戦争の悲惨さや戦争によって退廃した社会風景をシュールかつ写実的に表現していた。病後に彼が描いた自画像では，顔の構造の空間構成が崩れ，戯画的になり，線も病前の作品からはほど遠い粗いものとなった[*8]。
Jung（1974）参照：Butts（1996）	現実的自然主義者のドイツの画家ロヴィス・コリント（Lovis Corinth, 1858-1925）53歳のとき右半球に脳血管障害を負った。	一過性の左半側空間無視，左半身の機能低下。	発症後も精力的に創作活動を続け，構図は均整で細部の表現や奥行き感などの表現技術は維持。右頭頂葉を損傷しても構図や奥行き感の表現への影響は小さかったが，線遠近法や配置の間違い，構図の単純化が見られた。画面の半分には軽度の無視がみられ，背景には右から左斜めに平行な線で埋めるハッチング技法的表現が用いられるようになった（図7-6）。
Jung（1974）参照：Bäzner & Hennerici（2006）	オーストリアの彫刻家で画家でもあるウルフガング・アイヒンガー＝カセック（Wolfgang Aichinger-Kassek, 1932-）63歳のときに頸動脈狭窄症が原因となり右半球に損傷。		病後，彼の芸術表現であった溶接した鉄で作り上げる彫刻を制作することができなくなった。そのかわり彼は彫刻から絵画の制作に転身し，彼の病や心の状態をもとに描き上げた「neurological folios」と彼がよぶ30作におよぶ絵を生み出していった（Aichinger-Kassek, 1995）。
Pachalska（2003）参照：Pachalska, Grochmal-Bach, Wilk, & Buliński（2008）	ポーランドの画家クリスティナ・ハブラ（Krystyna Habura, 1928-）61歳のときに右半球の前頭葉から側頭葉，頭頂葉に及ぶ広範な脳血管障害を負った。	軽度の運動性失語，左不全片麻痺，空間見当識，書字・描画の障害。	病後，創作意欲を失うとともに，左半身の麻痺により左手で絵を描くことができなくなった。病後数カ月に及ぶ訓練を経て，右手で絵を描くようになった。彼女は絵と文字とを同じ画面上に合成した新しい表現を採用していった。その後，左手の機能も徐々に回復するようになり，ある程度は病前のような芸術表現が可能になったという。ただし，病後は以前よりも表現の複雑さが減り自分自身の病気や苦しみをテーマとした表現が目立つようになっていったという（Zaidel, 2005）。

7.5 緩徐進行性神経病変と芸術表現

出典	症例・損傷部位	障害を受けた認知機能・運動機能	障害後の芸術表現と経過
Schnider, Regard, Benson, & Landis (1993)	画家 脳血管障害の発作により，54歳で右半球の頭頂-側頭-後頭接合部を含む広範な領域を損傷	左半身に麻痺，左半側空間無視，幻覚，躁うつ症状，食欲・性欲など欲求の異常。言語や記憶などの認知過程や視知覚にも問題はなかったが，病後しばらくは極度な多言（おしゃべり）になったという。	左半側空間無視の影響で画面の左側を描くことをしなくなった。顔やある程度複雑な形の鏡映表現など空間的操作を伴った描画表現は困難になった。うつ状態では創作意欲は低く，作品の表現は暗いものであったが，躁状態のときには高い意欲と明るい表現が見うけられた。発症前の表現と比較して構図は似ていても，絵はよりスケッチ的なものとなり，より単純化されていった。
Bäzner & Hennerici (2007)	アメリカの画家レイノルド・ブラウン (Reynold Brown, 1917-1991) 59歳のとき心筋梗塞とともに脳卒中を患った。	利き手を含む左半身の麻痺，半側空間無視（特に左下視野）。	病後は画家であった妻の助けにより，利き手ではない右手で絵を描くようになった。画面の左下部を描き残すことや形態の左側の歪みが顕著になり，右側から左側へと引き伸ばしたような表現が見うけられた。

*6 新即物主義（New Objectivity）とは，主観性の高い表現主義への反発として1920年代におきた芸術運動であり，端正な形態描写と社会批判的な冷徹な視点に基づく表現が特徴とされる。
*7 http://www.raederscheidt.com/ を参照。
*8 レーダーシャイトやディクスの例では，脳の機能障害が表現の技術的な側面に制約を与えたのか，あるいは作風などの感性的な変化を与えたのかについては不明。また，ディクスは病後1年ほどして死亡しておりそれほど多くの作品を残しているわけではないので，作風の変化については十分なことは言えない。

(a) (b)

図7-6 (a) 発症前 (Corinth, 1904; Junge Frau mit Katzen),
(b) 発症後 (Corinth, 1917; Porträt des Großadmirals Alfred von Tirpitz)

緩徐進行性神経病変の代表例である認知症では，多くのタイプにおいて脳の萎縮が見うけられ，身体運動や，記憶力などの様々な認知機能，パーソナリティ等に影響を与えると同時に，動きの知覚や奥行き，色などの視覚情報処理にも影響することがある（Mendola, Cronin-Golomb, Corkin, & Growdon, 1995; Rizzo, Anderson, Dawson, & Nawrot, 2000）。アルツハイマー型認知症を患った画家の例で特に著名なのは，抽象表現主義の画家，ウィレム・デ・クーニング（Willem de Kooning, 1904-1997）であろう（Espinel, 1996）。ときに性的で，激情的な色彩や筆遣いによる表現が特徴的で，アメリカの現代芸術の隆盛を支えた人物である。彼は70歳頃に発症し，運動や認知機能の低下によって創作活動がままならなくなり，以前の激しく厚塗りで激情的な色彩やグロテスクな表現は影を潜め，さらに線は曲がりくねり，形態が簡素化されるなど抽象度が高まったが，抽象表現主義は彼のなかで維持され続けたという。他にも，アルツハイマー型認知症を患った画家には，ダネー・チャンバース（Danae Chambers, 1941-; Fornazzari, 2005）や，ウィリアム・ウテルモーレン（William Utermohlen, 1933-2007; Crutch, Isaacs, & Rossor, 2001），カロラス・ホルン（Carolus Horn, 1921-1992; Maurer & Prvulovic, 2004）を挙げることができる。かれらの絵画表現においても，発症の悪化とともに，形や空間の表現に歪みが生じるようになり，表現力に低下が見うけられる。

　また，前頭葉と側頭葉前方部に病変が主立つ前頭側頭型認知症（frontotemporal dementia, FTD）の画家の症例では，50歳頃からその兆候があり，57歳では左右両半球の前頭葉に中度の萎縮が見え，さらに左半球の萎縮が顕著になるに伴い，写実性の低下や形の歪みなどの表現の変化が見られるようになっていった（Mell, Howard, & Miller, 2003）。さらに，FTDの一種である神経細胞中間径フィラメント封入体病（Neuronal intermediate filament inclusion disease, NIFID）の画家の例では，40歳を越えた頃から脳の萎縮が大きい範囲に拡大し，病前の抽象的表現から具体的内容の表現へと作風が変化するとともに，コントラスト感度の低下に伴って色使いが明暗の強いものへと変化するようになったとされている（Budrys, Skullerud, Petroska, Lengveniene, & Kaubrys, 2007）。また，脳にレビー小体が蓄積するレビー小体型認知症を発症したイギリスの著名な小説家で挿絵画家でもあったマーヴィン・ピーク（Mervyn Peake, 1911-1968）は，発症後も短時間は集中して絵を描くことができたが，症状の進行とともに絵には妄想状態に経験したものが反映され，次第に表現したものが崩れてしまうよ

うになったという（Sahlas, 2003）。その他にも，長年にわたる大量の飲酒によって生じたアルコール性認知症（alcoholic dementia）を発症した歴史画家レオ・シュヌッグ（Leo Schnug, 1878-1933）は，時間や方向感覚が失われる見当識障害を伴う小脳性運動失調症に加えて，被害妄想による幻覚や幻聴に悩まされた。また病変に伴う体の震えから絵を扱う手指の制御が困難になって正確さを欠くものとなり，さらに描くテーマは歴史的な題材から死や恐怖体験，グロテスクなものへと変わっていったという（Sellal, 2011）。

　これらのように，脳の全体的・部分的な萎縮が生じ，その領域の機能低下によって様々な認知や身体運動が影響を受ける。画家の場合にも例外なく，様々な機能低下が生じ，創作に影響を受けるが，その程度には個人差が認められる。一方で，パーキンソン病の場合には，線条体をはじめとする大脳基底核に投射する黒質緻密部のドパミン作動性細胞が変性を引き起こすことで発症するとされ，脳の全体的もしくは部分的な萎縮というよりも，病変によって生じる。パーキンソン病では手足の震えや筋肉が固まり，動作や歩行が困難になるといった運動系の障害が生じるだけでなく，認知や知的な側面に関する機能の低下も認められる場合がある。Lakke（1999）は，認知症を伴わないパーキンソン病の芸術家 26 例を分析し，病気の進行によって手指の動作の機能不全によって技術の変化などが見られたにもかかわらず，絵画や彫刻，漫画，デザインなどを通して，生涯にわたり創作活動を続けた者がいることを調べた。たとえば，33歳でパーキンソン病を発症したドイツの彫刻家，ホルスト・アシェルマン（Horst Aschermann, 1932-2005）は，認知症の兆候は見られなかったが，治療薬の服用などの治療にもかかわらず病気は進行し，体の痛みや異常な姿勢，そして筋収縮は悪化した。ハンマーやのみを使った彫刻の創作ができなくなった代わりに，粘土を用いた表現をとるようになったという症例が記されている（Lakke, 1999）。

　また，パーキンソン病を患ったグラフィックデザイナーでは，病後しばらくして手の不自由さを抱えながらも絵を描くようになり，具象的な風景画から抽象的な作品へと作風を変えていきながら，絵を描くことに没頭し，数年で何百もの作品を描くようになった症例が知られている（Chatterjee, Hamilton, & Amorapanth, 2006）。この症例の場合，パーキンソン病の治療薬であるドパミン作動性薬が，彼の創作への衝動性に影響したと考えられる。写実表現を好んでいたアマチュア画家の場合にも，パーキンソン病のドパミン作動薬による薬物

図 7-7 ドパミン作動薬による治療前（a, b）と治療後（c, d）の表現の変化
（Kulisevsky et al., 2009）

　治療によって創作意欲が高まり，情感に富んだ印象派風の絵画を描くようになったという報告が知られている（Kulisevsky, Pagonabarraga, & Martinez-Corral, 2009；図7-7）。また，パーキンソン病において衝動性を抑えられない症状（制御障害）は辺縁系から前頭葉へ至るネットワークにおけるドパミン余剰が原因であるとの指摘もある（Lawrence, Evans, & Lees, 2003）。ドパミンは中枢神経系に存在する神経伝達物質であり運動調節と同時に，快情動や意欲に関する脳機能を調節し，中脳—辺縁系のドパミン作動性の神経活動は動機づけや報酬への探索行動と結びつくため（たとえば，Wise, 2005），創作に対する快や意欲に治療薬が影響したと考えられる。治療薬によるドパミン作動性が，光や色による情動的側面に影響し，彼らの表現を変化させ，写実的表現から印象派風の表現へと芸術表現を変化させることもある（Kulisevsky et al., 2009）。

7.6 芸術家における感覚障害とその芸術表現 ·······························

　脳出血や脳の疾患は，脳を部分的に損傷させ，認識や運動などの様々な側面に影響を及ぼすだけでなく，色覚などの感覚にも影響を及ぼすことも知られている。上記に示した感情欠乏症の例では，感覚そのものは正常なのに得られた感性が障害を受けている。一方で，感覚そのものが障害を受けることで，美感や芸術表現に影響を与えることもある。

　その典型的な例は，オリバー・サックスが『火星の人類学者』に紹介した色覚障害の画家ジョナサン・Ｉであろう。彼は自動車運転中の交通事故で脳出血を起こし，色覚障害（あるいは色覚多様性）つまり色を区別することができなくなってしまった（Sacks, 1995）。色覚障害は網膜の色波長に感度をもつ錐体細胞の異常が原因となるだけでなく，脳の舌状回や紡錘状回などの後頭葉脳底部に脳出血などによる損傷を負った場合にも起こりうる（Meadows, 1974）。ジョナサン・Ｉの場合には，視覚皮質の第４次視覚野（V4）やその周辺領域にある色彩を構築する中枢が損傷を受け，皮質性色覚障害（achromatopsia）となったと考えられる。『火星の人類学者』に掲載されているように，病前は色彩豊かな抽象画を主に描いていたが，病後は色の知覚ができなくなってしまった。しかし，色を見ることはできなくても，記憶の中の色に関するイメージや知識は失われずに済み，病後しばらくは，記憶に基づいて絵画に着色を施していたが，時間が経過すると記憶から色が消えてしまったという。彼は，葛藤と実験の末，彼の感覚のままに，見ている世界と同じ白と黒だけの表現へと変化していった。

　また，眼球の網膜のような末梢神経の不全による感覚障害や斜視等がもたらす美感や表現への影響についても様々な症例報告がある。著名な風景画家として知られるジョン・コンスタンブル（John Constanble, 1776-1837）や象徴主義の画家ウジェーヌ・カリエール（Eugène Carrière, 1849-1906）は赤緑色覚異常であり，それが彼らの独特の色表現につながった可能性が指摘されている（Lanthony, 2001）。レンブラント・ファン・レイン（Rembrandt Harmensz van Rijn, 1606-1669）は外斜視がひどく両眼立体視ができなかったという報告があり，そのことによって彼の絵画の特徴である強い陰影や線遠近法，明暗の表現のような単眼奥行き手がかりが大きな役割を果たしていると指摘されている

(a) (b)

図7-8 (a) ジョン・コンスタンブル「乾草車」(1821年) ナショナル・ギャラリー (ロンドン) 蔵。(b) ウジェーヌ・カリエール「自画像」(1893年頃) メトロポリタン美術館蔵

(Livingstone & Conway, 2004; Marmor, 2006)。ただし，レンブラントの描いた自画像を解析し，実際に人を肖像画と同じ視線の位置で再現させた研究では，彼に斜視は見られなかったという反論もあり (Mondero, Crotty, & West, 2013)，議論の余地があることも言及しておく必要があろう。

7.7 精神疾患における美感と芸術表現

統合失調症などの精神疾患と芸術家の美感や芸術表現との関係もこれまで検討されてきている。精神疾患もまた，脳の複雑な働きが原因になっているが，脳血管障害や認知症などと比べて，脳の解剖的性質の障害が明瞭なわけではない。

たとえば，ヴィンセント・ファン・ゴッホ (Vincent van Gogh, 1853-1890) が晩年，双極性感情障害 (いわゆる躁うつ病) やてんかん発作などの様々な精神疾患に悩まされていたことは，たびたび言及されてきた (たとえば，Hughes, 2005)。エドヴァルド・ムンク (Edvard Munch, 1863-1944) もまた，統合失調症という精神疾患を患い，気分変化が激しくなり苛立ちや不安，落ち込みが増え，妄想や幻視の兆候も出だす統合失調症前駆期の作品とされるものには (たとえば「叫び」)，彼の不安や死，孤独，恐怖が表現されているとされている

(Sussman, 1998)。

　画家ではないが，ストリンドバーリィ（Johan August Strindberg, 1849-1912）やイーヴリン・ウォー（Evelyn Waugh, 1903-1966），ジェイムズ・ジョイス（James Joyce, 1882-1941）といった作家たちも統合失調症を患い，その病に苦しんだという指摘もあり（たとえば，Post, 1994），その疾患と芸術表現との関係については議論が続いている。とは言え，芸術的表現者の多くに統合失調症などの精神疾患が必ずしもあるわけではないことはパーソナリティ検査を用いた調査で明らかになっている（Nettle, 2006）。また，精神疾患をもつ患者による絵画表現は，近年，アウトサイダー・アートの枠組みで様々に紹介されるようになってきており，専門的に美術教育を受けていない人々の表現と，彼らの精神世界との関係が心理学や精神医学でも論じられつつある（川畑, 2012 参照）。

7.8　美感研究における脳機能障害研究の課題

　本章では，脳血管障害や進行性の病変による脳機能障害によって，美感や芸術表現がどのように変化していくのかについて，神経心理学的症例報告を中心に概観してきた。それぞれの症例における損傷部位や脳の病変（たとえば萎縮）の位置や大きさ，程度は，症例ごとに異なるものであり，1つとして同じ障害はないため，量的研究や再現性を追究することは難しいかもしれない。しかし，それぞれの症例において損傷や障害を受けた脳部位やそのネットワークが果たす機能が損なわれることによって生じた感覚や認知また表現は，健康な人を対象に行われてきた脳機能画像やその他の研究とそれほど大きく離れていないようにも思える。脳機能画像研究では，脳の特定の部位とその働きとはあくまでも相関的なものであり，因果を問うことは難しい。それだけに，これらの神経心理学的症例は，特定の脳部位の機能がどのような美感や表現につながっているかを因果的に示すことのできる，数少ない方法であろう。

第8章　美感の時間特性

　美的判断を含む感性の働きは，感情や感動に比べて比較的穏やかで静的な心的活動として捉えられている（都甲，2004; 福田，2014）。しかし，そうであったとしても，感性の働きが知覚から評価に至る，外部との，あるいは内部での，ダイナミックかつインタラクティブな過程である以上，時間軸の視点は重要である。知覚・認知の研究領域では近年，半秒以内での処理が注目され（Ögmen & Breitmeyer, 2006），対応する脳科学的知見も数多く輩出されている。しかし，感性研究において，印象喚起の時間特性や時間軸での評価の変容を考慮した研究は多いとは言えない（Augstin, Leder, Hutzler, & Carbon, 2008）。

　その中で，時間軸に注目した美感・感性に関する心理学的研究を，時間の長さの観点から大別すると，(1)1秒以内の短時間において，印象喚起や評価判断を調べ，処理課程を検討した一瞥視（a glance）やマイクロジェネシスの研究，(2)同じく短時間内だが，入力情報間の相互作用を通して，情報の選択や統合について考察したマスキング，キューイング，プライミングなどの研究，(3)日常で経験できる比較的長い時間幅における印象の変容を検討した単純接触効果（3.3 参照）や気分一致効果などの研究，(4)個人の発達や加齢，時代や社会あるいは文化や風土による影響など，長期にわたる評価の変容を扱った研究，(5)系統発生を含め進化論的観点から反応の理由を考察した研究（2.5 参照）に分けることができるだろう。もっとも，これらは時間軸における長さの違いでもあるが，視点の違いでもある。また，(1)と(2)に関しては，脳科学的研究の知見と合わせて検討されることが多い。

　本章では時間軸に焦点を当てて美感研究を紹介し，美感や感性判断の処理過程あるいは形成過程の一端を考える。

8.1　知覚と認知の時間特性

❖知覚・認知の成立時間

　感性印象や芸術作品を対象とした研究に言及する前に，知覚・認知の一般的な時間特性の概略を示しておこう。

知覚成立の 100ms

　眼の網膜から入った情報が，大脳視覚領，高次視覚野を経て前頭葉に至り，再度，視覚領に戻って，処理のループを形成し，知覚として意識に上がってくるのに，ヒトでは 100ms はかかるとされている。これを裏づける研究として，視覚的持続（Di Lollo, 1980），主観的輪郭図形（Reynolds, 1981）を用いた研究がある。また，景観を構成する空間周波数情報は帯域に応じて処理速度が異なるが，それらの情報統合に要する時間も，モノクロームの自然画像を用いた場合，およそ 100ms であることが報告されている（Bar, 2004; Kihara & Takeda, 2010）。

物体・景観情報処理の 150ms

　一方，物体認知に必要とされる時間は 150ms 前後だとする研究が多い。たとえば，VanRullen & Thorpe（2001）は，データから運動系の反応時間を差し引くと，カテゴリー判断が刺激呈示後 150ms 程度で行われていると述べており，事象関連電位を用いた研究でも，複雑な自然画像のカテゴリー判断において，刺激呈示後 150ms 近辺に変化の生じることが報じられている（Thorpe, Fize, & Marlot, 1996）。顔認識領域における反応潜時についても 170ms 近辺に振幅の増大が見られるとする報告があり（Henson et al., 2003; Gao et al., 2009），顔処理においても，150ms 程度の時間が必要であることが示されている。

　一般に，サルにおいて入力が下側頭葉の後下部（posterior inferotemporal, PIT）に到達するのは 70-90ms 後，また高次の物体や顔の認知を行う前下部（anterior inferotemporal, AIT）に到達するのは 80-100ms 後だと言われており，（Vogels, 1999），頭がサルより一回り大きなヒトにおいては，さらに 30-40ms を要すると考えると（Johnson & Olshausen, 2003），IT 野に画像情報が届いて，物体処理が開始されるのは，150ms 程度だと考えられる。

注意と記憶の関与する300ms

情報の統合や記憶との照合が関わる場合には，約300ms程度の処理時間がかかると考えられている。

たとえば，ワーキングメモリや感覚記憶が関わると考えられる認知処理においては，200-300msという処理時間がクリティカルであることが，早くから様々な認知実験において指摘されてきた。たとえば，眼球運動（サッケード）の潜時は250msから300ms程度とされ，感覚記憶（sensory information storage）もその程度の間，保持されると言われてきた（Averbach & Sperling, 1961）。

注意が関与する現象でも，300ms前後において結果の変わることがある。たとえば，キューイングによる研究ではSOAが300ms以内の場合，キューの方向に注意が自動的に捕捉されて反応は促進されるが，逆にSOAが300ms以上になると，その空間位置にあるターゲットの検出は遅くなる（Posner & Cohen, 1984; 武田・小川, 2003）。感情プライミングも300msが最適SOAである。

Potter（1976）は自然画像の高速連続呈示条件で，事前に指定した画像の検出と，画像呈示後の再認を行わせ，シーンの理解は100ms以内に可能だが，それが記憶表象として定着するには約300msかかるとの結論を出している。

クロスモダリティでの情報統合の300ms

異なる感覚間の情報統合にも，300ms程度の時間窓が必要だとする研究が多い。たとえば，音源定位に視線が及ぼす影響は，どちらが先であっても300ms以内だと促進される（助宮・三浦, 2006）。触覚における時間順序判断でも，交差した左右の手のどちらに先に触れたかの時間順序は300ms以内だと逆転する（Yamamoto & Kitazawa, 2001）。これは触覚からの感覚情報が脳内の空間マップに統合されるのに300msの時間が必要であることを示唆する結果だと考えられている。さらに，見ている身体が自分であるという認識が成立する際にも，身体を写した映像が300-350ms以上遅れると難しくなるという（神谷・葭田, 2014）。

事象関連電位のN2とP300

事象関連電位（ERP）を用いた研究では，刺激呈示から200-250ms後に見られるN2は，長期にわたる時間文脈における逸脱に関わるとされ，新奇性のN2と呼ばれている（Daffner et al., 2000）。約200ms後に長期記憶との照合が始

まることを示唆していると考えられる。一方，刺激呈示後300msに現れる
P300も新奇性に反応し，記憶に関係するとされている。ただし，P300は直前
の内容，すなわちワーキングメモリが働いているときに上がるので（Daffner
et al., 2000），その場での刺激の新奇性ならびに，注意の集中と関係すると考え
られる。P300は入力モダリティによらずに発生することから，高次の認知反
応を反映しているのだろう。

❖ 認知のマイクロジェネシス研究

　マイクロジェネシス（microgenesis）とは呈示時間を変数に，知覚・認知の
成立や変容の過程を考える発想であり，研究手法である。1920年代にSander
（1928, 1930）の開発した概念だと言われる（Nakatani, 1995）。Sanderはゲシュ
タルト（構造化された知覚）の形成に焦点を当て，未分化な対象の図地が分離し，
輪郭が形成され，まとまりある形となるまでの知覚過程を，この概念によって
考察した。一方，発達心理学者のWerner（1940）に発端を求める研究者もい
る（Öğmen & Breitmeyer, 2006）。Wernerは，刺激の呈示直後から知覚として
意識に上るまで，さらには行動として現れるまでの知覚過程の「発達」を記述
するものとして位置づけた。いずれにしても，マイクロジェネシス研究は，知
覚・認知の成立過程を時間軸において考える視点であり，後述するジストの概
念や一瞥視研究の知見はその一部とも言える。

　刺激の呈示時間を変数とした認知実験では，8.1の知見に比して，極めて短
い呈示時間で，高次の認識や判断が可能になることが報告されている。

　たとえば，写真内の物体の検出やカテゴリー判断は50msの刺激呈示で可能
であり（Grill-Spector & Kanwisher, 2005），20ms間呈示した刺激においてすら，
カテゴリー判断ができたという（Thorpe, et al., 1996）。さらに，Li, VanRullen,
Koch, & Perona（2002）は，2重課題状況で意識が向いていない周辺視野に
27ms間呈示した自然画像に対しても，カテゴライゼーションが可能な一方で，
周辺課題がLとTのような文字の弁別や2色を左右入れかえた色パターンの
弁別のような，刺激としては単純であるが課題としては非日常的な場合は，周
辺情報の処理ができないことを報告している。よさ研究においても複雑な線画
の方が，処理負荷が低いことが示されている（Biederman, Hilton, & Hummel,
1991; 2.2参照）。日常で経験するような自然画像では，情報量が多く複雑な場
合でも注意の焦点化を必要とせず，極めて短い呈示時間で正確な情報の把握が

できるのだろう。低空間周波数情報による処理の先行や，景観に付随する枠組みのトップダウン的な処理が有効に働いていることが考えられる。複雑で多くの情報を含む光景を一瞥で把握できることはジスト（gist）と呼ばれる。前注意的なレベルで，意味処理までを含む高次処理が行われていることを示すものである。

こうしたすばやい処理には文脈も影響する。背景と対象が関連する画像では，80ms 以内の呈示で約 8 割程度の同定が可能だとする研究がある一方（Davenport, 2007），背景と不一致な対象は，150ms の呈示でも同定が難しいという報告がある（Boyce, Pollatsek, & Rayner, 1989）。シーン内の表象は，予期や熟知度が低くても一瞥で形成されるが（Biederman, 1982），文脈からはずれたものは短時間呈示では知覚できないことは早くから指摘されてきたことでもある（Biederman, 1972）。

なお，短時間で景観の認識が可能であることに加え，呈示時間とともに情報量は増えていくことを指摘した研究もある。Greene & Oliva（2009）は，19-67ms の呈示時間でも 75% の正答率で景観を知覚することができるが，100ms まで呈示すると，さらに得られる情報量は増えていくことを指摘している。Li, Iyer, Koch, & Perona（2007）も，107ms で得られる情報量は 500ms で得られるそれよりも劣ることを示している。なお，彼らの研究では，室内より室外の写真の方がより多くの情報を保存できた。景観処理の高速性は，生態学的な妥当性や進化論的観点で説明できるかもしれない。

以上のような研究をまとめて，Wagemans, Verhavert, & Augustin（2014）は，一般的に感覚特徴は刺激の入力後 40ms 以前で，また，物体特徴は 40-67ms で可能になり，次いで広いカテゴライゼーション（男女など）が行われ，さらに詳細なカテゴライゼーション（家具，机）が可能になると述べている。こうした直列的な時系列モデルの妥当性については，さらなる検討が必要だと思われるが，高次情報が単純刺激に比して，極めて短時間で処理されることは注目される。

8.2　顔の高速処理

❖表情理解に要する時間

人工的な景観に比べて自然の景観が，また，幾何学図形に比べて自然画像が

より速く処理されるという 8.1 の報告は，ヒト本来の知覚・認知の意義を考えさせて興味深い。同様に，表情や視線の認知，顔の魅力度評価や信頼度の評価において特異的な感度の高さと高速処理を示すことからも，社会的動物としてのヒトがどのような情報に重きを置いているかを知ることができる。Kant の「無関心の快」（はじめに参照）に対して，まさに「関心の快」といえるだろう。

　顔写真を呈示して，その脅威度を評定させた研究（Bar, Neta, & Linz, 2006）では，39ms の呈示ですでに，長時間呈示（1700ms）の結果と高い相関が示された。この研究では，低空間周波数情報を含む画像の認識結果が長時間呈示での判断と一致することが示された。顔の脅威度判断は処理の速い低空間周波数情報によって担われていることが示唆される。

　視線検出も低空間周波数情報によって行われていることが指摘されており（佐藤・松嵜，2000），低空間周波数情報が高速判断の処理基盤を与えていると思われる。

❖顔認知の文脈効果

顔刺激による感情プライミング

　上述の Bar たちの実験では，25ms の呈示では脅威度判断は長時間呈示の結果と相関しなかった。このことから，表情判断は顔が知覚できないと（つまり意識に上らないと），認識できないことを指摘している。一方，Olson & Marshuetz（2005）は，顔の魅力判断においては，マスクを伴ったわずか 13ms の呈示でも，つまり，顔が知覚できない場合でも，魅力的かどうかを判断することができると報告している。しかも，Olson らの研究では顔写真の呈示後，26ms の ISI を挟んで呈示した単語の意味がポジティブかネガティブかを判断させると，魅力的な顔が呈示された後では，ポジティブ語の判断が速くなり，処理の促進が見られた。意識下で魅力的かどうかを判断することができるだけでなく，後続刺激の認知にも影響を与えるという結果である。なお，彼らの実験では，後続刺激への影響は，非魅力顔や，倒立顔，家の画像では見られず，魅力顔に特有の結果であることが示されている（図8-1）。

　魅力的な顔の影響は，抽象画に対する好意度を調べた実験でも報告されている。Flexas et al.（2013）は抽象画の呈示に先立ち，笑顔の画像を呈示すると，顔呈示から 20ms 後に呈示された抽象画への評価も上昇するが，嫌悪の表情を示す顔が先行した場合には，300ms 後の呈示においてのみ，評価が下がった

8.2 顔の高速処理

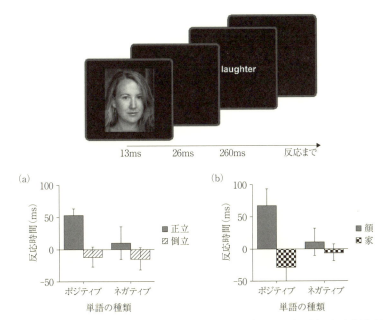

図 8-1 閾下での魅力顔の影響。上：実験手続き，下左：正立顔（濃灰）と倒立顔（斜線）の結果，下右：顔画像（濃灰）と家画像（チェッカー）の結果（Olson & Marshuetz, 2005）

という。表情が後続する刺激に影響を与え，とりわけ，笑顔は閾下でも効果をもつことを示していて，Olson らの研究と一致する。

魅力顔による注意の捕捉

魅力的な顔は瞬時かつ自動的に視覚的注意を引きつけることも知られている。たとえば，反対視野に呈示された魅力顔が，ターゲットの方向判断という非関連な課題を妨害することが報告されている（Sui & Liu, 2009）。また，若い男性が評価者の場合，魅力的な女性の顔への注視時間は長く，注意の切り替えが妨害されることも示されている（Aharon et al., 2001）。この注意の引きつけが後続する刺激に対し，促進的に影響するか抑制的に働くかに関しては，時間帯によって変容することを示した研究もある（Nakamura & Kawabata, 2014）。中村らは 160ms 呈示される多数の男性顔の中に埋め込まれた 2 つの女性顔を検出する課題（RSVP 課題）を用い，先行する女性顔が魅力的であると，後続の女

性顔との時間間隔が320msのときには非魅力的な顔や平均的な顔よりも見落としが大きくなるが、640msになると、逆に、後続する女性顔の検出が高まることを見いだした。また、SOAが1280msになると、魅力度の効果はなくなった。これらの結果は、高魅力顔は瞬時に注意を引きつけ、直後は後続の刺激の検出を低下させるが、その後は、検出の促進に転じることを示唆するものだと考察されている（5.3参照）。

　一方、視線によるキューイング実験では、視線による注意の捕捉はSOAが300ms以下の短時間のときは無意識的、700ms以上になれば意識的に生じ、復帰抑制は見られないという（Driver et al., 1999）。顔にせよ、視線にせよ、注意の偏りという生存の危険を背負ってでも、それらの情報に注目する結果は、顔や視線といった社会的認知に関わる情報の重要性を示すものである。

魅力度判断における時空間の影響

　Walker & Vul（2014）は同じ顔でも、単独で評価されるより集団の中で評価される方が魅力度の上る現象（集団優位効果／チアリーダー効果）を実験的に確かめ、その原因として、階層的符号化、つまり個々の項目が集団の平均に影響されることや、集団呈示においては空間位置を越えて平均顔（2.5、第5章）が形成されることによると考えた。そうだとすれば、顔処理は負荷の極めて低い刺激であることを示す知見だと言える。しかし、この研究を追試した小代らは（Ojiro et al., 2015）、WalkerとVulが使用した刺激を用いても、日本人の顔写真を用いても、魅力度評定の集団優位効果が示されなかったことを報告している。空間的に離れた刺激を平均化する、もしくは異なる空間に呈示された顔刺激を並列処理して総合判断を行うことは、短時間では難しい可能性が示唆される。

　鑓水・河原（2014）はWalkerとVulが指摘するように、顔の印象がわずかな処理資源で形成されるのであれば、集団全体の魅力度評定も短時間でできるはずと考え、呈示時間を変えて（100, 500, 1500ms）、1組4枚からなる顔写真の集団としての魅力度を、300msのブランクを挟んで継時比較させている。その結果、100msの呈示時間では、4枚とも魅力顔のセットと1枚だけ低魅力の顔が含まれたセットを弁別することはできず、正答率もチャンスレベルであった。呈示時間が短く、かつ、呈示された2組の違いが小さい場合には、集団の魅力度は区別が難しいということになる。小代らと同様、複数の顔の魅力度

を瞬時に並列的に処理することは困難であることを示す知見である。

　ところが，鑓水らの研究では，呈示時間が500msになると，魅力度の異なる集団を区別することができ，1500msになるとさらに正答率が上昇した。十分な時間が与えられると，集団全体の魅力度を判断することが可能だという結果である。記憶を介して個々の顔の魅力度が平均化できる可能性を示唆するものかもしれない。

　顔の魅力度評定に関する時間軸研究としては，系列効果の観点からも検討が行われている。近藤らは後続する顔の評価は先行する顔への評価に同化的に行われることを指摘し（Kondo, Takahashi, & Watanabe, 2012），さらに，刺激の性別が異なると，その効果は弱まることを報告している（近藤・新美・高橋・渡邊, 2011）。一方，Kenrick & Gutierres（1980）は魅力度の高い女優の出演するドラマを見ている最中に，平均的な魅力度をもつ女性を評定させると，対比的に低く評価されることを報告している。大濱・小野（2014）は，2名の顔を続けて見た後，振り返って評価する場合には，1枚目が好きな顔であれば，2枚目も好きな方向，すなわち同化方向に系列効果が生じるのに対し，2枚目が好きな顔の場合には，1枚目の評価は好きでない方向，つまり対比方向へバイアスがかかることを指摘している。彼らはこの結果を説明するにあたって，知覚プロセスにおける対比効果（魅力の差の拡大）と，反応プロセスにおける同化効果（直後の反応基準が直前の反応に接近）の2段階の過程の関与を提案している。

❖映像のクレショフ効果：表情理解の文脈効果

　文脈の中で呈示された顔写真は，魅力度に限らず意味も変容させることは，旧ソビエト連邦の映画作家レフ・クレショフが早くに指摘したことでもある。クレショフ効果（Kuleshov effect）と呼ばれるこの現象は，今では，映画編集の基本的な手法の1つであるが，心理学的な観点からすれば，時間軸における認知あるいは印象の変容として捉えることができる。

　もっともよく知られているクレショフの第3実験では，曖昧な表情の男性の顔の呈示前に，スープ皿，棺の中の遺体，カウチに横たわる女性の短い映像のいずれかを見せると（図8-2），直前に見せた映像によって，男性の表情が，それぞれ，空腹，悲痛，欲望として捉えられた，というものである。1つのショットあるいはカットは，文脈の中で意味が確定されることを示した映像実験であり，映像のプライミング効果と言えるだろう。

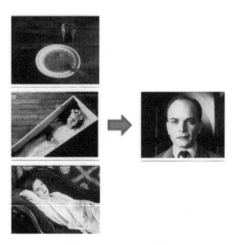

図 8-2　クレショフ効果

　鈴木（2003）はクレショフ効果を心理学実験として検証するため，呈示時間（事前呈示事物：7834ms，後続呈示顔：2000ms）や刺激サイズを統制し，SD 法を用いて人物写真に対する印象を求めるとともに，追加質問に対する自由記述を分析した。その結果，事前呈示の事物の違いに応じて，顔の「印象」が変わることを支持する結果を得ると共に，モノクローム映像の方がカラー映像より，この効果の大きいことを見出した。

　クレショフ効果に関しては，それが知覚の変容か，印象の変容か，あるいは，意味の推論（解釈）によるものか，さらには，判断の際に喚起した感情の影響によるものか，すなわち，知覚か印象か，推論か感情かといった問題が生じる。仮に印象の変化だとしても，その印象変化が知覚時点で発生したのか，推論に基づく解釈の時点で生起したのかという問題が残る。鈴木の研究では SD 法を用いたことから，一見，印象の変化を仮定しているように思われるが，クレショフ効果がモノクローム画像において大きかったことから，彼は瞬時の知覚や印象喚起においてではなく，動画像間の関係を能動的に推論して得た結果だと考えている。

8.3 絵画のマイクロジェネシス研究

❖絵画認知の形成過程

絵画を用いたマイクロジェネシス研究（8.1 参照）には，認知の形成過程に重きを置いた研究と，印象の形成過程に重きを置いた研究がある。最初に前者の例を紹介する。

Berlyne たちの古典的研究では，絵画と幾何学パターンを用い，50，500，5000ms の呈示時間で，複数の照合変数に対する評価を行ったところ，50ms の一瞥視においても，5 秒間の鑑賞と同じ弁別が可能であったという（Cupchik & Berlyne, 1979）。彼らはまた，短時間呈示においては統一性や規則性などの全体処理に優れ，長時間呈示では多様性や複雑性にも敏感になると指摘している。さらに，絵画の中の秩序や快不快あるいは緊張や覚醒は，呈示時間が長くなると変化するとも指摘している。この研究では，絵画の知覚形成過程に重点が置かれつつも，印象の生起時間についても議論が行われている。

知覚形成過程により特化した研究としては，Bachmann & Vipper（1983）の研究がある。彼らはキュビズムやリアリズムなど画風（スタイル）の異なる 6 種類の絵画を異なる呈示時間で評定させ，絵画の知覚は，無関心から関心へ，複雑から単純へ，カオス的から規則的へ，曖昧から正確へと，いずれも不確定性が減少する方向で深まっていくことを見出している。この結果は一般的な知覚の発達過程と同様であり，絵画鑑賞の印象あるいは理解の変容においても，未分化なものから分化したものへと発達していくことが示されている。

Augstin, Leder, Hutzler, & Carbon（2008）の研究も知覚・認知処理の観点から絵画の成立を時間軸において考察したものと言える。彼女たちは Bachmann らの指摘した画風の違いが，どのように描くか（スタイル）のみならず，何を描くか（コンテント）にも関係していると考えた。流派によって好んで取り上げられる画材が異なるからである。このため，4 名の画家の作品（スタイル）と 4 種のコンテント（木，花，家，人）を，スタイルとコンテントが同じ，スタイルが同じ，コンテントが同じ，スタイルとコンテントのいずれもが違うという 4 つの組み合わせで対呈示し，絵画の類似度判断を求めた。絵画の呈示時間は，彼女たちの説明によると，物体の分類ができる最小時間の 10ms，物体認知が特徴検出より勝る 50ms，サッケード前後の 200ms，高次処

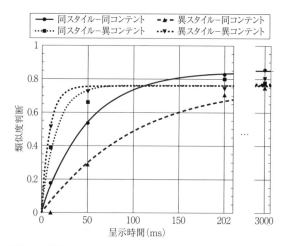

図 8-3 絵画のコンテントとスタイルの類似度判断に要する時間（Augstin, Leder, Hutzler, & Carbon, 2008）

理が可能になる3秒の4種類であった。その結果，コンテントの異同判断は10msあれば区別できるが，スタイルの異同判断は50msで有意傾向となり，その後，次第に判断が正確になることが示された。この結果から，彼女たちはコンテント（対象）の区別はスタイル（画風）の区別に先立つと述べている（図8-3）。

さらに，Augstinらは後続研究において（Augstin, Defranceschi, Fucks, Carbon, & Hutzler, 2011），画風（スタイル）の情報は内容（コンテント）の情報よりも，40-94ms遅れて，224msあたりで利用可能になることを指摘している。また，この結果について，コンテント（物体）の知覚は一般的なものなので日常での経験に基づいて判断できるが，絵画の流派は特殊な知識であり，処理に時間を要するからだと考察している。ただし，スタイルの処理が遅れるとはいえ，眼球運動以前の一瞥視で判断できることを示した結果と言うこともでき，複雑な刺激に対し，短時間で多様な情報の処理が可能であることを示したものでもある。ただし，すばやい判断を課題として求めた実験室での実験結果を，絵画鑑賞時の作品の見方に直接当てはめることは慎重を要するだろう。

❖絵画印象の形成過程

一方，印象の喚起時間に特化した研究として，Wagemans, Verhavert, & Augustin（2014）の実験がある。彼らは，10，20，30，40，50，100，500ms および無制限の長さにおいて絵画を呈示し，美的，特別な（special），印象的（impressive）の3つの観点から7段階の評価を行わせた。3つの観点における評定結果を，呈示時間を変数に相関を取った結果，美的と特別なは30ms以降で相関し，100msで飽和し，短時間で形成される印象であることが示された。一方，印象的かどうかに関しては，これより遅れて惹起し，長い時間を経て安定に達した。彼らは印象的という評価がより複雑であるからだと指摘している。

この研究に先立ち，三浦の研究室では風景画を用いたマイクロジェネシス研究を行い，単純な（複雑な）や静かな（にぎやかな）といった，主に知覚判断に基づく印象については30msで可能となるのに対し，美しさは300ms，さらに好みなどの複合的な評価判断はそれ以上かかるとするデータを出している（Wang & Miura, 2008）。しかし，その後の研究で処理時間や順序は絵画の種類やセット（風景画のみ，多様な種類の絵画など）によっても変わり，確定的なデータとは言えなかった。顔の魅力判断や景観認知と異なり，刺激の統制が難しいことに加え，絵画（ファインアート）の評価は日常生活に直結するものでもないので，進化論的根拠も乏しい。さらに，評価者の関心や知識にも依存する。明快な結果を出すのは難しいのかもしれない。

評価者の専門性に関しては，呈示時間を変数に，絵画の典型性も観点に入れて，好みへの影響を調べた研究が行われている（Neuhauser & Carbon, 2010）。すなわち，典型性の異なるキュビズムとシュールレアリズムの絵画を用い，10，30，50，70msの呈示時間でそれらを呈示し，好みについて尋ねると，非専門家においては，コンテンツとスタイルのどちらに関しても10ms後から典型性の影響が現れ，50msまでその影響は及び，さらにコンテンツの典型性に伴い好みが微増したが，専門家ではいずれの典型性の影響も見られなかったという。

Bachmann & Vipper（1983）はこれらの研究よりも長い呈示時間で，絵画に対する印象研究を行っている。彼らは1秒から5秒まで鑑賞時間を増やし，ゴッホの絵画に対する親近性や好みを調べたが，鑑賞時間の影響がなかったと述べ，芸術作品の多様な次元はすばやく入手されることを指摘している。この指摘に対しLederらは，そうだとしても絵画鑑賞において美的経験を獲得するには，十分な処理時間が必要だと述べている（Leder, Belke, Oeberst, & Augstin,

2004)。当然のことながら，描かれたモチーフを速く認知することが絵画鑑賞のすべてではない。

　なお，一川ら（Ichikawa & Motoki, 2014）は自然画像を 50，250，500ms 呈示して好ましさの評価を行わせたところ，呈示時間が短いときは，左に構図の重心のある方が好まれ，呈示時間が長いときは，右にある方が好まれるという結果を報告している。画像処理におけるラテラリティと利き手による処理流暢性の両方の関与が示唆される（3.7 参照）。

8.4　絵画鑑賞の時間特性

❖絵画鑑賞時の眼球運動

　呈示時間による印象評価に関しては，眼球運動から接近した研究もある。Locher, Krupinski, Mello-Thoms, & Nodine（2007）は有名な芸術家による絵画に対し，100ms あれば絵画の構造と全体的な印象，たとえば表現対象，リアルさ，美しさ，スタイルやフォルムなどについて記述することができ，2 秒まで鑑賞すれば，記述全体の 41% を語ることができ，7 秒まで呈示すると，記述の 98% が語られることを報告している。また，眼球運動においては，3 秒までに視野の 2，3 割が知覚され，7 秒になるとさらに微増するがその増加量は統計的に有意ではなく，無制限に観察した場合でも全体の 54% は見ていないことを指摘している。この結果は一見，十分な鑑賞時間が与えられても，不十分な情報しか入手しないことを示す結果のようにも見えるが，画像内での情報量の偏りや，鑑賞者の有効視野の広さを考慮すれば，むしろ，妥当な結果だと思われる。なお，彼らの研究では，一枚の絵画に対する平均鑑賞時間は 32.5 秒であった。これはメトロポリタン美術館の来館者が一作品当たりに要する鑑賞時間が約 30 秒であること（Smith & Smith, 2001, 2003）と一致する。

❖タイトルの呈示時間と絵画の理解

　呈示時間を変数に絵画の印象を検討した実験には，タイトルの効果を調べた研究もある。絵画のタイトルは絵画の理解を助けたり，イメージを膨らませるのに寄与したり，逆に裏切ったりするのにも役立つが，Leder, Carbon, & Ripsas（2006）は，短い呈示時間（1 秒）では，記述的な表題（たとえば，「坂の上の馬」，「明暗の中を走る色」）の方が凝った表題（たとえば，「熱望」，「涙」）よ

り絵画の理解を促進させ，中程度の呈示時間（10秒）では逆に，凝った表題の方が記述的な表題よりも理解を促進させることを指摘している。彼らはこの結果から，記述的説明を越えて意味の理解にまで至るには約10秒の時間が必要なのではないかと述べている。ただし，タイトルを長く呈示すると（90秒），凝った表題は抽象画の理解を高めるものの，評価には影響を与えず，具象画ではいずれへの影響もなかったという。一枚の絵画に対する平均鑑賞時間（30秒）からも，この結果は予想されるものではある。

❖脳科学による美的評価の時間的検討

　短時間内での絵画の美的評価を検討した脳科学的研究に言及しておこう。Munar, Rossello, Flexas, & Cela（2010）はMEG（Magnetoencephalography, 脳磁図）を用い，人物画以外の絵画400枚を見せて，美醜判断は300msから400msの間に行われていることを指摘した。同じくMEGを用いたCela-Conde et al.（2004）の研究でも，絵画や写真を美しいと判断した際には，400msから1秒の遅い潜時で，左脳の背外側前頭前野（DLPFC）に活性化が示されると述べている。事象関連電位を用いた藤村・杉尾・朝倉（2009）の研究でも，単純なマークデザインに対し，このマークが宣伝に有効かどうかの判断は200-500msで終了するのに対し，美しいかどうかの判断は500-700msまで持続して行われることを指摘している。さらに，辻井ら（2005）も事象関連電位を用い，水彩画かパステル画かという形式判断は200msで後頭葉に陽性反応が現れるが，好き嫌い判断では，300-600msになって右半球前頭葉で陰性反応が現れるとしている。したがって，美醜判断は物体や景観の認知に比べて，比較的時間を要することが示唆される。

　一方で，美的判断に関しては刺激呈示から300-400ms後に脳反応が見られるが，知覚判断である対称性判断に関しては600-1100msに反応が見られることを指摘する研究もある（Höfel & Jacobsen, 2007）。美的判断の反応時間については，これまでに示した研究と対応するが，知覚判断が美的判断よりも時間を要することを示すもので，従来の知見とは逆の結果となっている。対称性判断は情報量の観点（2.1, 2.2参照）からも進化論的な観点（2.5参照）からも，負荷の低い刺激だとされており，もっと速い反応が見られてもよさそうなものである。彼らの用いた刺激図形が複雑もしくは変化が微細だからかもしれない（図8-4）。

図8-4 対称性判断と美的判断に用いられた刺激の一部 (Höfel & Jacobsen, 2007)

Höfel & Jacobson (2007) はまた，観察するだけの条件と美的評価を課題として課す場合では，後期陽性成分に違いが見られるとも報じている。すなわち，美しさの評価にはそれを自発的に感じる場合と意図的に判断を行う場合で別の過程が関わっていて，後者にはより遅い脳活動が関与していると考えられる（6.5参照）。

8.5 選好注視と視線のカスケード現象

嗜好判断が「いつ」下されるのかに関し，眼球運動に注目して検討した研究もある。複数の対象を比較しながら好みのものを選ぶ際には，選好する刺激に対し頻繁に視線を向けることが知られており，選好注視（preferential looking）と呼ばれている。下條らは選択に先立つ視線方向を分析し，判断を下す前に，注視方向に偏りが生じていることを見出した（Shimojo, Simion, Shimojo, & Scheier, 2003）。

彼らは左右に並んだ顔写真のどちらが魅力的かを判断している際の参加者の注視点を分析し，刺激が呈示された当初は写真をほぼ50％ずつの割合で見比べるが，その後，片方の顔写真を見る確率が次第に増加し（視線のカスケード現象：gaze cascade effect），80％を越えたところで，長く見た顔写真をより魅力的だと判断してキーを押すことを見出した。この結果は，視線移動という身体反応が，どちらが魅力的かという意識的判断に先立ち，好ましく思う方をす

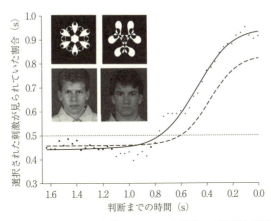

図 8-5 　選好反応における視線のカスケード現象。刺激例と実験結果。
実線は幾何学図形，破線は顔画像（Shimojo et al., 2003）

でに選択している，とも言えるものである。先行時間は条件によって多少異なるものの，意識的判断に先立つ 60-80ms 前であった。

　下條らの研究によると，この視線のカスケード現象は，顔の魅力度が明らかに違って一目で判断できる場合でも，逆に差が少なく判断の難しい場合でも同様に示されるという。また，すでに見た対刺激を呈示し，参加者は見比べることなく過去の判断に基づいて判断したと思った場合でも，やはり視線のカスケード現象が現れた。さらに，顔の好みによらず，複雑な幾何学模様でも生じ（図 8-5），また，目をつぶって好みの布地を触って判断させた場合にも，より多く触れた布地を選好することが示された。したがって，視覚に限らず触覚による選好でも，同様のカスケード現象が現れることが示唆される。

　ただし，このカスケード現象は丸顔かどうかといった客観的な判断をさせた場合や，好みではない顔を選択させた場合には生じず，「好ましいもの」を選好する際に特有の反応だという。そうだとすれば，嫌いな対象を判断することは，好きな対象を判断することとは違うプロセスである可能性も示唆される（Kawabata & Zeki, 2004; 3.1, 第 6 章参照）。しかし，その後の研究では，嫌いな対象を選択する場合や類似性判断課題でもカスケード効果が見られることを指摘する研究も現れた（Galaholt & Reingold, 2009; 斎藤・大谷・金城, 2015）。カスケード効果が判断一般に関連する現象かどうか，さらなる研究が必要だろう。

なお，下條らによると，注視時間の長さを参加者に気づかれずにコントロールすることで，選好判断を意図的に偏らせることもできたという。片方の顔写真を900ms，もう片方を300msで左右の位置に交互に呈示し，刺激を視線で追うように教示し，最後に左右に同時呈示された2つの顔のより魅力的に思った方を選択させた。その結果，参加者は長時間呈示され，したがって，より長く見ていた顔を好ましいと判断する確率が60％近くに上った。同じ手続きで視線を動かさないように教示すると，この効果は消失した。したがって，この選択行動の偏りは単純接触効果（3.3参照）では説明できず，自発的に視線を移動させて対象を注視するという身体的な動きを必要とすると考えられる。なお，この研究では，なぜそちらを選択したかという事後の質問に対して参加者は，ブロンドが好きだからなどの理由づけを行ったという。自らの好みが実験者によってコントロールされていたにも関わらず，後づけ的に理由を付すことができるのは，認知的不協和の解消に関係しているのだろうか。

8.6　比較的長い時間軸での印象の形成と変容 ……………………………

❖絵画の単純接触効果

単純接触効果に関しては，数多くの研究が行われてきているが（3.3参照），それらの結果のメタ分析を行ったBornstein (1989) によると，絵画や素描などにおいては，単純接触効果は見られないという。作品に対するもともとの好みや，知識や刺激の複雑さの影響もあって，実験室での繰り返し呈示程度では親近性に影響しないことが考えられる。ただし，すでに述べたように（3.3参照），これに反する結果（Zajonc, Shaver, Tavris, & Van Kreveld, 1972; Temme, 1984）も提出されている。

こうした矛盾する結果に対し，Leder (2001) は熟知度の観点から検討を行っている。彼はゴッホの描いた54枚の絵を1秒間呈示し，それぞれの絵の好みの程度を尋ねたあと，「全く知らない」から「大変よく知っている」までを評定させた。その結果，約半数の参加者において，好みと熟知度に相関が見られた。ゴッホの絵が好きでない群においてこの相関が高かったことから，絵画に積極的な態度をもっていない群では，単純接触効果が好みに影響することを指摘している。

また，Lederらは，同じ絵でもゴッホの贋作もしくはゴッホ以外の作品と伝

8.6 比較的長い時間軸での印象の形成と変容　　　　　205

図 8-6　カッティングが用いた刺激例。左：オルセー美術館のルノアール，右：カイユボット・コレクションのルノアール

えた場合や，鑑賞時間が長い場合には（5秒呈示），好みと熟知度の相関は低下することを見出し，熟知度と好みとの関係は，知識によって変化する，とも考察している。

　一方，Cutting（2003）は，大がかりかつユニークな手法で，絵画の好みに単純接触効果が関与している可能性を指摘した。彼は19世紀の印象派絵画のコレクター，グスタフ・カイユボットのコレクションが，それ以外のコレクションよりも優れているのかどうかという関心から，コーネル大学の学生にコレクションの作品と，それと同時代に描かれた同一作家の同一テーマの作品を対呈示し（8秒間，132作品；図8-6），いずれが好きかおよび知っているかを尋ねた。彼はまた，参加者に美術館への訪問回数，美術コースの選択の有無など，絵画への関心や知識に関する質問を行った。一方で，コーネル大学の13の図書館に所蔵されている関連本約6000冊に引用されている使用画像の出現頻度と，オンライン上での情報（AmazonやGoogle）における使用画像ならびに制作者の出現頻度を調べた。

　これらの結果を総合的に判断したところ，カイユボットコレクションが，それ以外の印象派の絵よりも好まれる傾向は示されず，また，絵画の複雑性，典型性，用いられている色によっても好みが左右されることはなかった。さらに，美術館への訪問や美術の授業などの参加者の関心や知識も影響することはなかった。唯一，有意差が現れたのは画像の流通量，つまり，日常的な接触頻度であった。すなわち，その絵に接する機会が多い可能性が高い絵ほど，好ましく判定された。ただし，参加者に12-84日の期間で，接触頻度の少ない絵を多い

絵の4倍の頻度で間歇的に呈示すると，情報の流通量の効果は消失したことから，彼は実験室でのスライド呈示による単純接触効果が，日常的な単純接触効果を打ち消すことも指摘している。一方で，子供（6-9歳）を対象に同様の実験を行ったところ，絵画の好みは接触頻度に依存せず，明るい絵を好む傾向が示されたという。子供においては単純接触効果による親近性よりも，新奇性の方が重要なのだと彼は指摘している。もっとも，子どもは大人ほどには特定の絵画に接していないため，日常における単純接触効果が十分に形成されていなかった可能性もある。

　Cuttingの研究においては，もとより好まれやすい作品が展覧会や本などに現れる可能性が高いことについては言及していない。もっとも，その可能性があったとしても，多様な媒体で日常的に呈示される大量の情報が評価者の判断に影響を与え，彼の言葉を借りれば，将来の芸術的な「カノン」，すなわち，文化形成に関与していくことは十分に考えられる。潜在教育の場としての日常での経験が，感性あるいは文化の形成に大きな影響を与えることは久（1988）や羅たち（Luo & Miura, 2015）の研究においても示唆されている（3.13，8.6参照）。

❖流行あるいはロングスパンでの嗜好の変化

　形状の美しさや好みについて，普遍的な特徴や法則を求めようとして，黄金比や対称性，フラクタル係数やゆらぎ，ランダムネスなど，多様な物理特性を変数とする検証が行われてきた（第1章，第2章）。しかし，日常生活における美的判断においては，スカート丈やジャケットの肩幅，色彩などに見られるように，時代とともに好まれる特徴は変化する。そうした特徴は流行っているときは美しく思われるが，時期を過ぎると滑稽に見える場合すらある。まさに，美や好みは時間軸によって変容する。

　Carbon（2010）は，人は一般に直線よりも曲線を好む傾向があると指摘する研究（Bar & Neta, 2006）に対し，乗用車を対象に，年代ごとの車体の曲率を調べ，好ましさの評定値が流通している時代の形状判断と重なることを指摘した。すなわち，曲線的な車のデザインが多数を占める現在においては，曲線的な形状をもつ車への評価が高くなり，Barたちが指摘したような曲率の高い形状が好まれる結果に一致するものとなる。しかし，それだけでは，直線的なデザインが好まれた時代があったことを説明できないというのである。

8.6 比較的長い時間軸での印象の形成と変容

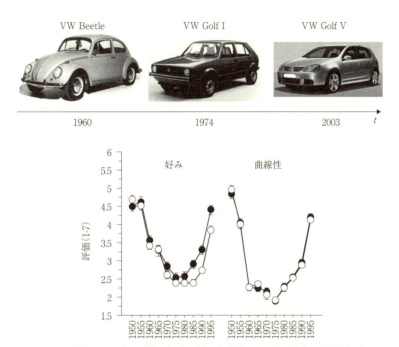

図 8-7 時代による車の形状（上），好みと曲率における順応の効果（下）。
○順応前の評価，●順応後の評価（Carbon, 2010 に基づき作成）

　彼らは革新的，未来的な車の自動車の画像や過去の角張ったデザインの車に順応させると，最近の曲線的な形状が魅力を失うことから，曲線性が好みを規定する重要な要因ではないと指摘した（図8-7）。このことは，人は曲線を好むという一般論だけでなく，その時代にその形状をどれだけ目にしているかという単純接触効果の影響も受けることを示している。特定の形状が溢れ過ぎて新鮮味がなくなり，商品の差異化が求められようになると，新奇性に舵が切られ，モデルチェンジが繰り返されることになる。
　こうした流行の波を考慮すると，たとえ，曲線的な形状に対し，進化論的な根拠をもって親近性，嗜好性が指摘されたとしても，また，物理特性によって好みが規定できると思われた場合でも，飽きや，人との違いを求める社会的欲求から，新奇性を求める社会文化的な基盤についても念頭に置いておく必要があると言えるだろう。Fechnerの黄金比研究を追試し結果が再現されなかった際に，Hogeはこの結果は「時代によって好みが替わったとしか考えようがな

い」と指摘した（1.3参照）。美感や好みについての研究は，長期に渡る時間軸も視野に入れておく必要がある。

❖文化という経験効果

　どのような刺激に出会うかは，時代のみならず，地域や風土にも依存する。そして，どのような時空間的環境で育つかは，感性判断の基準形成に関わってくる。流行よりも長い時間で形成されるそうした偏りは，文化ということでもあるのだろう。

　これに関連して，羅ら（Luo & Miura, 2015）は日本人と中国人を対象に，日本と中国の歴史的建造物の写真を刺激に用い，SD法による印象評価を行って，参加者と建物の組み合わせで比較を行った。その結果，いずれの文化においても，また，いずれの国の歴史的建造物においても，類似した印象を与える建物は，壮大で著名な建造物と，小さくて無名の建造物に分かれた。このうち，比較的小さな建造物に対しては日本人も中国人も，また，日本の建造物に対しても中国の建造物に対しても，評価差は見られなかったが，壮大で著名な建物に対しては，日本人と中国人で評価が分かれた。中国人は中国の著名な建物に対し，より親近感を示し，肯定的評価を下す一方，日本人は日本の著名な建物に対し，親近感を示し，肯定的評価を下した（図8-8）。羅らは，より文化に特化した特徴を含む歴史的建造物に対しては，それに接した体験が大きく影響すると考察している。より単純に，接触頻度の高い対象を好意的に評価するという観点から説明することも可能だろう。どのような文化的，風土的環境で育ってきたかは（3.13参照），単純接触効果に対する大規模実験だと考えることもできる。文化は美感形成の結果であるとともに，美感研究の時間軸における方法論の1つでもあるだろう。

8.6 比較的長い時間軸での印象の形成と変容

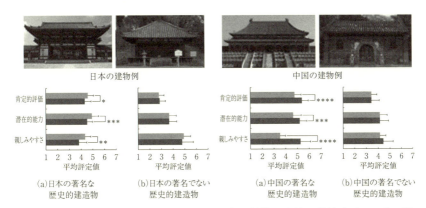

図 8-8 日本と中国の歴史的建造物に対する評価。刺激例（上），結果（下）：日本の建物（左）と中国の建物（右）に対する日本人学生（灰）と中国人留学生（黒）の評価（Luo & Miura, 2015 に基づき作成）

おわりに

KM　この本の特徴の1つは，単純化すれば知覚心理学，認知心理学，神経美学という異なる研究基盤をもつ三名の研究者が，同じテーマを繰り返し取り扱っている点にあると思っています。そのことを「はじめに」において，アメリカの実験美学者 Cutting が使った「カノン」という音楽用語で表現してみたのですが，たとえば黄金比を例にとると，第1章では Fechner 以来の研究や最近の追試が語られています。一方，第4章では具体的な対象やデザインとして採用された例が挙げられています。第5章では神経美学での研究例が紹介されています。読者は異なる立場の研究に触れることができ，重点の置き方の違いを感じることもできると思います。同じようなカノンは，さまざまなところに現れています。

KY　「カノン」という表現は的を射ていると思います。それを1冊の書籍としてまとめるために，第1章「美感とは何か」では，美感について，aesthetic science という新しい実証科学の訳として「美感」をあてるという説明から本書が始まっています。美しさに限らず，魅力や不快感なども射程に入れることで，多様な研究群を取り上げました。このような取り上げ方は独特だと思うのですが，お二人はあらためてどのように感じておられますか？

KM　実験心理学や比較行動学では伝統的に，よさや美しさ，かわいらしさなどのポジティブ印象を扱ってきました。一方で，不快感や気持ち悪さなどのネガティブ印象や感情はあまり取り扱ってきませんでした。認知心理学や神経美学の進展に伴って，そうした負の側面も積極的に取り上げられるようになり，この本では，両方の印象や感情，また，両者が混じり合った魅力などを取り上げようとしたところ，それに該当する分かりやすい日本語がなかった。つまり，さまざまな印象評価や感情をひとくくりで表せる言葉がなかった。そこで，横澤先生から「美感」という言葉の提案をいただいたわけですが，この言葉だと，美しさといったポジティブ評価のみを対象とするような誤解を与えかねないので，そうではないことを示す必要がありました。

KY このような問題提起もいただき，再考してみたのですが，あまりネガティブな感情を強調した命名も，ここで取り扱いたい全貌を誤解されてしまうような気がしていました。

KM 確かにそうですね。結果的によかったと思っています。それと，「美感」という言葉には，aesthetic science の一端という位置づけも持っているということも説明しておきたいと思いました。aesthetic は語源的には「知覚」や「感覚」の意味をもつ言葉ですが，伝統的に美的とか審美的と訳されてきました。近年，哲学の領域でも，美学（Aesthetics）を感覚学とか感性学と言い換える流れがあるのですが，心理学では，感覚や感性はすでに別の意味で使われていて，ここで扱う内容を示すには適当ではない。といって，この本では単に何が美しいかという表面的なデータにとどまらず，その背後にある知覚や認知のメカニズムやプロセスを考える立場から書いていることを示したいと思ったので，アイステーシスにまで遡って説明してみました。

KY 結果的には，歴史的経緯と隣接分野との差異などを明確にしていただいたように感じています。

KM これまでこうした領域に対応する言葉がなかったということは，研究領域が明確に存在していなかったともいえるわけで，今回，統合的認知とか包括的知覚といった観点で，「美感」を取り上げることで，研究領域の明確化や枠組みを与えた点でも，意義があったように思います。用語として定着するかどうかはこれからですが。

HK 今回の執筆では十分にまとめることができませんでしたが，神経美学についても，神経生物学や神経科学を背景としている研究者と心理学を背景としている研究者がいるので，実は研究の枠組みや問題意識が異なり，扱っている概念や最近の研究展開の方向性は異なっているように思います。神経系の研究者の目的はやはり「脳」を理解することなので，これまでの実験美学的なアプローチについてはほとんど知らないという方も多いですね。今回，「美感」という用語によって，従来の心理学的アプローチから神経科学的アプローチまで包括的に捉えることができたことは有意義でした。

KY 第2章「対象からのアプローチ」と第3章「主体からのアプローチ」は，対をなす章ですが，従来の心理物理学，ゲシュタルト心理学，行動主義心理学，生態学的心理学，認知心理学など，これまでの心理学の流れの中で，本書で扱うような美感に関わる研究が行われてきた歴史が明らかになりました。

心理学において，これまでも美もしくは美しさを実証的に扱ってきたとしても，美感に関する個人差，文化差をどのように扱うかは難しい問題だったはずですよね。

KM　美しさやよさの実証研究は，基本的には，普遍性を見出そうとして行われてきたと思うのです。一方，好みや面白さについては，「蓼食う虫も好きずき」と言うように，個人差や文化差，時代差があるのも事実です。個人差や文化差には，個人の経験や記憶，関心や流通量（接触頻度）が大きく関わってきますが，そうした心の働きや影響に関して積極的に考察してきたのは認知心理学や経験主義の知覚心理学だったと思います。その意味で，普遍性と個人差を考える上では，知覚心理学や認知心理学の発想や知見がヒントになるのではないかと思っています。従来の性格心理学からの個人差とは異なる指摘ができるのではないかと思います。

　　個人差と普遍性という話題については，川畑先生と Zeki 先生の研究において，何を美しいと思うかはそれぞれ人によって異なるけれども，美しく感じる際に反応する脳の部位は共通している，というのは面白いと思います。

HK　私たちの試みは美感の脳神経科学的基盤の理解だったので，当時は美的経験の個人差や好みの違いは当然ながら前提としながらも，その共通メカニズムとしての脳の働きを捉えるという問題意識がありました。問題の出発点としてはたとえばカント哲学的なものが挙げられます。「この薔薇が美しい」というときに感じ方は人それぞれの主観的経験に異なるけれども，他人もまた美しいと感じているに違いないとするときに，その普遍的妥当性や条件とは何か，という問題を，美的判断と相関する特定の脳の活動性を示すことで，その部分が活動が強くなっていることが美的判断の条件だということで答えたかったという論理がそこにあったわけです。ただ今では，私個人としては，美感の個人差，程度の個人差や個人内でのばらつきの個人差，さらには文化差の問題にとても惹かれています。その点で色や形の選好というのは，個人差の問題にアプローチできる格好の材料かと思っています。

KY　第4章「色と形の嗜好」では，美感というより，好悪の感情を扱っています。好悪の感情も美感を形成する要因になることが他の章でも触れられています。ただ，なぜそのような感情が生まれるのかを行動実験から実証的に示す試みは，結局のところ脳内の知識ネットワークとの関係を明らかにすることになるので，神経美学とも親和性が高いのではないかと思っていますが，

いかがでしょう。

HK　とても関心があります。好悪の感情の問題の捉え方には，2つの側面が
　　　あるように思います。1つは生物学的な接近回避行動を促したり制御したり
　　　するもので，進化的基盤を持ち，個人差が比較的小さいものかと思います。
　　　脳の働きとの対応では，たとえば扁桃体や線条体の働きと関係があります。
　　　もう1つは，経験によって獲得され，脳の知識ネットワークとの関係が想
　　　定されますね。もともと私は知覚発達の研究から心理学のキャリアをスター
　　　トさせましたので，発達的側面としての「色と形の嗜好」に興味を持ってい
　　　ます。今2歳の娘がいますが，様々な色や形の名前を取り憑かれたように
　　　連呼しています。

KM　美感というと，知識や知性の問題ではなく，感性とか感情の問題だとい
　　　う風に，「知」と「感」を二分して捉える方がおられます。そうではなく，
　　　知性も感性の一部とも捉えられるし，感性判断のかなりの部分は知識に基づ
　　　いている。もちろん，本能や既存の知識以外のものに基づく判断や表現もあ
　　　るのですが，いずれにしても「知」と「感」を対立するものとして捉える必
　　　要はない。一方，発達に関していえば，この本では「美感の発達」として1
　　　章にまとめることはしませんでしたが，複数の章で発達研究が紹介されてい
　　　ます。知覚や知性の発達研究なみに，美感の発達研究に関しても整理が進む
　　　と，「知」と「感」の関係性というか，トータルとしての人間の発達がより
　　　明らかになると思います。

KY　第5章「対人魅力と美感」では，対人魅力という，見るものの主観的意
　　　識の中にこそ存在する美を扱う章になっていますが，その一方「美しさ」と
　　　「かわいさ」を明確に区別しているように思います。赤ちゃんはかわいいの
　　　であって，美しさとは異なるというのが一般的にはわかりやすい例となるで
　　　しょうか。このとき，「魅力」というのは両者に当てはまる指標となるので
　　　すが，この「魅力」と「美感」の関係について，どのように考えればよいの
　　　でしょうか？

KM　個人的には「魅力」は背反感情を伴う印象や感情ではないかと思ってい
　　　ます。美しいけれど怖いとか，怖いけど見たい，あるいは，かわいいけれど
　　　不気味とか，不快だけれど惹きつけられる，といった矛盾する感情が並存し
　　　ている場合を言うのではないかと思うのです。ポジティブな側面とネガティ
　　　ブな側面が同時に存在する，もしくはその結果，制御しがたい圧倒的な力が

生まれる，魅力とはそういうものではないかと思っています。

　その点で面白いのが，川畑先生と Zeki 先生の研究で，美しさと醜さを感じる領域が異なるという指摘です。同じ領域が正と負の反応をとるのではなく，異なる領域で正と負を感じるという点です。ポジティブな評価をしつつ，逃げだしたいという場合，異なる脳内部位（前頭眼窩野と運動野）が同時に働くのでしょうか？　それとも，統合した形で，前頭眼窩野だけに反応が現れるのでしょうか？

HK　現代アートをはじめとして，美と醜とが同居するような経験はよくあることですよね。この問題について明らかにしようとしたのが，経頭蓋直流刺激法（tDCS）を用いた研究でした。抽象画のセットを評価した後，tDCS で前頭前野と運動野を刺激して，再び絵画を評価させました。そのとき，前頭部の活動性を促進するようにした群と抑制した群と，プラシーボの群とでどのように評価が変化するかを捉えたのですが，美しさと醜さをべつの次元で評価させたのです。そうすると，前頭部を抑制的にした場合に，美しさの評価が低下して，醜さの評価には影響がないことが示されました。つまり，美と醜とは独立したメカニズムではないかと想定されるのではないかと思います。

KM　面白いですね。美醜以外の美感についても，心理学的研究と脳科学的研究の連携で理解がさらに深まるといいですね。

KY　第6章「美感の神経美学的基礎」では，産声をあげたばかりの分野という説明がありますが，すでに非常に大きな進展があったことが明らかですね。そこで，あらためて確認してみたいのですが，行動指標として様々な美的評価基準があったとして，それら複数の指標，たとえば「美しさ」，「かわいさ」，「魅力的」と共起する重要な脳部位1つだけあったとすると，実はその部位単独での寄与でそれぞれの美的評価基準が決まっているわけではないこと，すなわち統合的認知によって我々の美感が形成されていることを示していることになるのでしょうか？

HK　報酬系という脳内ネットワークの中でも何をどのように評価するかで活動の場所は異なっています。単独部位での寄与は必要条件の1つに過ぎず，やはりネットワーク中の様々な活動の統合的働きが重要になるということだと思います。

KM　基本的なことになるのですが，脳科学のデータを見る際には，「どこが」

といった部位の結果に注目するだけではなく，そのデータがどういう方法論や課題に基づいて得られたかにも注意を向けてほしいと思います．たとえば，美と醜のfMRI研究では，美にも醜にも反応した部位は相殺されて，反応部位として現れてこないとか，刺激を見て美しいなと感じている場合と，美しいかどうかを判断させた場合では，反応する脳部位が違ってくるとか．ネットワークという観点からは，時間軸にも注目してほしいですね．

KY　第7章「美感と脳機能障害」では，鑑賞者側と表現者側における美感の問題を明らかにしていただいたように思うのですが，健常者に対してももっと鑑賞者側と表現者側それぞれに立ってみて研究を進めるべきでしょうか？

HK　そう思います．ただ表現者研究は非常に少ないですね．創造性研究についても認知的創造性，特に創造的思考については研究は多いですが，芸術的創造性についてはこれからの研究だと思います．特に脳研究は数少ないという印象です．

KM　心理学的研究に限って言えば，方法論の問題もあるように思います．鑑賞者の「印象」や「評価」を定量的に測定したり，分析したりする方法論はかなり確立されていますが，「表現」を分析する方法論はまだまだ少なかったり，未熟だったりする．また，表現者側に立った場合，制作の意図や制作者の技術，選んだスタイルや媒体など，多様な視点が関わってくるかもしれません．何を明らかにしたいか，そのためには何を取り上げるべきかを，研究者が明確にして，的確なアプローチをとる必要があります．

KY　第8章「美感研究の時間軸」では，注意やジスト，感情プライミング，単純接触効果など，従来の認知心理学で扱ってきた研究例が数多く紹介されていますが，それらの現象と時間軸を揃えながら美感を検討することの重要性について，どのように考えればよいでしょう．これからも，知覚，注意，記憶など認知心理学における典型的な機能とそれぞれ関連付けて美感を多面的に検討していくことになるのでしょうか？

KM　美感研究と従来の知覚や注意，記憶といった基礎研究——こちらは膨大な知見があるわけですが——をつなげるには，「時間軸」は1つの切り口になると思っています．美感の心的過程あるいは脳内過程を考えようとすれば，時間軸は必然的に入ってくると思うのです．

　　もともと，美感の時間軸に興味をもったきっかけの1つは，快さや美しさ，好みといった多様な印象が，異なる時間軸で発現することを示唆するデータ

を得たことでした。そのことは，個々の美感の発生機序を考えるヒントになるかなと。ただし，直列的な処理モデルだけで理解しようとするのは危ない。処理は並列的にも進むし，再帰的なプロセスもあるでしょう。また，超短時間から長時間までさまざまな時間のスパンが関与するので，そうした点は留意しておく必要があるでしょう。

HK　私の共同研究者でもありますがウィーン大学の Leder 教授は，美感に関する認知的プロセスモデルを示し，よく引用されています。彼のモデルもそうですが，この数年でかなりのプロセスモデルが様々な研究者から示されてくるようになりましたね。脳内過程を想定したモデルも紹介されてきています。プロセスモデルが示すのは，時間軸上での心的過程としての美感であり，また様々な要因を包括した統合的認知としての美感だと思います。様々なエビデンスを事細かく対応付けることが求められますが，実験室場面から日常場面までに適用可能なモデルを日本発で示したいですね。

KM　本書では第3章でも Leder のモデルをごく簡単に紹介しましたが，このモデルはこれまでに輩出されてきた多様な知見を，時間軸を入れることで，うまく整理していると思いました。ただ，人の脳の中で実際にそういう過程を経て反応が行われているかについては今後の吟味が必要です。先ほど話題に出た知識ネットワークとの関係も，その中で検討されていくと思います。したがって，最終的なモデルは，美感のモデルというより，人の心の活動全般を説明できるモデルになるのではないでしょうか。出発点は美感であっても，1つの統合的な認知モデルになると思います。ただ，そのモデルが認知心理学の勃興期に示されたようなボックスモデルを精緻化しただけのものだとつまらない。人の論理のあり方を整理したものではなく，実際に人が行っていることを反映したモデルになってほしいです。

KY　本書が，美感というキーワードを元に，感と知が統合された，人の心の活動全般の精緻な認知モデルへ繋がるきっかけになってほしいと願っています。

引用文献

はじめに

Carbon, C. C. (2010). The cycle of preference: Long-term dynamics of aesthetic appreciation. *Acta Psychologica*, **134**, 233-244.

Casasanto, D. (2009). Embodiment of abstract concepts: Good and bad in right- and left-handers. *Journal of Experimental Psychology: General*, **138**, 351-367.

Cutting, J. E. (2003). Custave Caillebotte, French impressionism, and mere exposure. *Psychonomic Bulletin & Review*, **10**, 319-343.

Darwin, C. (1871). *The Descent of Man, and Selection in Relation to Sex*. Princeton: Prinston University. (ダーウィン, チャールズ 長谷川真理子 (訳) (1999-2000). ダーウィン著作集1・2 人間の進化と性淘汰I・II 文一総合出版)

Höge, H. (1997). The golden section hypothesis: Its last funeral. *Empirical Studies of Arts*, **15**, 233-255.

今道友信 (1969). 美学と芸術理論 桑原武夫・加藤周一 (編) 岩波講座哲学14 芸術 (pp. 1-17) 岩波書店

今村純子 (2010). シモーヌ・ヴェイユの詩学 慶應義塾大学出版会

Kant, I. (1790). *Kritik der Urteilskraft*, Hamburg: Meiner. (カント, I. 牧野英司 (訳) (1999-2000). 判断力批判 (上) (下), カント全集8・9 岩波書店)

Kawabata, H., & Zeki, S. (2004). Neural correlate of beauty. *Journal of Neurophysiology*, **91**, 1699-1705.

Maass, A. (2007). How beautiful is the goal and how violent is the firstfight? Spatial baias in the interpretation of human behavior. *Spatial Cognition*, **25**, 833-852.

Menninghaus, W. (2003). *Das Versprechen der Shonheit*. Berlin: Suhrkamp Verlag. (メニングハウス, ヴィンフリート 伊藤秀一 (訳) (2013). 美の約束 現代思潮新社)

三浦佳世 (2016). 感性認知:アイステーシスの心理学 北大路書房

岡本太郎 (2002). 自分の中に毒を持て 青春出版社

Platon (BC. 416). Symposium (プラトン, 久保勉 (訳) (2008). 饗宴 岩波書店)

Rosenkranz, J. K. F. (1853). *Aesthetik des Hasslichen*. Cebruder Borntrager. (ローゼンクランツ, カール 鈴木芳子 (訳) (2007). 醜の美学 未知谷)

Silvester, H. (2009). *Natural Fashion: Tribal Decoration from Africa*. London: Thames & Hudson.

Silvia, P. J. (2012). Human emotions and aesthetic experience: An overview of empirical aesthetics. In A.P. Shimamura, & S.E. Palmer (Eds.), *Aesthetic Science: Connecting Minds, Brains, and Experience* (pp. 250-271). NY: Oxford University Press.

Stieger, S., & Swami, V. (2015). Time to let go? No automatic aesthetic preference for golden ratio in art picture. *Psychology of Aesthetics, Creativity and the Arts*, **9**, 91-100.

下條信輔 (2008). サブリミナルインパクト:情動と潜在認知の現代 筑摩書房

白川静 (2003). 常用字解 平凡社

Tsukiura, T., & Cabeza, R. (2011). Shared brain activity for aesthetic and moral j udgments: Implications for the Beauty-is-Good stereotype. *Social Cognitive Affecttive Neuroscience*, **6**, 138-148.

第1章

Alistoteles (BC. 335). Poetics. (アリストテーレス　松本仁助・岡道男 (訳) (1997). アリストテレース詩学　ホラーティウス詩論　岩波書店)

Baumgarten, A. G. (1750). *Aesthetica*. Frankfurt am Oder. (バウムガルテン，A. G.　松尾大 (訳) (1987). 美学　玉川大学出版部)

Berlyne, D. E. (1970). The golden section and hedonic judgments of rectangles: a cross-cultural study. *Sciences de l'art*, **7**, 1-6.

Berlyne, D. E. (1971). *Aesthetics and psychobiology*. New York: Appleton-Centry-Crofes.

Birkhoff, G. D. (1932). *Aesthetic Measure*. Cambridge, Massachusetts: Harvard University Press.

Böhme, G. (2001). *Aisthetik: Vorlesungen über Ästhetik als allgemeine Wahrenehmungslehre*, Wilhelm Fink Verlag. (ベーメ，G.　井村彰・小川真人・阿部美由起・益田勇一 (訳) (2005). 感覚学としての美学　勁草書房)

Boselie, F. (1984). The aesthetic attractivity of the golden section, *Psychological Research*, **45**, 367-375.

Burk, E. (1757). *A Philosophical Inquiry into the Origin of Our Ideas of the Sublime and Beautiful*. Dodsley, London. (バーク，E.　中野好之 (訳) (1999). 崇高と美の観念の起源　みすず書房)

Damasio, A. R. (1994). *Descartes' Error: Emotion, Reason, and the Human Brain*. New York: Putnam Adult. (ダマシオ，A. R. 田中三彦 (訳) (2010). デカルトの誤り：情動，理性，人間の脳　筑摩書房)

Fechner, G. T. (1860). *Element der Psychophsik*. Leipzig: Breitkopf, & Härterl. Website: http://ia700404.us.archive.org/8/items/elementederpsych01fech/elementederpsych01fech.pdf.

Fechner, G. T. (1865). Über die Frage des golden Schnitts. *Archiv für die zeichenenden Kunste*, **11**, 100-112. (Höge, H. (1997) (trans.). Various attempts to establish a basic form of beauty: Experimental aesthetics, golden section, and square. *Empirical Studies of the Arts*, **15**, 115-130)

Fechner, G. T. (1873). *Einige Ideen zur Schöpfungsund Entwickelungsgeschichte der Organismen*. Leipzig: Breitkopf & Härtel.

Fechner, G. T. (1876). *Vorschule der Aesthetik*. Leipzig, Breitkopf.

Hintz, J. M., & Nelson, T. M. (1970). Golden section: reassessment of the perimetric hypothesis. *American Journal of Psychology*, **83**, 126-129.

Höge, H. (1997). The golden section hypothesis: Its last funeral. *Empirical Studies of Arts*, **15**, 233-255.

Livio, M. (2002). *The Golden Ratio: The Story of Phi, the World's Most Astonishing Number*. New York: Broadway Books. (リヴィオ，M. 斉藤隆央 (訳) (2005). 黄金比はすべてを美しくするか：最も謎めいた「比率」をめぐる数学物語　早川書房)

Macrosson, W. D. K., & Strachan, G. C. (1997). The preference amongst product designers for the golden section in line partitioning. *Empirical Studies of the Arts*, **15**, 153-163.

三浦佳世 (2006). 心理学と感性：知覚と表現の実証研究を通して　都甲潔・坂口光一 (編) 感性の科学：心理と技術の融合 (pp. 59-76) 朝倉書店

三浦佳世 (2007). 知覚と感性の心理学　岩波書店

三浦佳世 (2013). 感性　日本認知心理学会 (編) 認知心理学ハンドブック (pp. 64-67) 有斐閣

三浦佳世 (2016). 感性認知学の射程：アイステーシスの心理学　三浦佳世 (編著) 感性認知：アイス

テーシスの心理学（pp. 1-22）北大路書房

Miura, K., Sukemiya, H., & Yamaguchi, E. (2011). Goodness of spatial structure in Japanese rock gardens. *Japanese Psychological Research*, 53, 391-401.

仲谷洋平・藤本浩一（1984）. パターンの良さ及び好みの判断について：美術群と非美術群の比較　関西心理学会第 96 大会, 9.

Noguchi, K., & Rentschler, I. (1999). Comparison between geometrical illusion and aesthetic preference. *Journal of Faculty of Engineering Chiba University*, 50(2), 29-33.

大澤俊朗（2008）. バウムガルテンの受容史について：美学というディシプリンをめぐる批判的考察　*Quadrante*, 10, 381-402.

Reboul, O. (1980). Sentiment. *Encyclopaedia Universalis*, 14, 883.

Sander, F. (1931). Gestaltpsychologie und Kunsttheorie. Ein Beitrag zur Psychologie der Architektur. *Neue Psychologische Studien*, 8, 311-333.

佐々木健一（2001）. 感性は創造的でありうるか　京都市立芸術大学美学文化理論研究会（編）アイステーシス　21 世紀の美学にむけて（pp. 21-45）行路社

Stieger, S., & Swami, V. (2015). Time to let go? No automatic aesthetic preference for the golden ratio in art picture. *Psychology of Aesthetics, Creativity and the Arts*, 9, 91-100.

Sontag, S. (1964). Notes on 'camp'. *Partisan Review*, 31(4), 515-530（ソンタグ，S. 喜志哲雄（訳）(1996).《キャンプ》についてのノート　高橋康也・由良君美・河村錠一郎・出淵博・海老根宏・喜志哲雄（訳）反解釈（pp. 431-462）筑摩書房）

Stone, L. A., & Collins, L. G. (1965). The golden section revisited. *American Journal of Psychology*, 78, 503-506.

Thurstone, L. L. (1927). A law of comparative jugdement. *Psychological Review*, 34, 273-286.

辻三郎（1997）. 感性情報処理とは　辻三郎　感性の科学：感性情報処理へのアプローチ（pp. 3-9）サイエンス社

Welsch, W. (1990). *Ästhetisches Denken*, Stuttgart: Philipp Reclam jun, GmbH & Co.（ヴェルシュ，ヴォルフガング　小林信之（訳）(1998). 感性の思考：美的リアリティの変容　勁草書房）

第 2 章

Arnheim, R. (1954). *Art and Visual Perception: A Psychology of the Creative Eye*. Berkely and Los Angeles: University of California Press.（アルンハイム，R.　波多野完治・関計夫（訳）(1963). 美術と視覚：美と創造の心理学　美術出版社）

Arnheim, R. (1969). *Visual Thinking*. California: University of California Press.（アルンハイム，R. 関計夫（訳）(1974). 視覚的思考：創造心理学の世界　美術出版社）

Attneave, F. (1955). Symmetry, information, and memory for patterns. *American Journal Phychology*, 68, 209-222.

Biederman, I., Hilton, H. J., & Hummel, J. E. (1991). Pattern goodness and pattern recognition. In G. R. Lockhead, & J. R. Pomerantz (Eds.), *The Perception of Structure* (pp. 73-95). Washigton, DC: American Psychological Association,

Biederman, I., & Vessel, E. (2006). Perceptual Pleasure and the Brain. *American Scientist*, 94, 249-255.

Birkhoff, G. D. (1932). *Aesthetic Measure*. Cambridge, Massachusetts: Harvard University Press.

Boselie, F. (1984). The aesthetic attractivity of the golden section. *Psychological Research*, 45, 367-375.

Boselie, F., & Leeuwenberg, E. (1985). Birkhoff revisited: beauty as a function of effect and means. *American Journal of Psychology*, 98, 1-39.

Burk, E. (1757). *A Philosophical Inquiry into the Origin of Our Ideas of the Sublime and Beautiful.* Dodsley, London.（バーク，E. 中野好之（訳）(1999). 崇高と美の観念の起源 みすず書房）

Darwin, C. (1871). *The Descent Of Man, and Selection in Relation to Sex.* Princeton: Prinston University.（ダーウィン，C. 長谷川真理子（訳）(1999-2000). ダーウィン著作集1・2 人間の進化と性淘汰I・II 文一総合出版）

Davis, R. C. (1936). An evaluation and test of Birkhoff's aesthetic measure and formula. *Journal of General Psychology*, **15**, 231-240.

Elliott, M. A., Salva, O. R., Mulcahy, P., & Regolin, L. (2012). Structural imbalance promotes behavior analogous to aesthetic preference in domestic chicks. *PLoS One*, **7**(8), e43029.

Eysenck, H. J. (1940). The general factor in aesthetic judgments. *British Journal of Psychology*, **31**, 94-102.

Eysenck, H. J., & Castle, M. (1970). Training in art as a factor in the determination of preference judgments for polygons. *British Journal of Psychology*, **61**, 65-81.

Fechner, G. T. (1876). *Vorschule der Aesthetik.* Leipzig, Breitkopf.

Galton, F. (1878). Composite portrait. *Journal of the Anthoropological Institute of Great Britain and Ireland*, **8**, 132-142.

Garner, W. R., & Clement, D. E. (1963). Goodness of pattern and pattern uncertainty. *Journal of Verbal Learning and Verbal Behavior*, **2**, 446-452.

Gibson, J. J. (1966). *The Senses Considered as Perceptual Systems.* London: Allen and Unwin.

Gregory, R. L. (1998). *Eye and Brain: The Psychology of seeing* (5th ed.), Oxford: Oxford University Press.（グレゴリー，R. L. 近藤倫明・中溝幸夫・三浦佳世（訳）(2001). 脳と視覚：グレゴリーの視覚心理学 ブレーン出版）

行場次朗 (2010). 感性の基本次元と脳内基盤 三浦佳世（編）知覚と感性（pp. 56-68）北大路書房

行場次朗・瀬戸伊佐生・市川伸一 (1985). パターンの良さ評定における問題点：SD法による分析結果と変換構造説の対応 心理学研究, **56**, 111-115.

Hochberg, J., & Brooks, V. (1960). The psychophysics of form: Reversible-perspective drawings of spatial objects. *American Journal of Psychology*, **73**, 337-354.

今井四郎 (1977). パターンの良さについての諸学説 心理学評論, **20**, 258-272.

Jacobson, T., Schubotz, R. L., Höfel, L., & Cramon, D. Y. (2006). Brain correlates of aesthetic judgment of beauty. *Neuroimage*, **29**, 276-285.

Jung, C. G. (1964). *Man and His Symbols.* Aldus Books, Ltd., London.（ユング，C. G. 河合隼雄（監訳）(1975). 人間と象徴：無意識の世界 河出書房新社）

Kanizsa, G. (1979). *Organization in Vision: Essays on Gestalt Perception.* Praeger Publishers.（カニッツァ，G. 野口薫（監訳）(1985). カニッツァ視覚の文法：シュタルト知覚論 サイエンス社）

河邉隆寛 (2010). 絵画と仮想 三浦佳世（編）知覚と感性（pp. 132-155）北大路書房

Köhler, W. (1921). *Intelli-genzprüfungen an Menschenaffen. 2nd ed.* Berlin: Springer.（ケーラー，W. 宮孝一（訳）(1962). 類人猿の智慧試験 岩波書店）

児玉優子・三浦佳世 (2010). パターンのよさは体制化時のまとまりの数で決まる 電子情報通信学会技術研究報告, **109**(471), 253-258.

児玉優子・三浦佳世 (2011). パターンのよさと知覚的体制化 心理学研究, **82**, 277-282.

Koffka, K. (1935). *Principles of Gestalt Psychology.* London: Lund Humphries.（コフカ，K. 鈴木正弥（訳）(1998). ゲシュタルト心理学の原理 福村出版）

Kovacs, I., & Julesz, B. (1994). Perceptual sensitivity maps within globally defined visual shapes. *Nature*, **370**(6491), 644-646.

Langlois, J. H., Roggman, L. A., Casey, R. J., Ritter, J. M., Rieser-Danner, L. A., & Jenkins, V. Y. (1987). Infant preferences for attractive faces: Rudiments of a stereotype? *Developmental*

Psychology, **23**, 363-369.

Langlois, J. H., Roggman, L. A., & Musselman, L. (1994). what is average and what is not average about attractive faces? *Psychological Science*, **5**(4), 214-220.

Lee, T. S., Mumford, D. B., Romero, R., & Lamme, V. A. F. (1998). The role of the primary visual cortex in higher level vision. *Vision Research*, **38**, 2429-2545.

Lipps, T. (1903). *Ästhetik*. Hamburg und Leipzig: Verlag von Leopold Voss.

Lorenz, K. (1943). Die angeborenen Formen möglicher Erfahrung. *Zeitschrift für Tierpsychologie*, **5**, 235-409.

Mandelbrot, B. B. (1977). *The Fractal of Geometry of Nature*. New York: W. H. Freeman.（マンデルブロ，B. B. 広中平祐（監訳）(2001). フラクタル幾何学（上）（下）筑摩書房）

Martindale, C. (1999). Peak shift, prototypicality and aesthetic preference. *Journal of Consciousness Studies*, **6**, 52-75.

松永佳那 (2014). 聴覚的パターンの良さと再生 平成 25 年度九州大学卒業論文

Menninghaus, W. (2003). *Das Versprechen der Shonheit*. Berlin: Suhrkamp Verlag.（メニングハウス，ヴィンフリート 伊藤秀一（訳）(2013). 美の約束 現代思潮新社）

三浦佳世 (1999). 絵画における時間：視覚要因の分析を通して 基礎心理学研究, **17**, 121-126.

三浦佳世 (2007). 知覚と感性の心理学 岩波書店

三浦佳世 (2008). 感性からの環境評価 竹下輝和・池添昌幸（代表）循環建築・都市デザイン：人間の感性と豊かさのデザイン (pp. 7-33) 技報堂出版

Miura, K., Sukemiya, H., & Yamaguchi, E. (2011). Goodness of spatial structure in Japanese rock gardens. *Japanese Psychological Research*, **53**, 391-401.

三井公一郎・椎名健・小高和己 (2009). 形の知覚的良さに及ぼす線対称の軸方向の効果 日本大学心理学研究, **30**, 1-9.

Moon, P., & Spencer, D. E. (1944a). Geometric formulation of classical color harmony. *The Journal of the Optical Society of America*, **34**, 46-59.

Moon, P., & Spencer, D. E. (1944b). Area in color harmony. *The Journal of the Optical Society of America*, **34**, 93-103.

Moon, P., & Spencer, D. E. (1944c). Aesthetic measure applied to color harmony. *The Journal of the Optical Society of America*, **34**, 234-242.

村山久美子 (1988). 心理学と芸術 村山久美子 視覚芸術の心理学 (pp. 1-19) 誠信書房

盛永四郎 (1954). 美的配置に関する実験的研究 (1) 日本応用心理学会第 17 回大会講演．(盛永四郎 (1969). 知覚心理学 (p. 642) 明玄書房)

中嶋優・一川誠 (2008). 画像の抽象性と刺激位置が配置の美的印象に及ぼす効果 日本感性工学会論文誌, **8**, 137-143.

入戸野宏 (2009)．"かわいい"に対する行動科学的アプローチ 広島大学大学院総合科学研究科紀要 I 人間科学研究, **4**, 19-35.

Nittono, H., Fukushima, M., Yano, A., & Moriya, H. (2012). The power of Kawaii: Viewing cure images promotes careful behavior and narrow attentional focus. *PLoS One*, **7**(9), e46362.

Norman, D. (1988). *The Design of Everyday Things*. New York: Basic Books.（ノーマン，D. 野島久雄（訳）(1990). 誰のためのデザイン？：認知科学者のデザイン原論 新曜社）

Norman, D. (2010). *Living with Complexity*. The MIT Press（ノーマン，D. 伊賀聡一郎・岡本明・安村通晃（訳）複雑さと共に暮らす：デザインの挑戦 新曜社）

近江源一郎 (1984). 造形心理学 福村出版

大山正 (2011). 色・形・運動・語音と感性 心理学評論, **54**, 454-473.

大山正・瀧本誓・岩澤秀紀 (1993). セマンティック・ディフェレンシャル法を用いた共感覚醒の研究：因子構造と因子特典の比較 行動計量学, **20**, 55-64.

Oyama,T., Yamada, H., & Iwasawa, H. (1998). Synesthetic tendencies as the basis of sensory symbolism: A review of a series of experiments by means of semantic differential. *Psychologia*, **41**, 203-215.

Osgood, C. E., Suci, G. J., & Tannenbawm, P. H. (1957). *The Measurement of Meaning*. Illinois: University Illinois Press.

Perrett, D. I., May, K. A., & Yoshikawa, S. (1994). Facial shape and judgements of female attractiveness, *Nature*, **368**, 239-242.

Ramachandran, V. S. (2003). *The Emerging Mind*. Andrew Nurnberg Associates. (ラマチャンドラン，V. S. 山下篤子 (訳) (2005). 脳のなかの幽霊 ふたたび：見えてきた心のしくみ　角川書店)

Ramachandran, V. S., & Hirstein, W. (1999). The science of art: A neurological theory of aesthetic experience. *Journal of Consciousness Studies*, **6**, 6-7, 15-51.

Royer, F. L., & Garner, W. R. (1966). Response uncertainty and perceptual difficulty of auditory temporal patterns. *Perception & Psychophysics*, **1**, 41-47.

境敦司・曾我重司・小松英海 (2002). ギブソン心理学の核心　勁草書房

Sander, F. (1931). Gestaltpsychologie und Kunsttheorie. Ein Beitrag zur Psychologie der Architektur. *Neue Psychologische Studien*, **8**, 311-333.

清少納言（池田亀鑑校訂）(1962). 枕草子　岩波書店

Sheman, G. D., Haidt, J., & Coan, J. A. (2009). Viewing cute images increases behavioral carefulness. *Emotion*, **9**, 282-286.

Shepherd, K., & Bar, M. (2011). Preference for symmetry: Only on Mars? *Perception*, **40**, 1254-1256.

Stevanov, J., Markovic, S., & Kitaoka, A. (2012). Aesthetic valence of visual illusion. *i-Perception*, **3**, 112-140.

鷲見成正 (1992).「未完の完」についての心理学的考察　映像学，**46**, 27-37.

Taylor, R. P. (2002). Order in Pollock's chaos. *Scientific American*, **287**, 116-121.

Taylor, R. P., Micolich, A. P., & Jonas, D. (2000). Using Science to Investigate Jackson Pollock's Drip Paintings. *Journal of Consciousness Studies*, **7**, 137-150.

Tinbergen, N. (1954). *Curious Naturalists*. New York: Basic Books.

Tonder, van G. J., & Ejima, Y. (2000). Bottom-up clues in target finding: Why a Dalmatian may be mistaken for an elephant. *Perception*, **29**, 149-157.

Tonder, van G. J., Lyons, M. J., & Ejima, Y. (2002). Visual structure of a Japanese Zen garden. *Nature*, **419**, 359-360.

長潔容江・原口雅浩 (2013). 絵画の秩序と評価に関する感性心理学的研究 (2) 日本認知心理学会第11回大会発表論文集，132.

長潔容江・原口雅浩・三浦佳世 (2015). 絵画におけるフラクタルと美的評価の関係　日本認知心理学会第13回大会発表論文集，159.

Witter, M. S., & Swaddle, J. P. (1994). Fluctuating asymmetry, competition and dominance. *Proceedings of the Royal Society of London B: Biological Sciences*, **256**, 299-303.

Zahavi, A. (1975). Mate selection: a selection for a handicap. *Journal of Theoretical Biology*, **53**, 205-214.

Zeki, S. (1999). *Inner Vision: An Exploration of Art and the Brain*. Oxford: Oxford University Press. (ゼキ，S. 河内十郎 (監訳) (2002). 脳は美をいかに感じるか：ピカソやモネが見た世界　日経サイエンス社)

引用文献　　225

第 3 章

Aitken, P. P. (1974). Judgments of pleasingness and interestingness as functions of visual complexity. *Journal of Experimental Psychology*, **103**, 240-244.

秋田喜代美 (1991). 物語の詳しさが児童理解とおもしろさに及ぼす効果　読書の科学, **35**(2), 55-65.

Apter, M. J. (1984). Reversal theory, cognitive synergy and the arts. In W. R. Crozier, & A. J. Chapman (Eds.), *Cognitive Processes in the Perception of Art* (pp. 411-426). North-Holland: Elsevier.

Barlow, H. B. (1980). Why have multiple cortical areas? *Vision Research*, **26**, 81-90.

Berlyne, D. E. (1960). *Conflict, Arousal and Curiosity*. New York: McGraw-Hill Publishing Company Ltd.

Berlyne, D. E. (1963). Complexity and incongruity variables as determinants of exploratory choice and evaluative ratings. *Canadian Journal of Psychology*, **17**, 274-290.

Berlyne, D. E. (1974). *Study in the New Experimental Aesthetics*. Hemisphere Pubishing Corp.

Bertamini, M, Bebett, K. M., & Bode, C. (2011). The anterior bias in visual art: the case of images of animals. *Laterality*, **16**, 673-689.

Biederman, I., & Vessel, E. (2006). Perceptual Pleasure and the Brain. *American Scientist*, **94**, 249-255.

Bornstein, R. F. (1989). Exporsure and affect: Overview and meta-analysis of research, 1967-1987. *Psychological Bulletin*, **106**, 265-289.

Burke, E. (1757). *A Philosophical Inquiry into the Origin of Our Ideas of the Sublime and Beautiful*. Dodsley, London. (バーク, E. 中野好之 (訳) (1999). 崇高と美の観念の起源　みすず書房)

Carbon, C. C. (2010). The cycle of preference: Long-term dynamics of aesthetic appreciation. *Acta Psychologica*, **134**, 233-244.

Casasanto, D. (2009). Embodiment of abstract object: god and bad in right- and left-handers. *Journal of Experimental Psychology General*, **138**(3), 351-367.

Cole, G. G., & Wilkins, A. J. (2013). Fear of holes. *Psychological Science*, **24**, 1980-1985.

Cutting, J. E. (2003). Gustave Caillebotte, French Impressionism, and mere exposure. *Psychonomic Bulletin & Review*, **10**, 319-343.

Ekman, P. (1972). Univerals and cultural differences in facial expressions of emotions. In J. K. Cole (Ed.), *Nebraska Symposium on Motivation*, **19**, Lincoln: University of Nebraska Press.

Eysenck, H. J. (1941). Type-factors in aesthetic judgments. *British Journal of Psychology*, **31**, 262-270.

Farkas, A. (2002). Prototypicality-effect in Surrealist paintings. *Empirieal Studies of the Arts*, **20**, 127-136.

Gordon, I. (1981). Left and right in art. In O'Har, D. (Ed.), *Psychology and the Art* (pp. 211-241). Sussex: The Harvester Press.

行場次朗 (2000). 3 次元物体認知の視覚表現　日本視覚学会 (編) 視覚情報処理ハンドブック (pp. 277-282) 朝倉書店

Hebb, D. O. (1966). *A Textbook of Psychology*. (ヘッブ, D. O. 白井常 (監訳) (1970). 行動学入門　紀伊國屋書店)

Hekkert, P., & Wieringen, P. C. W. (1990). Complexity and prototipicality as determinants of the appraisal of cubist paintings. *British Journal of Psychology*, **81**, 483-495.

久 隆浩 (1988). 景観嗜好と原風景　鳴海邦碩 (編) 景観からのまちづくり (pp. 134-146) 学芸出版社

Hunt, J. McV. (1963). Motivation inherent in information processing and action. In O. J. Harvey

(Ed.), *Motivation and Social Interaction: Cognitive Determinant* (pp. 35-94). New York: The Ronald Press Company.

Kant, I. (1790). *Kritik der Urteilskraft*. Hamburg: Meiner. (カント, I. 牧野英司 (訳)(1999-2000). 判断力批判 (上)(下), カント全集8・9 岩波書店)

Kawabata, H., & Zeki, S. (2004). Neural correlate of beauty. *Journal of Neurophysiology*, **91**, 1699-1705.

川口めぐみ (2012). 不快感情を喚起する視覚刺激 *Vision*, **24**, 134.

菊池聡 (1993). 好き嫌いの表裏 仲谷洋平・藤本浩一 (編著) 美と造形の心理学 (pp. 96-108) 北大路書房

木村重信 (1967). 現代絵画の解剖 鹿島研究書出版会

北山修・西村佐彩子 (2004). 臨床における曖昧さのこなし方 心理学ワールド, **27**, 5-12.

小林頼子・朽木ゆり子 (2003). 謎解きフェルメール 新潮社

児玉優子・三浦佳世 (2010). パターンのよさは体制化時のまとまりの数で決まる 電子情報通信学会技術研究報告, **109**(471), 253-258.

児玉優子・三浦佳世 (2011). パターンのよさと知覚的体制化 心理学研究, **82**, 277-282.

Kowatari, Y., Lee, S. H., Yamamura, H., Nagamori, Y., Levy, P., Yamane, S. & Yamamoto, M. (2009). Neural networks involved in artistic creativity. *Human Brain Mapping*, **30**, 1678-1690.

Leder, H., Belke, B., Oeberst, A., & Augustin, D. (2004). A model of aesthetic appreciation and aesthetic judgments. *British Journal of Psychology*, **95**, 489-508.

Levy, J. (1976). Lateral dominance and aesthetic preference. *Neuropsychologia*, **14**, 431-445.

Light, P. H., & Nix, C. (1983). "Own view" versus "good-view" in a perspective-taking task. *Child Development*, **54**, 480-483.

Luo, W., & Miura, K. (2015). The effects of culture-based visual experience on the evaluation of Japanese and Chinese historic buildings. *Kyushu University Psychological Research*, **15**, 1-8.

Macrosson, W. D. K., & Strachan, G. C. (1997). The Preference Amongst Product Designers for the Golden Section in Line Partitioning. *Empirical Studies of the Arts*, **15**, 153-163.

Main, J. C., DeBruine, L. M., Little, A. C., & Jones, B. C. (2010). Interactions among the effects of head orientation, emotional expression, and physical attractiveness on face preferences. *Perception*, **39**, 62-71.

Marcel, A. J. (1983). Conscious and unconscious perception: Experiments on visual masking and word recognition. *Cognitive Psychology*, **15**, 197-237.

Marmolejo-Ramos, F., Elosúa, M. R., Yamada, Y., Hamm, N., & Noguchi, K. (2013). Appraisal of space words and allocation of emotion words in bodily space. *PLoS One*, **8**(12), e81688.

Martin, R. A. (2007). *The Psychology of Humor: An Integrative Approach*. Burlington, MA: Elsevier Academic Press.

Martindale, C., Moore, K., & West, A. (1988). Relationship of preference judgments to typicality, novelty, and mere exposure. *Empirical Studies of the Arts*, **6**, 79-96.

松田憲 (2010). 好みの形成：単純接触効果と広告 三浦佳世 (編) 知覚と感性 (pp. 237-262) 北大路書房

松田憲・一川誠・中嶋優・興梠盛剛 (2014). 画像の美的配置における右よりの偏好：視覚的注意と刺激の操作性の効果 日本感性工学会論文誌, **13**, 63-73.

三浦佳世 (2008). 感性からの環境評価 竹下輝和・池添昌幸 (代表) 循環建築・都市デザイン：人間の感性と豊かさのデザイン (pp. 7-33) 技報堂出版

三浦佳世 (2016a). 感性認知学の射程：アイステーシスの心理学 三浦佳世 感性認知：アイステーシスの心理学 (pp. 1-22) 北大路書房

三浦佳世 (2016b). 伊藤若冲と草間彌生の水玉模様：魅力の背反感情 図書, **808** (2016年6月号),

44-47.

三浦佳世（2018）．グレゴとフリヴェッリの聖と俗　三浦佳世　視覚心理学が明かす名画の秘密（pp. 16-22）岩波書店

三浦佳世・山崎麻里奈・手島悠里（2016）．ドットパターンの不快感：草間彌生の水玉模様の気持ち悪さはどこから来るのか？　電子通信学会技術報告，**116**(377), 7-10.

Miura, T. (2012) *Visual Attention and Behaviour: Bridging the Gap Between Basic and Practical Research.* Japan: Kazama Shobo.

盛永四郎（1954）．美的配置に関する実験的研究（1）日本応用心理学会第17回大会講演．（盛永四郎（1969）．知覚心理学（p. 642）明玄書房）

Motoyoshi, I. (2012). Climate, illumination statistics, and the style of painting. Visual Science of Art Conference 2012.

村山久美子（1988）．芸術に関する情動理論　村山久美子　視覚芸術の心理学（pp. 183-191）誠信書房

中嶋優・一川誠（2008）．画像の抽象性と刺激位置が配置の美的印象に及ぼす効果　日本感性工学会論文誌，**8**, 137-143.

中森義宗（1981）．西洋美術における右と左　中森義宗・衛藤駿・永井信一　美術における右と左（pp. 9-161）中央大学出版部.

仲谷洋平・藤本浩一（1984）．パターンの良さ及び好みの判断について：美術群と非美術群の比較　関西心理学会第96大会，9.

Neuhauser, K., & Carbon, C-C. (2010). That's typical! Isn't it? About the microgenesis of art perception as a function of expertise. *Perception*, 39, The European Conference on Visual *Perception* 2010 Abstract Supplement, 113.

Niimi, R., & Yokosawa, K. (2009). Three-quarter views are subjectively good because object orientation in uncertain. *Psychonomic Bulletin & Review*, **15**, 208-214.

Nodine, C. F., Locher, P. J., & Krupinski, E. A. (1993). The role of formal art training on perception and aesthetic judgment of art compositions. *Leonardo*, **26**, 219-227.

Noguchi, K., & Rentschler, I. (1999). Comparison between geometrical illusion and aesthetic preference. *Journal of Faculty of Engineering Chiba University*, **50**, 29-33.

近江源太郎（1984）．造形心理学　福村出版

Olds, J., & Milner, P. (1954). Positive reinforcement produced by electrical stimulation of septal area and other regions of rat brain. *Journal of Comparative and Physiological Psychology*, **47**, 419-427.

Palmer, S. E., Rosch, E., & Chase, P. (1981). Canonical perspective and the perception of objects. In J. Long, & A. Baddeley (Eds.), *Attention and performance IX* (pp. 135-151). Hillsdale, NJ: Erlbaum.

Palmer, S. E., Gardner, J. S. & Wickens, T. D. (2008). Aesthetic issues in spatial composition: effects of position and direction on framing single objects. *Spatial Vision*, **21**, 421-449.

Palmer, S. E., Schloss, K. B., & Sammartino, J. (2012). Hidden knowledge in aesthetic judgments. In A. P. Shimamura, & S. E. Palner (Eds.), *Aesthetic Science* (pp. 189-222). NY: Oxford University Press.

Parsons, M. J. (1987). *How We Understand Art: A Cognitive Developmental Account of Aesthetic Experience.* Cambridge: Cambridge University Press.

Ramachandran, V. S., & Hirstein, W. (1999). The science of art: A neurological theory of aesthetic experience. *Journal of Consciousness Studies*, **6**, 6-7, 15-51.

Reber, R., Schwart, N., & Whinkielman, P. (2004). Processing fluency and aesthetic pleasure: Is beauty in the perceiver's processing experience? *Personality and Social Psychology Review*, **8**, 364-382.

Rosenkranz, J. K. F.（1853）. *Aesthetik des Hasslichen*. Cebruder Borntrager.（ローゼンクランツ，カール　鈴木芳子（訳）（2007）.　醜の美学　未知谷）

Russell, J. A.（1980）. A circumplex model of affect. *Journal of Personality and Social Psychology*, **39**, 1161-1178.

Russell, P. A., & George, D. A.（1990）. Relationships between aesthetic response scales applied to paintings. *Empirical Studies of the Arts*, **8**, 15-30.

Russell, P. A., & Milne, S.（1997）Meaningfulness and hedonic value of paintings: Effects of titles. *Empirical Studies of the Arts*. **15**, 61-73.

Saklofske, D. H.（1975）. Visual Aesthetic Complexity, Attractiveness and Diversive Exploration. *Perceptual and Motor Skills*, **41**, 813-814.

桜林仁（1973）. 芸術の心理学的理論化 心理学評論，**16**, 111-118.

Sasaki, K., Yamada, Y., & Miura, K.（2015）. Post-determined emotion: motor action retrospectively modulates emotional valence of visual images. *Proceedings of the Royal Society B: Biological Sciences*, **282**: 20140690.

Sasaki, K., Yamada, Y., & Miura, K.（2016）. Emotion biases voluntary vertical action only with visible cues. *Acta Psychologica*, **163**, 97-106.

Sasaki, K., Yamada, Y., Kuroki, D., & Miura, K.（2017）. Trypophobic discomfort is spatial-frequency dependent. *Advances in Cognitive Psychology*, **13**, 224-231.

笹岡貴史（2016）. 感性イノベーション創出における認知心理学研究の貢献：10 年後の未来のための感性イノベーション　日本認知心理学会第 14 回大会産学連携シンポジウム

椎名健（2007）. 感性的表現の視空間異方性　野口薫（編）美と感性の心理学：ゲシュタルト知覚の新しい地平（pp. 655-666）富山房インターナショナル

Silvia, P. J.（2005）. What is interesting? Exploring the appraisal structure of interest. *Emotion*, **5**, 89-102.

Silvia, P. J.（2006）. Artistic training and interest in visual arts: Applying the appraisal model of aesthetic emotions. *Empirical Studies of the Arts*, **24**, 139-161.

Silvia, P. J.（2010）. Confusion and interest: The role of knowledge emotions in aesthetic experience. *Phychology of Aesthetics, Creativity, and the Art*, **4**(2), 75-80.

Silvia, P. J.（2012）. Human emotions and aesthetic experience: An overview of empirical aesthetics. In A. P. Shimamura, & S. E. Palmer,（Eds.）, *Aesthetic Science: Connecting Minds, Brains, and Experience*（pp. 250-275）. NY: Oxford University Press.

Silvia, P. J. & Brown, E. M.（2007）. Anger, disguest, and the negative aesthetic emotions: Expanding an appraisal model of aesthetic experience. *Psychology of Aesthetics, Creativity, and the Arts*, **1**, 100-106.

Sontag, S.（1966）. *Against Interpretation*. Farrar, Straus & Girou.（ソンタグ，S. 高橋康也・由良君美・河村錠一郎・出淵博・海老根宏・喜志哲雄（訳）（1996）. 反解釈 筑摩書房）

Stieger, S., & Swami, V.（2015）. Time to let go? No automatic aesthetic preference for the golden ratio in art picture. *Psychology of Aesthetics, Creativity and the Arts*, **9**, 91-100.

Temme, J. E.（1984）. Effects of mere exposure cognitive set and task expectations on aesthetic appreciation. In W. R. Crozier, & A. J. Chapman（Eds.）, *Cognitive Processes in the Perception of Art*（389-410）. Amsterdam: North-Holland.

手島悠里（2015）. 円形集合体の嫌悪感評定と嫌悪感受性　2014 年度九州大学卒業論文

筒井亜湖（2010）. 美的判断の規定要因に関する認知的評価理論にもとづく研究女子美術大学大学院美術研究科博士論文

筒井亜湖・近江源太郎（2009）. 視覚造形における美的評価尺度の検討　女子美術大学研究紀要，**39**, 96-105.

引用文献　　　229

友野隆成（2017）．あいまいさへの非寛容と精神的健康の心理学　ナカニシヤ出版

Walker, E. L. (1973). Psychological Complexity and Preference. In D. E. Berlyne, & K. B. Madsen (Eds.), *Pleasure, Reward, Preference*. Academic Press.

Wang, X., & Miura, K. (2008). Time course of impression formation in painting. The proceedings of the 2nd Workshop on Kansei, 75-77.

Whitfield, T. W. A., & Slatter P. E. (1979). The effects of categorization and prototypicality on aesthetic choice in a furniture selection task. *British Journal of Psychology*, **70**, 65-75.

Worringer, W. (1908). *Abstraktion und Einfühlung*. Buchveröffentlichung: Münche.（ヴォリンガー，W. 草薙正夫（訳）（1953）. 抽象と感情移入　岩波書店）

Yamada, Y., Kawabe, T., & Ihaya, K. (2012). Can you eat it? A link between categorization difficulty and food likability. *Advanced Cognitive Psychology*, **8**, 248-254.

Yamada, Y., Kawabe, T., & Ihaya, K. (2013). Categorization difficulty is associated with negative evaluation in the "uncanny valley" phenomenon. *Japanese Psychological Research*, **55**, 20-32.

Yamashita, W., Niimi, R., Kanazawa, S., Yamaguchi, M. K., & Yokosawa, K. (2014). Three-quarter view preference for three-dimensional objects in 8-month-old infants. *Journal of Vision*, **14**(4), 5, 1-10.

山崎麻里奈（2013）. 不快感情を喚起するドットパターン　平成 25 年度九州大学文学部卒業論文

Zajonc, R. B. (1968). Attitudinal effects of mere exposure. *Journal of Personality and Social Psychology Monograph*, Supplement, **9**(2), 1-27.

Zajonc, R. B., Shaver, P., Tavris, C., & Van Kreveld, D. (1972). Exposure satiation, and stimulus discriminability. *Jounal of Personality and Social Psychology*, **21**, 270-280.

Zangemeister, W., Sherman, K., & Stark, L. (1995). Evidence for a global scanpath strategy in viewing abstract compared with realistic images, *Neuropsychologia*, **33**, 1009-1025.

Zeki, S. (1999). *Inner vision: An exploration of art and the brain*. Oxford: Oxford University Press.（ゼキ，S. 河内十郎（監訳）（2002）. 脳は美をいかに感じるか：ピカソやモネが見た世界　日経サイエンス社）

第 4 章

Adams, F. M. & Osgood, C. E. (1973). A cross-cultural study of the affective meanings of color. *Journal of Cross Cultural Psychology*, **4**, 135-156.

Albers, J. (1963). *Interaction of Color: 50 Anniversary Edition*. Yale University.（ジョセフ・アルバース（2016）. 配色の設計——色の知覚と相互作用　ビー・エヌ・エヌ新社）

Arnheim, R. (1954). *Art and Visual Perception: A Psychology of the Creative Eye*. Berkeley: University of California Press.

Arnheim, R. (1988). *The Power of the Center*. Berkeley: University of California Press.

Atalay, B. (2004). *Math and the Mona Lisa: The Art and Science of Leonardo da Vinci*.Washington, DC: Smithsonian Books.

Bar, M, & Neta, M. (2006). Humans prefer curved visual objects. *Psychological Science*, **17**, 645-648.

Bertamini, M., Bennet, K. M., & Bode, C. (2011). The anterior bias in visual art: The case of images of animals. *Laterality*, **16**, 673-689.

Biederman, I. (1987). Recognition-by-components: a theory of human image understanding. *Psychological Review*, **94**, 2, 115-147.

Birkhoff, G. D. (1933). *Aesthetic Measure*. Cambridge, MA: Harvard University Press.

Birren, F. (1961). *Color Psychology and Color Therapy*. New York: Univ. Books.

Bornstein, M. H. (1975). Qualities of color vision in infancy. *Journal of Experimental Child*

Psychology, **19**, 401-419.

Boselie, F. & Leeuwenberg, E. (1985). Birkhoff revisited: Beauty as a function of effect and means. *American Journal of Psychology*, **98**, 1-39.

Chandler, A. R. (1928). Recent experiments on visual aesthetics. *Psychological Bulletin*, **25**, 720-732.

Child, I. L., Hansen, J. A., & Hornbeck, F. W. (1968). Age and sex differences in children's color preferences. *Child Development*, **39**, 1, 237-247.

Chiu, S. W., Gervan, S., Fairbrother, C., Johnson, L. L., Owen-Anderson, A. F. H., Bradley, S. J., & Zucker, K. J. (2006). Sex-dimorphic color preference in children with gender identity disorder: A comparison to clinical and community controls. *Sex Roles*, **55**, 385-395.

Choungourian, A. (1968). Color preference and cultural variation. *Perceptual and Motor Skills*, **26**, 1203-1206.

Eysenck, H. J. (1941). A critical and experimental study of color preference. *American Journal of Psychology*, **54**, 385-391.

Eysenck, H. J, & Castle, M. J. (1971). Comparative study of artists and nonartists on the Maitland Graves Design Judgment Test. *Journal of Applied Psychology*, **55**, 389-392.

Fechner, G. T. (1871). *Zur experimentalen Aesthetik*. Leipzig, Germany: Hirzel.

Fechner, G. T. (1876). *Vorschule der Aesthetik*. Leipzig, Germany: Breitkopf & Hårtel.

Franklin, A., Bevis, L., Ling, Y., & Hurlbert, A. (2009). Biological components of colour preference in infancy. *Developmental Science*, **13**, 346-354.

Franklin, A., Pitchford, N., Hart, L., Davies, I. R. L., Clausse, S., & Jennings, S. (2008). Salience of primary and secondary colours in infancy. *British Journal of Developmental Psychololology*, **26**, 471-483.

Graham, D. J. & Field, D. J. (2007). Statistical regularities of art images and natural scenes: Spectra, sparseness and nonlinearities. *Spatial Vision*, **21**, 149-164.

Graham, D. J. & Redies, C. (2010). Statistical regularities in art: Relations with visual coding and perception. *Vision Reseach*, **50**, 1503-1509.

Granger, G. W. (1955a). An experimental study of colour harmony. *Journal of General Psychology*, **52**, 21-35.

Granger, G. W. (1955b). An experimental study of colour preferences. *Journal of General Psychology*, **52**, 3-20.

Green, C. D. (1995). All that glitters: a review of psychological research on the aesthetics of the golden section. *Perception*, **24**, 937-968.

Guilford, J. P. & Smith, P. C. (1959). A system of color-preferences. *American Journal of Psychology*, **72**, 487-502.

Helson, H. & Lansford, T. (1970). The role of spectral energy of source and background color in the pleasantness of object colors. *Applied Optics*, **9**, 1513-1562.

Hurlbert, A. C. & Ling, Y. (2007). Biological components of sex differences in color preference. *Current Biology*, **17**, 623-625.

Iijima, M., Arisaka, O., Minamoto, F., & Arai, Y. (2001). Sex differences in children's free drawings: A study on girls with congenital adrenal hyperplasia. *Hormones and Behavior*, **40**, 99-104.

Jacobson, T. & Höfel, L. A. (2002). Aesthetic judgments of novel graphic patterns: analyses of individual judgments. *Perceptual and Motor Skills*, **95**, 755-766.

Jadva, V., Hines, M., & Golombok, S. (2010). Infants' preferences for toys, colors, and shapes: sex differences and similarities. *Archives of Sexual Behavior*, **39**, 1261-1273.

Judd, D. B., & Wyszecki, G. (1975). *Color in Business, Science, and Industry*. Wiley-Interscience.

Konecni, V. J. (2003). The golden section: elusive, but detectable. *Creativity Research Journal*, **15**,

267-275.

Konecni, V. J. & Cline, L. E. (2002). The "Golden Woman:" an exploratory study of women's proportions in paintings. *Visual Arts Reseach, 27,* 69-78.

Konkle, T., & Oliva, A. (2011). Canonical visual size for real-world objects. *Journal of Experimental Psychology: Human Perception & Performance, 37,* 23-37.

Kovacs, I. & Julesz, B. (1994). Perceptual sensitivity maps within globally defined visual shapes. *Nature, 370,* 644-646.

Latto, R., Brian, D., & Kelly, B. (2000). An oblique effect in aesthetics: Homage to Mondrian (1872-1944). *Perception, 29,* 981-987.

Latto, R., & Russell-Duff, K. (2002). An oblique effect in the selection of line orientation by twentieth century painters. *Empirical Studies of the Arts, 20,* 49-60.

Leder, H., Carbon, C., & Ripsas, A. (2006). Entitling art: influence of title information on understanding and appreciation of paintings. *Acta Psychologica, 121,* 176-198.

Leder, H., Tinio, P. P., & Bar, M. (2011). Emotional valence modulates the preference for curved objects. *Perception, 40,* 649-665.

Leyssen, M. H. R., Linsen, S., Sammartino, J., & Palmer, S. E. (2012). Aesthetic preference for spatial composition in multiobject pictures, *i-Perception, 3*(1), 25-49.

Linsen, S., Leyssen, M.H.R., Sammartino, J., & Palmer, S. E. (2011). Aesthetic preferences in the size of images of real-world objects, *Perception, 40, 3,* 291-298.

Livio, M. (2002). *The Golden Ratio: The Story of Phi, the World's Most Astonishing Number.* New York: Broadway Books

LoBue, V, DeLoache, J. S. (2011). Pretty in pink: The early development of gender-stereotyped colour preferences. *British Journal of Developmental Psychology, 29,* 656-667.

Locher, P. J. (2003). An empirical investigation of the visual rightness theory of picture perception. *Acta Psychologica, 114,* 147-164.

Locher, P., Overbeeke, K., & Stappers, P. J. (2005). Spatial balance of color triads in the abstract art of Piet Mondrian. *Perception, 34,* 169-189.

Locher, P. J., Stappers, P. J., & Overbeeke, K. (1998). The role of balance as an organizing design principle underlying adults' compositional strategies for creating visual displays. *Acta Psychologica, 99,* 141-161.

Martindale, C., Moore, K., & West, A. (1988). Relationship of preference judgments to typicality, novelty, and mere exposure. *Empirical Studies of the Arts, 6,* 79-96.

McManus, I. C. (1980). The aesthetics of simple figures. *British Journal of Psychology, 71,* 502-524.

McManus, I. C., Edmondson, D., & Rodger, J. (1985). Balance in pictures. *British Journal of Psychology, 76,* 311-324.

McManus, I. C., Jones, A. L., & Cottrell, J. (1981). The aesthetics of colour. *Perception, 10,* 651-666.

McManus, I. C. & Thomas, P. (2007). Eye centering in portraits: A theoretical and empirical evaluation. *Perception, 36,* 167-182.

McManus, I. C., Zhou, F. A., I'Anson, S., Waterfield, L., Stover, K., & Cook, R. (2011). The psychometrics of photographic cropping: The influence of colour, meaning, and expertise. *Perception, 40, 3,* 332-357.

Millis, K. (2001). Making meaning brings pleasure: the influence of titles on aesthetic experiences. *Emotion, 1,* 320-329.

三井秀樹 (1996). 美の構成学──バウハウスからフラクタルまで　中公新書

Moon, P., & Spencer, D. E. (1944). Geometric Formulation of Classical Color Harmony. *Journal of Optical Society of America, 34,* 46-59.

Munsinger, H., & Kessen, W. (1964). Uncertainty, structure, and preference. *Psychological Monographs: General and Applied*, **78**, 1-24.

Niimi, R., & Yokosawa, K. (2008). Determining the orientation of depth-rotated familiar objects. *Psychonomic Bulletin & Review*, **15**, 1, 208-214.

Ou, L.-C. & Luo, M. R. (2006). A colour harmony model for two-colour combinations. *Color Research & Application*, **31**, 191-204.

Ou, L.-C., Luo, M. R., Woodcock, A., & Wright, A. (2004). A study of colour emotion and colour preference. Part III: Colour preference modeling. *Color Research & Application*, **29**, 381-389.

Palmer, S. E., Gardner, J. S., & Wickens, T. D. (2008). Aesthetic issues in spatial composition: effects of position and direction on framing single objects. *Spatial Vision*, **21**, 421-449.

Palmer S. E., & Guidi, S. (2011). Mapping the perceptual structure of rectangles through goodness-of-fit ratings. *Perception*, **40**, 1428-1446.

Palmer, S. E., Rosch, E., & Chase, P. (1981). Canonical perspective and the perception of objects. In J. Long & A. Baddeley (Eds.), *Attention and Performance IX*, 135-151.

Palmer, S. E., & Schloss, K. B. (2010). An ecological valence theory of human color preference. *Proceedings of the National Academy of Science of the USA*, **107**, 8877-8882.

Palmer, S. E. & Schloss, K. B. (2011). Ecological valence and human color preference. In C. P. Biggam, C. A. Hough, C. J. Kay, & D. R. Simmons (Eds.), *New Directions in Colour Studies* (pp. 361-376). Amsterdam: Benjamins.

Palmer, S. E., Schloss, K. B., & Sammartino J. (2013). Visual aesthetics and human preference. *Annual Review of Psychology*, **64**, 77-107.

Pastoureau, M. (2001). *Blue: The History of a color*. Princeton, NJ: Princeton University Press.

Pennell, G. E. (1994). Babes in toyland: Learning an ideology of gender. *Advances in Consumer Research*, **21**, 359-364.

Picariello, M. L., Greenberg, D. N., & Pillemer, D. B. (1990). Children's sex related stereotyping of colors. *Child Development*, **61**, 1453-1460.

Pierce, E. (1894). Aesthetics of simple forms I: symmetry. *Psychological Review*, **1**, 483-495.

Raghubir, P., & Greenleaf, E. A. (2006). Ratios in proportion: What should the shape of the package be? *Journal of Marketing*, **70**, 95-107.

Reber, R., Schwarz, N., & Winkielman, P. (2004). Processing fluency and aesthetic pleasure: Is beauty in the perceiver's processing experience? *Personality and Social Psychology Review*, **8**, 364-382.

Rhodes, G. (2006). The evolutionary psychology of facial beauty. *Annual Review of Psychology*, **57**, 199-226.

Rosch, E. (1975). Cognitive representations of semantic categories. *Jounal of Experimental Psychology: General*, 192-233.

Saito, M. (1996). A comparative study of color preferences in Japan, China and Indonesia, with emphasis on the preference for white. *Perceptual and Motor Skills*, **83**, 115-128.

Sammartino, J., & Palmer, S. E. (2012a). Aesthetic issues in spatial composition: Effects of vertical position on framing single objects. *Journal of Experimental Psychology: Human Perception and Performance*, **38**, 865-879.

Sammartino, J., & Palmer, S. E. (2012b). Aesthetic issues in spatial composition: Representational fit and the role of semantic context. *Perception*, **41**, 1434-1457.

Schloss, K. B., & Palmer, S. E. (2011). Aesthetic response to color combinations: preference, harmony, and similarity. Attention. *Perception and Psychophysics*, **73**, 551-571.

Schloss, K. B. & Palmer, S. E. (2014). The politics of color: Preferences for Republican red versus

Democratic blue. *Psychonomic Bulletin and Review, 21*, 1481-1488.

Schloss, K. B., Poggesi, R. M., & Palmer, S. E. (2011). Effects of university affiliation and "school spirit" on color preferences: Berkeley versus Stanford. *Psychonomic Bulletin and Review, 18*, 498-504.

Schloss, K. B., Strauss, E. D., & Palmer, S. E. (2013). Object color preferences. *Color Research & Application, 38*, 393-411.

Shimamura, A. P. & Palmer, S. E. (2012). *Aesthetic Science: Connecting Minds, Brains, and Experience.* Oxford, UK: Oxford University Press.

Silvia, P. J., & Barona, C. M. (2009). Do people prefer curved objects? Angularity, expertise, and aesthetic preference. *Empirical Studies of the Arts, 27*, 25-42.

Strauss, E. D., Schloss, K. B., & Palmer, S. E. (2013). Color preferences change after experience with liked/disliked colored objects. *Psychonomic Bulletin and Review, 20*, 935-943.

Switkes, E., Mayer, M. J., & Sloan, J. A. (1978). Spatial frequency analysis of the visual environment: Anisotropy and the carpentered environment hypothesis. *Vision Research, 18*, 1393-1399.

Tyler, C. W. (1998). Painters centre one eye in portraits. *Nature. 392*, 877.

Taylor, C., Clifford, A., & Franklin, A. (2013). Color preferences are not universal. *Journal of Experimental Psychology: General, 142*, 1015-1027.

Taylor, C. & Franklin A. (2012). The relationship between color-object associations and color preference: Further investigation of ecological valence theory. *Psychonomic Bulletin and Review, 19*, 190-197

Taylor, C., Schloss, K. B., Palmer, S. E., & Franklin, A. (2013). Color preferences in infants and adults are different. *Psychonomic Bulletin and Review, 20*, 916-922.

Teller, D. Y., Civan, A., & Bronson-Castain, K. (2004). Infants' spontaneous color preferences are not due to adult-like brightness variations. *Visual Neuroscience, 21*, 397-402.

Terwogt, M. M., & Hoeksma, J. B. (1995). Colors and emotions: Preferences and combinations. *Journal of General Psychology, 122*, 5-17.

Thorndike, E. L. (1917). Individual differences in judgments of the beauty of simple forms. *Psychological Review, 24*, 147-153.

Tonio, P. L. & Leder, H. (2009). Just how stable are stable aesthetic features? Symmetry, complexity, and the jaws of massive familiarization. *Acta Psychologica, 130*, 241-250.

Tyler, C. W. (1998). Painters centre one eye in portraits. *Nature, 392*, 877

Walraven, J. (1976). Discounting the background — the missing link in the explanation of chromatic induction. *Vision Research, 16*, 289-295.

Winkielman, P., Halberstadt, J., Fazendeiro, T., & Catty, S. (2006). Prototypes are attractive because they are easy on the mind. *Psychological Science, 17*, 799-806.

Yokosawa, K., Schloss, K. B., Asano, M., & Palmer, S. E. (2016). Ecological Effects in Cross-Cultural Differences between US and Japanese Color Preferences. *Cognitive Science, 40*, 1590-1616.

Zemach, I., Chang, S., & Teller, D. Y. (2007). Infant color vision: Prediction of infants' spontaneous color preferences. *Vision Research, 47*, 1368-1381.

第5章

Aharon, I., Etcoff, N., Ariely, D., Chabris, C. F., O'Connor, E., & Breiter, H. C. (2001). Beautiful faces have variable reward value: fMRI and behavioral evidence. *Neuron, 32*(3), 537-551.

Alley, T. R. (1981). Head shape and the perception of cuteness. *Developmental Psychology, 17*, 650-

654.

Ambady, N., & Rosenthal, R. (1993). Half a minute: Predicting teacher evaluations from thin slices of nonverbal behavior and physical attractiveness. *Journal of Personality and Social Psychology,* **64,** 431-441.

蘆田宏・藏口佳奈 (2013). 顔魅力の効果と諸要因について *Vision,* **25,** 95-99.

Augustin, M. D., Wagemans, J., & Carbon, C. C. (2012). All is beautiful?: Generality vs. specificity of word usage in visual aesthetics. *Acta Psychologica,* **139,** 187-201.

Barelds, D. P. H., Dijkstra, P., Koudenburg, N., & Swami, V. (2011). An assessment of positive illusions of the physical attractiveness of romantic partners. *Journal of Social and Personal Relationships,* **28,** 706-719.

Batres, C., & Perrett, D. I. (2014). The Influence of the Digital Divide on Face Preferences in El Salvador: People without Internet Access Prefer More Feminine Men, More Masculine Women, and Women with Higher Adiposity. *PLoS One,* **9**(7), e100966.

Bentin, S., Allison, T., Puce, A., Perez, E., & McCarthy, G. (1996). Electrophysiological studies of face perception in humans. *Journal of Cognitive Neuroscience,* **8**(6), 551-565.

Berridge, K. C., Robinson, T. E., & Aldridge, J. W. (2009). Dissecting components of reward: 'liking', 'wanting', and learning. *Current Opinion in Pharmacology,* **9**(1), 65-73.

Berry, D. S. (2000). Attractiveness, attraction, and sexual selection: evolutionary perspectives on the form and function of physical attractiveness. *Advances in Experimental Social Psychology,* **32,** 273-342.

Borkenau, P., Brecke, S., Möttig, C., & Paelecke, M. (2009). Extraversion is accurately perceived after a 50-ms exposure to a face. *Journal of Research in Personality,* **43,** 703-706.

Borkenau, P., & Liebler, A. (1995). Observable Attributesas Manifestations and Cues of Personality and Intelligence. *Journal of Personality,* **63,** 1-25.

Bornstein, R. F., & D'Agostino, P. R. (1992). Stimulus recognition and the mere exposure effect. *Journal of Personality and Social Psychology,* **64,** 545-552.

Bornstein, R. F., & D'Agostino, P. R. (1994). The attribution and discounting of perceptual fluency: Preliminary tests of a perceptual fluency/attributional model of the mere exposure effect. *Social Cognition,* **12,** 103-128.

Brehm, J. W. (1956). Postdecision changes in the desirability of alternatives. *Journal of Abnormal Psychology,* **52,** 384-389.

Brooks, V., & Hochberg, J. (1960). A psychophysical study of "cuteness". *Perceptual and Motor Skills,* **11,** 205.

Brosch, T., Sander, D., & Scherer, K. R. (2007). That baby caught my eye··· Attention capture by infant faces. *Emotion,* **7,** 685-689.

Buckingham, G., DeBruine, L. M., Little, A. C., Welling, L. L. M., Conway, C. A., Tiddeman, B. P., & Jones, B. C. (2006). Visual adaptation to masculine and feminine faces influences generalized preferences and perceptions of trustworthiness. *Evolution and Human Behavior,* **27,** 381-389.

Buss, D. M., & Schmitt, D. P. (1993). Sexual strategies theory: An evolutionary perspective on human mating. *Psychological Review,* **100,** 204-232.

Calvo-Merino, B., Jola, C., Glaser, D. E., & Haggard, P. (2008). Towards a sensorimotor aesthetics of performing art. *Consciousness and Cognition,* **17,** 911-922.

Carré, J. M., & McCormick, C. M. (2008). In your face: facial metrics predict aggressive behaviour in the laboratory and in varsity and professional hockey players. *Proceedings of the Royal Society of London B: Biological Sciences,* **275**(1651), 2651-2656.

Carré, J. M., McCormick, C. M., & Mondloch, C. J. (2009). Facial structure is a reliable cue of aggressive behavior. *Psychological Science*, **20**, 1194-1198.

Cash, T. F., & Kilcullen, R. N. (1985). The aye of the beholder: Susceptibility to sexism and beautyism in the evaluation of managerial applicants. *Journal of Applied Social Psychology*, **15**, 591-605.

Changizi, M. A., Zhang, Q., & Shimojo, S. (2006). Bare skin, blood and the evolution of primate colour vision. *Biology Letters*, **2**, 217-221.

Chatterjee, A., Thomas, A., Smith, S. E., & Aguirre, G. K. (2009). The neural response to facial attractiveness. *Neuropsychology*, **23**(2), 135.

Chen, W., Liu, C. H., & Nakabayashi, K. (2012). Beauty hinders attention switch in change detection: the role of facial attractiveness and distinctiveness. *PLoS One*, **7**(2), e32897.

Ciocca, G., Limoncin, E., Cellerino, A., Fisher, A. D., Gravina, G. L., Carosa, E., ... Jannini, E. A. (2014). Gender identity rather than sexual orientation impacts on facial preferences. *The Journal of Sexual Medicine*, **11**, 2500-2507.

Codispoti, M., Gerra, G., Montebarocci, O., Zaimovic, A., Augusta Raggi, M., & Baldaro, B. (2003). Emotional perception and neuroendocrine changes. *Psychophysiology*, **40**, 863-868.

Coetzee, V., Perrett, D. I., & Stephen, I. D. (2009). Facial adiposity: a cue to health?. *Perception*, **38**, 1700-1711.

Collins, S. A., & Missing, C. (2003). Vocal and visual attractiveness are related in women. *Animal Behaviour*, **65**, 997-1004.

Conway, C. A., Jones, B. C., DeBruine, L. M., & Little, A. C. (2008). Evidence for adaptive design in human gaze preference. *Proceedings of the Royal Society of London B: Biological Sciences*, **275** (1630), 63-69.

Cooper, P. A., Geldart, S. S., Mondloch, C. J., & Maurer, D. (2006). Developmental changes in perceptions of attractiveness: A role of experience? *Developmental Science*, **9**, 530-543.

Cross, E. S., Kirsch, L., Ticini, L. F., & Schütz-Bosbach, S. (2011). The impact of aesthetic evaluation and physical ability on dance perception. *Frontiers in Human Neuroscience*, **5**, 102.

Cunningham, M. R., Barbee, A. P., & Philhower, C. L. (2002). Dimensions of facial physical attractiveness: The intersection of biology and culture. In G. Rhodes, & L. Zebrowitz (Eds.), *Advances in visual cognition, Vol. 1. Facial attrativeness: Evolutionary, Cognitive, and Social Perspectives* (pp. 193-238). US: Ablex Publishing

Cunningham, M. R., Barbee, A. P., & Pike, C. L. (1990). What do women want? Facialmetric assessment of multiple motives in the perception of male facial physical attractiveness. *Journal of Personality and Social Psychology*, **59**, 61-72.

Cunningham, M. R., Roberts, A. R., Barbee, A. P., Druen, P. B., & Wu, C. H. (1995). "Their ideas of beauty are, on the whole, the same as ours": Consistency and variability in the cross-cultural perception of female physical attractiveness. *Journal of Personality and Social Psychology*, **68**, 261-279.

Dabbs, J., & Hargrove, M. F. (1997). Age, testosterone, and behavior among female prison inmates. *Psychosomatic Medicine*, **59**, 477-480.

Dabbs Jr. J. M., & Morris, R. (1990). Testosterone, social class and antisocial behavior in a sample of 4462 men. *Psychological Science*, **1**, 209-211.

大坊郁夫 (1991). 容貌の構造の特徴と対人魅力. 化粧文化, **24**, 55-68.

大坊郁夫 (2007). 社会的脈絡における顔コミュニケーションへの文化的視点. 対人社会心理学研究, **7**, 1-10.

Darwin, C. (1871). *The Descent of Man, and Selection in Relation to Sex*. London: John Murray (ダーウィン, C. 長谷川眞理子 (訳) (1999-2000). ダーウィン著作集1・2 人間の進化と性淘汰

Ⅰ・Ⅱ 文一総合出版)

DeBruine, L. M.(2002). Facial resemblance enhances trust. *Proceedings of the Royal Society of London B*, **269**, 1307-1312.

DeBruine, L. M.(2004). Facial resemblance increases the attractiveness of same-sex faces more than other-sex faces. *Proceedings of the Royal Society of London B*, **271**, 2085-2090.

DeBruine, L. M., Jones, B. C., Little, A. C., & Perrett, D. I.(2008). Social perception of facial resemblance in humans. *Archives of Sexual Behavior*, **37**(1), 64-77.

Diamond, J. M.(1997). *Why is Sex Fun?: The Evolution of Human Sexuality*. Basic Books.（ダイア モンド, J. 長谷川寿一訳（2013）. 人間の性はなぜ奇妙に進化したのか 草思社）

Dion, K.(1972). Physical attractiveness and evaluation of children's transgressions. *Journal of Personality and Social Psychology*, **24**, 207-213.

Dion, K. K.(1973). Young children's stereotyping of facial attractiveness. *Developmental Psychology*, **9**, 183-188.

Dion, K., Berscheid, E., & Walster, E.(1972). What is beautiful is good. *Journal of Personality and Social Psychology*, **24**, 285-290.

Dipboye, R. L., Arvey, R. D., & Terpstra, D. E.(1977). Sex and physical attractiveness of raters and applicants as determinants of resumé evaluations. *Journal of Applied Psychology*, **4**, 288-294.

Downs, A. C., & Lyons, P. M.(1991). Natural observations of the links between attractiveness and initial legal judgments. *Personality and Social Psychology Bulletin*, **17**, 541-547.

Duncan, L. A., Park, J. H., Faulkner, J., Schaller, M., Neuberg, S. L., & Kenrick, D. T.(2007). Adaptive allocation of attention: Effects of sex and sociosexuality on visual attention to attractive opposite-sex faces. *Evolution and Human Behavior*, **28**, 359-364.

Eagly, A. H., Ashmore, R. D., Makhijani, M. G., & Longo, L. C.(1991). "What is Beautiful is Good, But…: A Meta-Analytic Review of Research on the Physical Attractiveness Stereotype." *Psychological Bulletin*, **110**, 109-128.

Etcoff, N.(1999). *Survival of the Prettiest: The Science of Beauty*. New York: Anchor/Doubleday.

Ewing, L., Rhodes, G., & Pellicano, E.(2010). Have you got the look? Gaze direction affects judgements of facial attractiveness. *Visual Cognition*, **18**, 321-330.

Farthing, M. J. G., Mattei, A. M., Edwards, C. R. W., & Dawson, A. M.(1982). Relationship between plasma testosterone and dihydrotestosterone concentrations and male facial hair growth. *British Journal of Dermatology*, **107**, 559-564.

Feinberg, D. R., Jones, B. C., Little, A. C., Burt, D. M., & Perrett, D. I.(2005). Manipulations of fundamental and formant frequencies influence the attractiveness of human male voices. *Animal Behaviour*, **69**, 561-568.

Ferdenzi, C., Delplanque, S., Vorontsova-Wenger, O., Pool, E., Bianchi-Demicheli, F., & Sander, D. (2015). Perception of Men's Beauty and Attractiveness by Women with Low Sexual Desire. *The Journal of Sexual Medicine*, **12**, 946-955.

Fink, B., Grammer, K., & Matts, P. J.(2006). Visible skin color distribution plays a role in the perception of age, attractiveness, and health in female faces. *Evolion & Human Behavior*, **27**, 433-442.

Fink, B., & Neave, N.(2005). The biology of facial beauty. *International Journal of Cosmetic Science*, **27**, 317-325.

Folstad, I., & Karter, A. J.(1992). Parasites, brightmales, and the immunocompetence handicap. *American Naturalist*, **139**, 603-622.

Franklin, R. G., & Adams, R. B.(2010). The two sides of beauty: laterality and the duality of facial attractiveness. *Brain and Cognition*, **72**, 300-305.

引用文献　　237

Furnham, A., Petrides, K. V., & Constantinides, A. (2005). The effects of body mass index and waist-to-hip ratio of ratings of female attractiveness, fecundity, and health. *Personality and Individual Differences*, **38**, 1823-1834.

Gangestad, S. W., Merriman, L. A., & Thompson, M. E. (2010). Men's oxidative stress, fluctuating asymmetry and physical attractiveness. *Animal Behaviour*, **80**, 1005-1013.

Gangestad, S. W., & Scheyd, G. J. (2005). The evolution of human physical attractiveness. *Annual Review of Anthropology*, **34**, 523-548.

Geldart, S. (2010). That woman looks pretty, but is she attractive? Female perceptions of facial beauty and the impact of cultural labels. *Revue Européenne de Psychologie Appliquée/ European Review of Applied Psychology*, **60**, 79-87.

Geldart, S., Maurer, D., & Henderson, H. (1999). Effects of the height of the internal features of faces on adults' aesthetic ratings and 5-month-olds' looking times. *Perception*, **28**, 839-850.

Gerger, G., Forster, M., & Leder, H. (2016). It felt fluent but I did not like it: Fluency effects in faces versus patterns. *The Quarterly Journal of Experimental Psychology*, ahead of print, 1-34.

Gerger, G., & Leder, H. (2014). Mirror, mirror on the wall, who's the fairest one of all? Influencing factors and effects of facial attractiveness. In P. L. Tinio, & J. K. Smith (Eds.), *Cambridge Handbook of the Psychology of Aesthetics and the Arts*, Chapter 17 (pp. 420-446). Cambridge University Press.

Glocker, M. L., Langleben, D. D., Ruparel, K., Loughead, J. W., Gur, R. C., & Sachser, N. (2009). Baby schema in infant faces induces cuteness perception and motivation for caretaking in adults. *Ethology*, **115**, 257-263.

Griffey, J. A., & Little, A. C. (2014). Infant's visual preferences for facial traits associated with adult attractiveness judgements: Data from eye-tracking. *Infant Behavior and Development*, **37**, 268-275.

Gründl, M., Eisenmann-Klein, M., & Prantl, L. (2009). Quantifying female bodily attractiveness by a statistical analysis of body measurements. *Plastic and Reconstructive Surgery*, **123**, 1064-1071.

Guo, K., Liu, C. H., & Roebuck, H. (2011). I know you are beautiful even without looking at you: Discrimination of facial beauty in peripheral vision. *Perception*, **40**, 191-195.

Hajcak, G., Weinberg, A., MacNamara, A., & Foti, D. (2012). ERPs and the study of emotion. In S. J. Luck & E. S. Kappenman (Eds.), *Oxford Library of Psychology. The Oxford Handbook of Event-related Potential Components* (pp. 441-472). New York, NY, US: Oxford University Press.

Halberstadt, J., & Rhodes, G. (2003). It's not just average faces that are attractive: Computer-manipulated averageness makes birds, fish, and automobiles attractive. *Psychonomic Bulletin & Review*, **10**, 149-156.

Halit, H., de Haan, M., & Johnson, M. H. (2000). Modulation of event-related potentials by prototypical and atypical faces. *Neuroreport*, **11**(9), 1871-1875.

Hamermesh, D. S., & Parker, A. M. (2003). Beauty in the classroom: Professors' pulchritude and putative pedagogical productivity. *The American Economist*, **44**, 17-29.

Haxby, J. V., Hoffman, E. A., & Gobbini, M. I. (2000). The distributed human neural system for face perception. *Trends in Cognitive Sciences*, **4**(6), 223-233.

Hayden, B. Y., Parikh, P. C., Deaner, R. O., & Platt, M. L. (2007). Economic principles motivating social attention in humans. *Proceedings of the Royal Society of London B: Biological Sciences*, **274**(1619), 1751-1756.

Hehman, E., Leitner, J. B., & Freeman, J. B. (2014). The face-time continuum: Lifespan changes in facial width-to-height ratio impact aging-associated perceptions. *Personality and Social*

Psychology Bulletin, **40**(12), 1624-1636.

Henderson, J. J. A., & Anglin, J. M. (2003). Facial attractiveness predicts longevity. *Evolution and Human Behavior*, **24**, 351-356.

Hershler, O., & Hochstein, S. (2005). At first sight: A high-level pop out effect for faces. *Vision Research*, **45**, 1707-1724.

Hertenstein, M. (2013). *The Tell: The Little Clues that Reveal Big Truths about who We are*. New York: Basic Books.（ハーテンステイン，M. 森嶋マリ（訳）(2014). 卒アル写真で将来はわかる：予知の心理学 文藝春秋）

Hildebrandt, K. A., & Fitzgerald, H. E. (1979). Facial feature determinants of perceived infant attractiveness. *Infant Behavior and Development*, **2**, 329-339.

Hönekopp, J. (2006). Once more: Is beauty in the eye of the beholder? Relative contributions of private and shared taste to judgments of facial attractiveness. *Journal of Experimental Psychology: Human Perception and Performance*, **32**, 199-209.

Iaria, G., Fox, C. J., Waite, C. T., Aharon, I., & Barton, J. J. (2008). The contribution of the fusiform gyrus and superior temporal sulcus in processing facial attractiveness: neuropsychological and neuroimaging evidence. *Neuroscience*, **155**(2), 409-422.

Ishai, A. (2007). Sex, beauty and the orbitofrontal cortex. *International Journal of Psychophysiology*, **63**(2), 181-185.

伊藤直樹・小林皇（2010). ホルモンの測定シリーズ・15 性腺系：2 テストステロン 検査と技術, **38**(6), 403-406.

Jasieńska, G., Ziomkiewicz, A., Ellison, P. T., Lipson, S. F., & Thune, I. (2004). Large breasts and narrow waists indicate high reproductive potential in women. *Proceedings of the Royal Society B: Biological Sciences*, **271**(1545), 1213.

Jeffreys, D. A. (1996). Evoked potential studies of face and object processing. *Visual Cognition*, **3**(1), 1-38.

Jones, B. C., DeBruine, L. M., Little, A. C., Burriss, R. P., & Feinberg, D. R. (2007). Social transmission of face preferences among humans. *Proceedings of the Royal Society of London B: Biological Sciences*, **274**(1611), 899-903.

Jones, B. C., DeBruine, L. M., Little, A. C., Conway, C. A., & Feinberg, D. R. (2006). Integrating gaze direction and expression in preferences for attractive faces. *Psychological Science*, **17**, 588-591.

Kampe, K. K., Frith, C. D., Dolan, R. J., & Frith, U. (2001). Reward value of attractiveness and gaze. *Nature*, **413**(6856), 589.

Karraker, K. H., & Stern, M. (1990). Infant physical attractiveness and facial expression: Effects on adult perceptions. *Basic and Applied Social Psychology*, **11**, 371-385.

Karremans, J. C., Dotsch, R., & Corneille, O. (2011). Romantic relationship status biases memory of faces of attractive opposite-sex others: evidence from a reverse-correlation paradigm. *Cognition*, **121**, 422-426.

Kawabata, H., & Zeki, S. (2004). Neural correlates of beauty. *Journal of Neurophysiology*, **91**(4), 1699-1705.

Kenrick, D. T., & Keefe, R. C. (1992). Age preferences in mates reflect sex differences in mating strategies. *Behavioral and Brain Sciences*, **15**, 75-91.

Keysers, C., Xiao, D.-K., Foldiak, P., & Perrett, D. I. (2001). The speed of sight. *Journal of Cognitive Neuroscience*, **13**, 102-120.

Kleinke, C. (1986). Gaze and eye-contact: A research review. *Psychological Bulletin*, **100**, 78-100.

Kleisner, K., Priplatova, L., Frost, P., & Flegr, J. (2013). Trustworthy-Looking Face Meets Brown Eyes. *PLoS One*, **8**(1), e53285.

Korthase, K. M., & Trenholme, I. (1982). Perceived age and perceived physical attractiveness. *Perceptual & Motor Skills*, **54**, 1251-1258.

Kramer, S., Zebrowitz, L. A., San Giovanni, J. P., & Sherak, B. (1995). Infant preferences for attractiveness and babyfaceness. In B. G. Bardy, R. J. Bootsma, & Y. G. Guiard (Eds.), *Studies in Perception & Action III* (pp. 389-392). Westport, CT: Ablex.

Kuraguchi, K., & Ashida, H. (2015). Beauty and cuteness in peripheral vision. *Frontiers in Psychology*, **6**. Article 566.

Kuraguchi, K., Taniguchi, K., & Ashida, H. (2015). The impact of baby schema on perceived attractiveness, beauty, and cuteness in female adults. *Springerplus*, **4**, 164.

Landy, D., & Sigall, H. (1974). Task evaluation as a function of the performer's physical attractiveness. *Journal of Personality and Social Psychology*, **4**, 299-304.

Langlois, J. H., Kalakanis, L., Rubenstein, A. J., Larson, A., Hallam, M., & Smoot, M. (2000). Maxims or myths of beauty? A meta-analytic and theoretical review. *Psychological Bulletin*, **126**(3), 390.

Langlois, J. H., Ritter, J. M., Casey, R. J., & Sawin, D. B. (1995). Infant attractiveness predicts maternal behaviors and attitudes. *Developmental Psychology*, **31**, 464-472.

Langlois, J. H., Ritter, J. M., Roggman, L. A., & Vaughn, L. S. (1991). Facial diversity and infant preferences for attractive faces. *Developmental Psychology*, **27**, 79-84.

Langlois, J. H., & Roggman, L. A. (1990). Attractive faces are only average. *Psychological Science*, **1**, 115-121.

Langlois, J. H., Roggman, L. A., Casey, R. J., Ritter, J. M., Riser-Danner, L. A., & Jenkins, V. Y. (1987). Infant preferences for attractive faces: Rudiments of astereotype? *Developmental Psychology*, **23**, 363-369.

Langlois, J. H., Roggman, L. A., & Musselman, L. (1994). What is average and what is not average about attractive faces? *Psychological Science*, **5**, 214-220.

Law Smith, M. J., Deady, D. K., Moore, F. R., Jones, B. C., Cornwell, R. E., Stirrat, M., ... Perrett, D. I. (2012). Maternal tendencies in women are associated with estrogen levels and facial femininity. *Hormones and Behavior*, **61**, 12-16.

Law Smith, M. J., Perrett, D. I., Jones, B. C., Cornwell, R. E., Moore, F. R., Feinberg, D. R., ... Hillier, S. G. (2006). Facial appearance is a cue to oestrogen levels in women. *Proceedings of the Royal Society of London B: Biological Sciences*, **273**(1583), 135-140.

Leder, H., Tinio, P. P., Fuchs, I. M., & Bohrn, I. (2010). When attractiveness demands longer looks: The effects of situation and gender. *The Quarterly Journal of Experimental Psychology*, **63**, 1858-1871.

Lefevre, C. E., Lewis, G. J., Perrett, D. I., & Penke, L. (2013). Telling facial metrics: facial width is associated with testosterone levels in men. *Evolution and Human Behavior*, **34**, 273-279.

Lewis, G. J., Lefevre, C. E., & Bates, T. C. (2012). Facial width-to-height ratio predicts achievement drive in US presidents. *Personality and Individual Differences*, **52**(7), 855-857.

Liao, H.-I., Yeh, S.-L., & Shimojo, S. (2011). Novelty vs. familiarity principles in preference decisions: task-context of past experience matters. *Frontiers in Psychology*, **2**, 43.

Lie, H. C., Rhodes, G., & Simmons, L. W. (2008). Genetic diversity revealed in human faces. *Evolution*, **62**, 2473-2486.

Limoncin, E., Ciocca, G., Gravina, G. L., Carosa, E., Mollaioli, D., Cellerino, A., ... Jannini, E. A., (2015). Pregnant Women's Preferences for Men's Faces Differ Significantly from Nonpregnant Women. *The Journal of Sexual Medicine*, **12**, 1142-1151.

Little, A. C. (2012). Manipulation of infant-like traits affects perceived cuteness of infant, adult and cat faces. *Ethology*, **118**, 775-782.

Little, A. C., & Hancock, P. J. B. (2002). The role of masculinity and distinctiveness in judgments of human male facial attractiveness. *British Journal of Psychology*, **93**, 451-464.

Little, A. C., & Hill, R. A. (2007). Attribution to red suggests special role in dominance signalling. *Journal of Evolutionary Psychology*, **5**, 161-168.

Little, A. C., & Jones, B. C. (2006). Attraction independent of detection suggests special mechanisms for symmetry preferences in human face perception. *Proceedings of the Royal Society of London B: Biological Sciences*, **273**, 3093-3099.

Little, A. C., Jones, B. C., & DeBruine, L. M. (2011). Facial attractiveness: evolutionary based research. *Philosophical Transactions of the Royal Society of London B: Biological Sciences*, **366**, 1638-1659.

Little, A. C., Saxton, T. K., Roberts, S. C., Jones, B. C., DeBruine, L. M., Vukovic, J., ... Chenore, T. (2010). Women's preferences for masculinity in malefaces are highest during reproductive age range and lower around puberty and post-menopause. *Psychoneuroendocrinology*, **35**, 912-920.

Liu, C. H., & Chen, W. (2012). Beauty is better pursued: Effects of attractiveness in multiple-face tracking. *Quarterly Journal of Experimental Psychology*, **65**, 553-564.

Locher, P., Unger, R., Sociedade, P., & Wahl, J. (1993). At first glance: Accessibility of the physical attractiveness stereotype. *Sex Roles*, **28**, 729-743.

Loffler, G., Yourganov, G., Wilkinson, F., & Wilson, H. R. (2005). fMRI evidence for the neural representation of faces. *Nature Neuroscience*, **8**(10), 1386.

Lorenz, K. (1943). Die angeborenen formen möglicher erfahrung. *Zeitschrift für Tierpsychologie*, **5**, 235-409.

Maier Jr., R. A., Holmes, D. L., Slaymaker, F. L., & Reich, J. N. (1984). The perceived attractiveness of preterm infants. *Infant Behavior and Development*, **7**, 403-414.

Main, J. C., DeBruine, L. M., Little, A. C., & Jones, B. C. (2010). Interactions among the effects of head orientation, emotional expression, and physical attractiveness on face preferences. *Perception*, **39**, 62-71.

Maner, J. K., Kenrick, D. T., Becker, D. V., Delton, A. W., Hofer, B., Wilbur, C. J., & Neuberg, S. L. (2003). Sexually selective cognition: beauty captures the mind of the beholder. *Journal of Personality and Social Psychology*, **85**, 1107.

Mason, M. F., Tatkow, E. P., & Macrae, C. N. (2005). The look of love: Gaze shifts and person perception. *Psychological Science*, **16**, 236-239.

Marečková, K., Weinbrand, Z., Chakravarty, M. M., Lawrence, C., Aleong, R., Leonard, G., ... Paus, T. (2011). Testosterone-mediated sex differences in the face shape during adolescence: subjective impressions and objective features. *Hormones and Behavior*, **60**, 681-690.

Mathes, E. W., Brennan, S. M., Haugen, P. M., & Rice, H. B. (1985). Rating of physical attractiveness as a function of age. *The Journal of Social Psychology*, **125**, 157-168.

Moller, A. P., & Swaddle, J. P. (1997). *Asymmetry, Developmental Stability and Evolution*. New York: Oxford University Press.

Moore, F. R., Cornwell, R. E., Smith, M. L., Al Dujaili, E. A., Sharp, M., & Perrett, D. I. (2011). Evidence for the stress-linked immunocompetence handicap hypothesis in human male faces. *Proceedings of the Royal Society of London B: Biological Sciences*, **278**, 774-780.

Moore, S. L., & Wilson, K. (2002). Parasites as a viability cost of sexual selection in natural populations of mammals. *Science*, **297**, 2015-2018.

Moreland, R. L., & Zajonc, R. B. (1982). Exposure effects in person perception: Familiarity, similarity, and attraction. *Journal of Experimental Social Psychology*, **18**, 395-415.

Mueser, K. T., Grau, B. W., Sussman, S., & Rosen, A. J. (1984). You're only as pretty as you feel: Facial expression as a determinant of physical attractiveness. *Journal of Personality and Social Psychology*, **46**, 469.

Murphy, N. A., Hall, J. A., & Colvin, C. R. (2003). Accurate intelligence assessments in social interactions: Mediators and gender effects. *Journal of personality*, **71**, 465-493.

Murphy, P. J., Lau, J. S. C., Sim, M. M. L., & Woods, R. L. (2007). How red is a white eye? Clinical grading of normal conjunctival hyperaemia. *Eye*, **21**, 633-638.

Must, A., Spadano, J., Coakley, E. H., Field, A. E., Colditz, G., & Dietz, W. H. (1999). The disease burden associated with overweight and obesity. *Journal of the American Medical Association*, **282**, 1523-1529.

Naumann, L. P., Vazire, S., Rentfrow, P. J., & Gosling, S. D. (2009). Personality judgments based on physical appearance. *Personality and Social Psychology Bulletin*, **35**, 1661-1671.

Nakamura, K., Arai, S., & Kawabata, H. (2017). Prioritized identification of attractive and romantic partner faces in rapid serial visual presentation. *Archives of Sexual Behavior*, **46**(8), 2327-2338.

Nakamura, K., & Kawabata, H. (2013). I choose, therefore I like: preference for faces induced by arbitrary choice. *PLoS One*, **8**(8), e72071.

Nakamura, K., & Kawabata, H. (2014). Attractive faces temporally modulate visual attention. *Frontiers in Psychology*, **5**, 620.

Nittono, H., Fukushima, M., Yano, A., & Moriya, H. (2012). The Power of Kawaii: Viewing Cute Images Promotes a Careful Behavior and Narrows Attentional Focus. *PLoS One*, **7**(9), e46362.

O'Doherty, J., Winston, J., Critchley, H., Perrett, D., Burt, D. M., & Dolan, R. J. (2003). Beauty in a smile: the role of medial orbitofrontal cortex in facial attractiveness. *Neuropsychologia*, **41**(2), 147-155.

Olivola, C. Y., Funk, F., & Todorov, A. (2014). Social attributions from faces bias human choices. *Trends in Cognitive Sciences*, **18**(11), 566-570.

Olson, I. R., & Marshuetz, C. (2005). Facial attractiveness is appraised in a glance. *Emotion*, **5**, 498-502.

Oosterhof, N. N., & Todorov, A. (2008). The functional basis of face evaluation. *Proceedings of the National Academy of Sciencesof the United States of America*, **105**, 11087-11092.

Perrett, D. I., Lee, K. J., Penton-Voak, I., Rowland, S., Yoshikawa, D., M., Burt, S., ... Akamatsu, S. (1998). Effects of sexual dimorphism on facial attractiveness. *Nature*, **394**, 884-887.

Perrett, D. I., May, K. A., & Yoshikawa, S. (1994). Facial shape and judgements of female attractiveness. *Nature* **368**, 239-242.

Peskin, M., & Newell, F. N. (2004). Familiarity breeds attraction: Effects of exposure on the attractiveness of typical and distinctive faces. *Perception*, **33**, 147-157.

Pflüger L. S., Oberzaucher, E., Katina, S., Holzleitner, I. J., & Grammer, K. (2012). Cues to fertility: perceived attractiveness and facial shape predict reproductive success. *Evolution and Human Behavior*, **33**, 708-714.

Pi-Sunyer, F. X. (1993). Medical hazards of obesity. *Annals of Internal Medicine*, **119**, 655-660.

Pradel, J., Euler, H. A., & Fetchenhauer, D. (2009). Spotting altruistic dictator game players and mingling with them: the elective assortation of classmates. *Evolution and Human behavior*, **30**, 103-113.

Provine, R. R., Cabrera, M. O., Brocato, N. W., & Krosnowski, K. A. (2011). When the whites of the eyes are red: A uniquely human cue. *Ethology*, **117**, 395-399.

Rantala, M. J., Coetzee, V., Moore, F. R., Skrinda, I., Kecko, S., Krama, T., ... Krams, I. (2013). Facial attractiveness is related to women's cortisol and body fat, but not with immune responsiveness.

Biology Letters, **9**, 20130255.

Rashidi, M., Pazhoohi, F., & Hosseinchari, M. (2012). Effect of facial stimuli exposure time on evaluation of facial attractiveness. *Australian Journal of Psychology*, **64**, 164-168.

Raymond, J. E., Fenske, M. J., & Tavassoli, N. T. (2003). Selective attention determines emotional responses to novel visual stimuli. *Psychological Science*, **14**, 537-542.

Reber, R., Schwart, N., & Whinkielman, P. (2004). Processing fluency and aesthetic pleasure: Is beauty in the perceiver's processing experience? *Personality and Social Psychology Review*, **8**, 364-382.

Reis, H. T., Wilson, I. M., Monestere, C., Bernstein, S., Clark, K., Seidl, E., ... Radoane, K. (1990). What is smiling is beautiful and good. *European Journal of Social Psychology*, **20**, 259-267.

Rhodes, G. (2006). The evolutionary psychology of facial beauty. *Annual Review of Psychology*, **57**, 199-226.

Rhodes, G., Geddes, K., Jeffery, L., Dziurawiec, S., & Clark, A. (2002). Are average and symmetric faces attractive to infants?: Discrimination and lookingpreferences. *Perception*, **31**, 315-321.

Rhodes, G., Hickford, C., & Jeffery, L. (2000). Sex-typicality and attractiveness: Are supermale and superfemale faces super-attractive?. *British Journal of Psychology*, **91**, 125-140.

Rhodes, G., Sumich, A., & Byatt, G. (1999). Are average facial configurations attractive only because of their symmetry? *Psychological Science*, **10**, 52-58.

Rhodes, G., & Tremewan, T. (1996). Averageness, exaggeration, and facial attractiveness. *Psychological Science*, **7**, 105-110.

Rhodes, G., Zebrowitz, L. A., Clark, A., Kalick, S. M., Hightower, A., & McKay, R. (2001). Do facial averageness and symmetry signal health?. *Evolution and Human Behavior*, **22**, 31-46.

Rikowski, A., & Grammer, K. (1999). Human body odour, symmetry and attractiveness. *Proceedings of the Royal Society of London B: Biological sciences*, **266**, 869-874.

Ritz, B. W., & Gardner, E. M. (2006). Malnutrition and energy restriction differentially affect viral immunity. *Journal of Nutrition*, **136**, 1141-1144.

Ritter, J. M., Casey, R. J., & Langlois, J. H. (1991). Adults' responses to infants varying in appearance of age and attractiveness. *Child Development*, **62**, 68-82.

Ritts, V., Patterson, M. L., & Tubbs, M. E. (1992). Expectations, Impressions, and Judgments of Physically Attractive Students: A Review. *Review of Educational Research*, **62**, 413-426.

Ro, T., Russell, C., & Lavie, N. (2001). Changing faces: A detection advantage in the flicker paradigm. *Psychological Science*, **12**, 94-99.

Roberts, S. C., Havlicek, J., Flegr, J., Hruskova, M., Little, A. C., Jones, B. C., ... Petrie, M. (2004). Female facial attractiveness increases during the fertile phase of the menstrual cycle. *Proceedings of the Royal Society of London B: Biological Sciences*, **271**(Suppl 5), S270-S272.

Roberts, S. C., Little, A. C., Gosling, L. M., Perrett, D. I., Carter, V., Jones, B. C., ... Petrie, M. (2005). MHC-heterozygosity and human facial attractiveness. *Evolution and Human Behavior*, **26**, 213-226.

Rochat, P., & Hespos, S. J. (1996). Tracking and anticipation of invisible spatial transformations by 4-to 8-month-old infants. *Cognitive Development*, **11**, 3-17.

Rossion, B., Joyce, C. A., Cottrell, G. W., & Tarr, M. J. (2003). Early lateralization and orientation tuning for face, word, and object processing in the visual cortex. *Neuroimage*, **20**(3), 1609-1624.

Rubenstein, A. J., Kalakanis, L., & Langlois, J. H. (1999). Infant preferences for attractive faces: A cognitive explanation. *Developmental Psychology*, **15**, 848-855.

Russell, R. (2003). Sex, beauty and the relative luminance of facial features. *Perception*, **32**, 1093-1107.

引用文献　　243

Russell, R. (2009). A sex difference in facial contrast and its exaggeration by cosmetics. *Perception*, **38**, 1211-1219.

Russell, R., Sweda, J. R., Porcheron, A., & Mauger, E. (2014). Sclera color changes with age and is a cue for perceiving age, health, and beauty. *Psychology and Aging*, **29**, 626-635.

Ryu, J. J., & Chaudhuri, A. (2007). Differences in attentional involvement underlying the perception of distinctive and typical faces. *Perception*, **36**, 1057-1065.

Samuels, C. A., Butterworth, G., Roberts, T., Graupner, L., & Hoyle, G. (1994). Facial aesthetics: Babies prefer attractiveness to symmetry. *Perception*, **23**, 823-831.

Samuels, C. A., & Ewy, R. (1985). Aesthetic perception of faces during infancy. *British Journal of Developmental Psychology*, **3**, 221-228.

Sarno, J., & Alley, T. R. (1997). Attractiveness and the memorability of faces: Only a matter of distinctiveness? *American Journal of Psychology*, **110**, 81-92.

Schacht, A., Werheid, K., & Sommer, W. (2008). The appraisal of facial beauty is rapid but not mandatory. *Cognitive, Affective, & Behavioral Neuroscience*, **8**(2), 132-142.

Shackelford, T. K., & Larsen, R. J. (1999). Facial attractiveness and physical health. *Evolution and Human Behaviour*, **21**, 71-76.

Shepherd, J. W., Gibling, F., & Ellis, H. D. (1991). The effects of distinctiveness, presentation time and delay on face recognition. *European Journal of Cognitive Psychology*, **3**, 137-145.

Short, L. A., Mondloch, C. J., & Hackland, A. T. (2015). Attractiveness judgments and discrimination of mommies and grandmas: Perceptual tuning for young adult faces. *Journal of Experimental Child Psychology*, **129**, 1-11.

Simpson, J. A., Gangestad, S. W., & Lerma, M. (1990). Perception of physical attractiveness: Mechanisms involved in the maintenance of romantic relationships. *Journal of Personality and Social Psychology*, **59**, 1192-1201.

Sigall, H., & Ostrove, N. (1975) Beautiful but dangerous: Effects of offender attractiveness and nature of the crime on juridical judgement. *Journal of Personality and Social Psychology*, **31**, 410-414.

Singh, D. (1993). Adaptive significance of female physical attractiveness: role of waist-to-hip ratio. *Journal of Personality and Social Psychology*, **65**, 293-307.

Slater, A., Quinn, P. C., Hayes, R., & Brown, E. (2000). The role of facial orientation in newborn infants' preference for attractive faces. *Developmental Science*, **3**, 181-185.

Slater, A., Von der Schulenberg, C., Brown, E., Badenoch, M., & Butterworth, G. E. (1998). Newborn infants prefer attractive faces. *Infant Behaviour and Development*, **21**, 345-354.

Soler, C., Kekäläinen, J., Núñez, M., Sancho, M., Álvarez, J. G., Núñez, J., … Gutiérrez, R. (2014). Male facial attractiveness and masculinity may provide sex-and culture-independent cues to semen quality. *Journal of Evolutionary Biology*, **27**, 1930-1938.

Solomon, R. L., & Corbit, J. D. (1974). An opponent-process theory of motivation. I. Temporal dynamics of affect. *Psychological Review*, **81**, 119-145.

Spelke, E. S. (1985). Preferential looking methods as tools for the study of cognition in infancy. In G. Gottlieb, & N. Krasnegor (Eds.), *Measurement of Auditionand Vision in the First Year of Postnatal Life* (pp. 323-363). Norwood, NJ: Ablex.

Stephen, I. D., Coetzee, V., & Perrett, D. I. (2011). Carotenoid and melanin pigment coloration affect perceived human health. *Evolution and Human Behavior*, **32**, 216-227.

Stephen, I. D., Coetzee, V., Smith, M. L., & Perrett, D. I. (2009). Skin blood perfusion and oxygenation colour affect perceived human health. *PLoS One*, **4**(4), e5083.

Stephen, I. D., & McKeegan, A. M. (2010). Lip colour affects perceived sex typicality and attractiveness of human faces. *Perception*, **39**, 1104-1110.

Stephen, I. D., Oldham, F. H., Perrett, D. I., & Barton, R. A. (2012a). Redness enhances perceived aggression, dominance and attractiveness in men's faces. *Evolutionary Psychology*, **10**, 562-572.

Stephen, I. D., Scott, I. M. L., Coetzee, V., Pound, N., Perrett, D. I., & Penton-Voak, I. S. (2012b). Cross-cultural effects of color, but not morphological masculinity, on perceived attractiveness of men's faces. *Evolution and Human Behavior*, **33**, 260-267.

Stirrat, M., & Perrett, D. I. (2012). Face structure predicts cooperation: Men with wider faces are more generous to their in-group when out-group competition is salient. *Psychological Science*, **23**(7), 718-722.

Sui, J., & Liu, C. H. (2009). Can beauty be ignored?: Effects of facial attractiveness on covert attention. *Psychonomic Bulletin & Review*, **16**, 276-281.

Swaddle, J. P., & Reierson, G. W. (2002). Testosterone increases perceived dominance but not attractiveness in human males. *Proceedings of the Royal Society of London B: Biological Sciences*, **269**(1507), 2285-2289.

Swami, V., Furnham, A., Georgiades, C., &Pang, L. (2007). Evaluating self and partner physical attractiveness. *Body Image*, **4**, 97-101.

Tatarunaite, E., Playle, R., Hood, K., Shaw, W., & Richmond, S. (2005). Facial attractiveness: a longitudinal study. *American Journal of Orthodontics and Dentofacial Orthopedics*, **127**, 676-682.

Thornhill, R., & Gangestad, S. W. (1994). Human fluctuating asymmetry and sexual-behavior. *Psychological Science*, **5**, 297-302.

Thornhill, R., & Gangestad, S. W. (1999). Facial attractiveness. *Trends in Cognitive Sciences*, **3**, 452-460.

Thornhill, R., & Møller, A. P. (1997). Developmental stability, disease and medicine. *Biological Reviews*, **72**(4), 497-548.

Todorov, A., Pakrashi, M., & Oosterhof, N. N. (2009). Evaluating faces on trustworthiness after minimal time exposure. *Social Cognition*, **27**, 813-833.

Tovée, M. J., Reinhardt, S., Emery, J. L., & Cornelissen, P. L. (1998). Optimum body-mass index and maximum sexual attractiveness. *The Lancet*, **352**, 548.

Valentine, T. (1991). A unified account of the effects of distinctiveness, inversion, and race in face recognition. *The Quarterly Journal of Experimental Psychology*, **43**, 161-204.

van Dongen, S., & Gangestad, S. W. (2011). Human fluctuating asymmetry in relation to health and quality: A meta-analysis. *Evolution and Human Behavior*, **32**, 380-398.

Van Duuren, M., Kendell-Scott, L., & Stark, N. (2003). Early aesthetic choices: Infant preferences for attractive premature infant faces. *International Journal of Behavioral Development*, **27**, 212-219.

van Hooff, J. C., Crawford, H., & van Vugt, M. (2011). The wandering mind of men: ERP evidence for gender differences in attention bias towards attractive opposite sex faces. *Social Cognitive and Affective Neuroscience*, **6**(4), 477-485.

van Straaten, I., Holland, R. W., Finkenauer, C., Hollenstein, T., & Engels, R. C. (2010). Gazing behavior during mixed-sex interactions: Sex and attractiveness effects. *Archives of Sexual Behavior*, **39**, 1055-1062.

van Valen, L. (1962). A study of fluctuating asymmetry. *Evolution*, **16**, 125-142.

Verplaetse, J., Vanneste, S., & Braeckman, J. (2007). You can judge a book by its cover: the sequel.: A kernel of truth in predictive cheating detection. *Evolution and Human Behavior*, **28**, 260-271.

Vokey, J. R., & Read, J. D. (1992). Familiarity, memorability, and the effect of typicality on the

引用文献　　　　245

recognition of faces. *Memory & Cognition*, **20**, 291-302.

Wade, T. J., Fuller, L., Bresnan, J., Schaefer, S., & Mlynarski, L. (2007). Weight halo effects: Individual differences in personality evaluations and perceived life success of men as a function of weight? *Personality and Individual Differences*, **42**, 317-324.

Waitt, C., Little, A. C., Wolfensohn, S., Honess, P., Brown, A. P., Buchanan-Smith, H. M., & Perrett, D. I. (2003). Evidence from rhesus macaques suggests that male coloration plays a role in female primate mate choice. *Proceedings of the Royal Society of London B: Biological Sciences*, **270** (Suppl 2), S144-S146.

Weinberg, A., & Hajcak, G. (2010). Beyond good and evil: The time-course of neural activity elicited by specific picture content. *Emotion*, **10**(6), 767.

Whitehead, R. D., Re, D., Xiao, D., Ozakinci, G., & Perrett, D. I. (2012). You Are What You Eat: Within-Subject Increases in Fruit and Vegetable Consumption Confer Beneficial Skin-Color Changes. *PLoS One*, **7**(3), e32988.

Willis, J., & Todorov, A. (2006). First impressions making up your mind after a 100-ms exposure to a face. *Psychological Science*, **17**, 592-598.

Winkielman, P., Halberstadt, J., Fazendeiro, T., & Catty, S. (2006). Prototypes are attractive because they are easy on the mind. *Psychological Science*, **17**, 799-806.

Winograd, E. (1981). Elaboration and distinctiveness in memory for faces. *Journal of Experimental Psychology: Human Learning and Memory*, **7**, 181-190.

Yu, J., Hung, D. L., Tseng, P., Tzeng, O. J., Muggleton, N. G., & Juan, C. H. (2012). Sex differences in how erotic and painful stimuli impair inhibitory control. *Cognition*, **124**, 251-255.

Zajonc, R. B. (1968). Attitudinal effects of mere exposure. *Journal of Personality and Social Psychology Monograph*, **9**(Suppl. 2), 1-27.

Zajonc, R. B. (2001). Mere exposure: A gateway to the subliminal. *Current Directions in Psychological Science*, **10**, 224-228.

Zebrowitz, L. A., Hall, J. A., Murphy, N. A., & Rhodes, G. (2002). Looking smart and looking good: Facial cues to intelligence and their origins. *Personality and Social Psychology Bulletin*, **28**, 238-249.

Zebrowitz, L. A., & Rhodes, G. (2004). Sensitivity to "bad genes" and the anomalous face overgeneralization effect: Cue validity, cue utilization, and accuracy in judging intelligence and health. *Journal of Nonverbal Behavior*, **28**, 167-185.

Zietsch et al., 2011

第6章

Aharon, I., Etcoff, N., Ariely, D., Chabris, C. F., O'Connor, E., & Breiter, H. C. (2001). Beautiful faces have variable reward value: fMRI and behavioral evidence. *Neuron*, **32**(3), 537-551.

Armony, J. L., & Dolan, R. J. (2002). Modulation of spatial attention by fear-conditioned stimuli: an event-related fMRI study. *Neuropsychologia*, **40**(7), 817-826.

Arnheim, R. (1959). Information theory: An introductory note. *Journal of Aesthetics and Art Criticism*, **17**(3), 501-503.

Arnheim, R. (1974). *Art and Visual Perception*. Berkeley. University of California Press.

Bartels, A., & Zeki, S. (2000). The architecture of the colour centre in the human visual brain: new results and a review. *European Journal of Neuroscience*, **12**(1), 172-193.

Berlyne, D. E. (1971). *Aesthetics and Psychobiology*. New York: Appleton-Century-Crofts.

Berthoz, S., Armony, J. L., Blair, R. J. R., & Dolan, R. J. (2002). An fMRI study of intentional and unintentional (embarrassing) violations of social norms. *Brain*, **125**(8), 1696-1708.

Birkhoff, G. D. (1932). *Aesthetic Measure*. Cambridge, MA: Harvard University Press,

Blood, A. J., & Zatorre, R. J. (2001) Intensely pleasurable responses to music correlate with activity in brain regions implicated in reward and emotion. *Proceedings of the National Academy of Sciences of the United States of America*, **98**, 11818-11823.

Blood, A. J., Zatorre, R. J., Bermudez, P., & Evans, A. C. (1999). Emotional responses to pleasant and unpleasant music correlate with activity in paralimbic brain regions. *Nature Neuroscience*, **2**(4), 382-387.

Breton, A. (1924). Manifesto of surrealism. *Manifestoes of surrealism*, *15*.

Burke, E. (1757). *A Philosophical Enquiry into the Origin of our Ideas of the Sublime and Beautiful*. London: R. and J. Dodsley.

Calvo-Merino, B., Jola, C., Glaser, D. E., & Haggard, P. (2008). Towards a sensorimotor aesthetics of performing art. *Consciousness and Cognition*, **17**(3), 911-922.

Calvo-Merino, B., Urgesi, C., Orgs, G., Aglioti, S. M., & Haggard, P. (2010). Extrastriate body area underlies aesthetic evaluation of body stimuli. *Experimental Brain Research*, **204**(3), 447-456.

Cela-Conde, C. J., Ayala, F. J., Munar, E., Maestú, F., Nadal, M., Capó, M. A, ... Marty, G. (2009). Sex-related similarities and differences in the neural correlates of beauty. *Proceedings of the National Academy of Sciences of the United States of America*, **106**(10), 3847-3852. doi:10.1073/pnas.0900304106

Cela-Conde, C. J., Marty, G., Maestú, F., Ortiz, T., Munar, E., Fernández, A., ... Quesney, F. (2004). Activation of the prefrontal cortex in the human visual aesthetic perception. *Proceedings of the National Academy of Sciences of the United States of America*, **101**(16), 6321-6325. doi:10.1073/pnas.0401427101

Cela-Conde, C. J., Garcia-Prieto, J., Ramasco, J. J., Mirasso, C. R., Bajo, R., Munar, E., ... Maestu, F. (2013). Dynamics of brain networks in the aesthetic appreciation. *Proceedings of the National Academy of Sciences of the United States of America*, **110**, 10454-10461.

Chatterjee, A. (2004). The neuropsychology of visual artistic production. *Neuropsychologia*, **42**, 1568-1583.

Chatterjee, A. (2011). Neuroaesthetics: A coming of age story. *Journal of Cognitive Neuroscience*, **23**, 53-62.

Conway, B. R., Kitaoka, A., Yazdanbakhsh, A., Pack, C. C., & Livingstone, M. S. (2005). Neural basis for a powerful static motion illusion. *Journal of Neuroscience*, **25**(23), 5651-5656.

Corbetta, M., & Shulman, G. L. (2002). Control of goal-directed and stimulus-driven attention in the brain. *Nature Reviews Neuroscience*, **3**(3), 201-215.

Critchley, H. D., Rotshtein, P., Nagai, Y., O'doherty, J., Mathias, C. J., & Dolan, R. J. (2005). Activity in the human brain predicting differential heart rate responses to emotional facial expressions. *Neuroimage*, **24**(3), 751-762.

Cupchik, G. C., Vartanian, O., Crawley, A., & Mikulis, D. J. (2009). Viewing artworks: contributions of cognitive control and perceptual facilitation to aesthetic experience. *Brain and Cognition*, **70**(1), 84-91.

Damasio, A. R. (1994). *Descartes' Error: Emotion, Reason, and the Human Brain*. Putnam.（ダマシオ, A. R. 田中三彦（訳）（2000）. 生存する脳——心と脳と身体の神秘 講談社）

Damasio, A. R. (1996). The somatic marker hypothesis and the possible functions of the prefrontal cortex. *Philosophical Transactions of the Royal Society of London. Series B, Biological Sciences*, **351**(1346), 1413-1420.

Delgado, M. R., Locke, H. M., Stenger, V. A., & Fiez, J. A. (2000). Dorsal striatum responses to reward and punishment: effects of valence and magnitude manipulations. *Cognitive, Affective, & Behavioral Neuroscience*, **3**, 27-38.

Di Dio, C., Canessa, N., Cappa, S. F., & Rizzolatti, G. (2011). Specificity of esthetic experience for artworks: an fMRI study. *Frontiers in Human Neuroscience*, **5**, 139.

Di Dio, C., Macaluso, E., & Rizzolatti, G. (2007). The golden beauty: brain response to classical and renaissance sculptures. *PLoS One*, **2**(11), e1201.

Farah, M. J. (2000). *The Cognitive Neuroscience of Vision*. Blackwell Publishing.

Fechner, G. (1876). *Vorschule der Aesthetik*. Leipzig: Breitkopf and Hartel.

Friston, K. J., Buechel, C., Fink, G. R., Morris, J., Rolls, E., & Dolan, R. J. (1997). Psychophysiological and modulatory interactions in neuroimaging. *Neuroimage*, **6**(3), 218-229.

Gazzaniga, M. S. (2008). *Human: The Science Behind What Makes Us Unique*. New York: Ecco.（ガザニガ，M. S. 柴田裕之（訳）(2010). 人間らしさとはなにか？：人間のユニークさを明かす科学の最前線　インターシフト）

Grahn, J. A., & Rowe, J. B. (2012). Finding and feeling the musical beat: striatal dissociations between detection and prediction of regularity. *Cerebral Cortex*, **23**(4), 913-921.

Graybiel, A. M. (2005). The basal ganglia: learning new tricks and loving it. *Current Opinion in Neurobiology*, **15**(6), 638-644.

Grossberg, S., Mingolla, E., & Ross, W. D. (1997). Visual brain and visual perception: How does the cortex do perceptual grouping? *Trends in Neuroscience*, **20**, 106-111.

Hayashi, T., Umeda, C., & Cook, N. D. (2007). An fMRI study of the reverse perspective illusion. *Brain Research*, **1163**, 72-78.

Hill, H., & Johnston, A. (2007). The hollow-face illusion: Object-specific knowledge, general assumptions or properties of the stimulus? *Perception*, **36**(2), 199-223.

Höfel, L., & Jacobsen, T. (2007). Electrophysiological indices of processing symmetry and aesthetics: A result of judgment categorization or judgment report? *Journal of Psychophysiology*, **21**(1), 9-21.

Hubel, D. H., & Wiesel, T. N. (1968). Receptive fields and functional architecture of monkey striate cortex. *The Journal of physiology*, **195**, 215-243.

Hugdahl, K., Thomsen, T., & Ersland, L. (2006). Sex differences in visuo-spatial processing: an fMRI study of mental rotation. *Neuropsychologia*, **44**, 1575-1583.

Huettel, S. A., & McCarthy, G. (2004). What is odd in the oddball task?: Prefrontal cortex is activated by dynamic changes in response strategy. *Neuropsychologia*, **42**(3), 379-386.

石津智大 (2016). 神経美学の功績：神経美学はニューロトラッシュか（神経系人文学：イメージ研究の挑戦）. 思想，**1104**, 76-96.

Ishizu, T., & Zeki, S. (2011). Toward A Brain-Based Theory of Beauty. *PLoS ONE*, **6**(7), e21852. doi:10.1371/journal.pone.0021852

Ishizu, T., & Zeki, S. (2013). The brain's specialized systems for aesthetic and perceptual judgment. *The European Journal of Neuroscience*, **37**(9), 1413-1420.

Ishizu, T., & Zeki, S. (2014). A neurobiological enquiry into the origins of our experience of the sublime and beautiful. *Frontiers in Human Neuroscience*, **8**, 891.

Jacobsen, T., & Höfel, L. (2003). Descriptive and evaluative judgment processes: Behavioral and electrophysiological indices of processing symmetry and aesthetics. *Cognitive, Affective, & Behavioral Neuroscience*, **3**, 289-299.

Jacobsen, T., Schubotz, R. I., Höfel, L., & Cramon, D. Y. (2006). Brain correlates of aesthetic judgment of beauty. *NeuroImage*, **29**(1), 276-285. doi:10.1016/j.neuroimage.2005.07.010

Kant, I. (1790). *Kritik der Urteilskraft*. Hamburg: Meiner.（カント，I. 篠田秀雄（訳）(1964). 判断

力批判（上）（下）岩波書店）

Kanwisher, N., McDermott, J., & Chun, M. M. (1997). The fusiform face area: a module in human extrastriate cortex specialized for face perception. *Journal of Neuroscience*, **17**(11), 4302-4311.

川畑秀明（2012）. 脳は美をどう感じるか──アートの脳科学　筑摩書店

Kawabata, H., & Zeki, S. (2004). Neural correlates of beauty. *Journal of Neurophysiology*, **91**(4), 1699-1705. doi: 10.1152/jn.00696.2003

Kawabata, H., & Zeki, S. (2008). The neural correlates of desire *PLoS ONE*, **3**, e3027.

Kim, H., Adolphs, R., O'Doherty, J. P., & Shimojo, S. (2007). Temporal isolation of neural processes underlying face preference decisions. *Proceedings of the National Academy of Sciences of the United States of America*, **104**, 18253-18258.

Kirk, U. (2008). The neural basis of object-context relationships on aesthetic judgment. *PLoS One*, **3** (11), e3754.

Kitaoka, A. (2014). Color-dependent motion illusions in stationary images and their phenomenal dimorphism. *Perception*, **43**, 914-925.

Knutson, B., Adams, C. M., Fong, G. W., & Hommer, D. (2001). Anticipation of increasing monetary reward selectively recruits nucleus accumbens. *Journal of Neuroscience*, **21**, RC159.

Knutson, K. M., Wood, J. N., Spampinato, M. V., & Grafman, J. (2006). Politics on the brain: An fMRI investigation. *Social Neuroscience*, **1**(1), 25-40.

Kobatake, E., & Tanaka, K. (1994). Neuronal selectivities to complex object features in the ventral visual pathway of the macaque cerebral cortex. *Journal of Neurophysiology*, **71**(3), 856-867.

Krawczyk, D. C. (2002). Contributions of the prefrontal cortex to the neural basis of human decision making. *Neuroscience & Biobehavioral Review*, **26**, 631-664.

Leder, H., Belke, B., Oeberst, A., & Augustin, D. (2004). A model of aesthetic appreciation and aesthetic judgments. *British Journal of Psychology*, **95**, 489-508.

Livingstone, M. S. & Hubel, D. H. (1987). Psychophysical evidence for separate channels for the perception of form, color, movement, and depth. *Journal of Neuroscience*, **7**, 3416-3468.

Michelon, P., Snyder, A. Z., Buckner, R. L., McAvoy, M., & Zacks, J. M. (2003). Neural correlates of incongruous visual information. An event-related fMRI study. *NeuroImage*, **19**, 1612-1626.

Miyahara, M., Harada, T., Ruffman, T., Sadato, N., & Iidaka, T. (2011). Functional connectivity between amygdala and facial regions involved in recognition of facial threat. *Social Cognitive and Affective Neuroscience*, **8**(2), 181-189.

Nakamura, K., & Kawabata, H. (2015). Transcranial direct current stimulation over the medial prefrontal cortex and left primary motor cortex (mPFC-lPMC) affects subjective beauty but not ugliness. *Frontiers in Human Neuroscience*, **9**, 654.

Okubo, M., & Michimata, C. (2004). The role of high spatial frequencies in hemispheric processing of categorical and coordinate spatial relations. *Journal of Cognitive Neuroscience*, **16**, 1576-1582.

Pelphrey, K. A., Morris, J. P., & Mccarthy, G. (2004). Grasping the intentions of others: the perceived intentionality of an action influences activity in the superior temporal sulcus during social perception. *Journal of Cognitive Neuroscience*, **16**(10), 1706-1716.

Perrett, D. I., Harries, M. H., Bevan, R., Thomas, S., Benson, P. J., Mistlin, A. J., ... Ortega, J. E. (1989). Frameworks of analysis for the neural representation of animate objects and actions. *Journal of Experimental Biology*, **146**(1), 87-113.

Reber, R., Schwarz, N., & Winkielman, P. (2004). Processing fluency and aesthetic pleasure: Is beauty in the perceiver's processing experience?. *Personality and Social Psychology Review*, **8** (4), 364-382.

Rentschler, I., Herzberger, B., & Epstein, D. (1988). *Beauty and the Brain: Biological Aspects of*

Aesthetics. Birkhauser Verlag.（レンチュラー，I.・ヘルツバーガー，B.・エプスタイン，D. 野口薫・苧坂直行（監訳）（2000）. 美を脳から考える——芸術への生物学的探検　新曜社）

Rolls, E. T., & McCabe, C. (2007). Enhanced affective brain representations of chocolate in cravers vs. non-cravers. *European Journal of Neuroscience, 26,* 1067-1076.

Rolls, E. T., Kringelbach, M. L., & De Araujo, I. E. (2003). Different representations of pleasant and unpleasant odours in the human brain. *European Journal of Neuroscience,* 18(3), 695-703.

Rolls, E. T., O'Doherty, J., Kringelbach, M. L., Francis, S., Bowtell, R., & McGlone, F. (2003). Representations of pleasant and painful touch in the human orbitofrontal and cingulate cortices. *Cerebral Cortex,* 13(3), 308-317.

Sacks, O. W. (1995). *Anthropologist on Mars: Seven Paradoxical Tales.* New York: Knopf.（サックス，O. W. 吉田利子（訳）(1997). 火星の人類学者——脳神経科医と 7 人の奇妙な患者　早川書房）

Salimpoor, V. N., Benovoy, M., Larcher, K., Dagher, A., & Zatorre, R. J. (2011). Anatomically distinct dopamine release during anticipation and experience of peak emotion to music. *Nature Neuroscience, 14,* 257-264.

Schirrmacher, R., & Fox, J. E. (2009). *Art and Creative Development for Young Children* (6th ed.). Belmont, CA: Delmar.

Schultz, W. (2000). Multiple reward signals in the brain. *Nature Reviews Neuroscience,* 1(3), 199-207.

Schultz, W. (2008). Introduction. Neuroeconomics: the promise and the profit. *Philosophical Transactions of the Royal Society B: Biological Sciences,* 363(1511), 3767.

Skov, M., & Vartanian, O. (Ed.). (2009). *Neuroaesthetics* (Foundations and frontiers in aesthetics). Amityville, NY: Baywood.

Squires, N. K., Squires, K. C., & Hillyard, S. A. (1975). Two varieties of long-latency positive waves evoked by unpredictable auditory stimuli in man. *Electroencephalography and Clinical Neurophysiology,* 38(4), 387-401.

Stevanov, J., Spehar, B., Ashida, H., & Kitaoka, A. (2012). Anomalous motion illusion contributes to visual preference. *Frontiers in Psychology, 3,* 528.

Van Essen, D. C., Felleman, D. F., DeYoe, E. A., Olavarria, J. F., & Knierim, J. J. (1990). Modular and hierarchical organization of extrastriate visual cortex in the macaque monkey. *Cold Spring Harbor Symposia on Quantitative Biology, 55,* 679-696.

Vartanian, O., & Goel, V. (2004). Neuroanatomical correlates of aesthetic preference for paintings. *Neuroreport,* 15(5), 893-897.

Yamamura, H., Sawahata, Y., Yamamoto, M., & Kamitani, Y. (2009). Neural art appraisal of painter: Dali or Picasso? *Neuroreport,* 20(18), 1630-1633.

Zaidel, D. W. (2005). *Neuropsychology of Art: Neurological, Cognitive and Evolutionary Perspectives.* Psychology Press.（ザイデル，D. W. 河内十郎（監訳）(2010). 芸術的才能と脳の不思議——神経心理学からの考察　医学書院）

Zeki, S. M. (1973). Colour coding in rhesus monkey prestriate cortex. *Brain Research, 53,* 422-427.

Zeki, S. M. (1974). Functional organization of a visual area in the posterior hank of the superior temporal sulcus in the rhesus monkey. *Journal of Physiology, 236,* 549-573.

Zeki, S. M. (1978). Functional specialisation in the visual cortex of the rhesus monkey. *Nature, 274,* 423-428.

Zeki, S. (1983). Colour coding in the cerebral cortex: the reaction of cells in monkey visual cortex to wavelengths and colours. *Neuroscience, 9,* 741-765.

Zeki, S. (1990). A century of cerebral achromatopsia. *Brain, 113,* 1721-1777.

Zeki, S. (1991). Cerebral akinetopsia (visual motion blindness): A review. *Brain, 114,* 811-824.

Zeki, S. (1999). *Inner Vision. An Exploration of Art and the Brain.* Oxford: Oxford University

Press. (ゼキ, S. 河内十郎 (監訳) (2002). 脳は美をいかに感じるか——ピカソやモネが見た世界 日本経済新聞社)

Zeki, S., Hulme, O. J., Roulston, B., & Atiyah, M. (2008). The Encoding of Temporally Irregular and Regular Visual Patterns in the Human Brain. *PLoS one*, **3**(5), e2180.

Zeki, S., & Lamb, M. (1994). The Neurology of Kinetic Art. *Brain*, **117**, 607-636.

Zeki, S., & Marini, L. (1998). Three cortical stages of colour processing in the human brain. *Brain*, **121**, 1669-1685.

Zeki, S., & Romaya, J. P. (2008). Neural correlates of hate. *PLoS one*, **3**(10), e3556.

Zeki, S., & Stutters, J. (2012). A brain-derived metric for preferred kinetic stimuli. *Open Biology*, **2** (2), 120001.

Zeki, S., Watson, J. D., Lueck, C. J., Friston, K. J., Kennard, C., & Frackowiak, R. S. (1991). A direct demonstration of functional specialization in human visual cortex. *Journal of Neuroscience*, **11** (3), 641-649.

第7章

Aichinger-Kassek, W. (1995). *Neurological Folios*. Slovenia: Gorenjski Tisk Kranj.

Alajouanine, T. (1948). Aphasia and artistic realization. *Brain*, **71**, 229-241.

Annoni, J. M., Devuyst, G., Carota, A., Bruggimann, L., & Bogousslavsky, J. (2005). Changes in artistic style after minor posterior stroke. *Journal of Neurology, Neurosurgery, and Psychiatry*, **76**, 797-803.

Aziz-Zadeh, L., Liew, S. L., & Dandekar, F. (2013). Exploring the neural correlates of visual creativity. *Social Cognitive and Affective Neuroscience*, **8**, 475-480.

Bauer, R. M. (1982). Visual hypoemotionality as a symptom of visual-limbic disconnection in man. *Archives of Neurology*, **39**, 702-708.

Bäzner, H., & Hennerici, M. (2006) Stroke in painters. *International Review of Neurobiology*, **74**, 165-191.

Bäzner, H., & Hennerici, M. G. (2007). Painting after right-hemisphere stroke: Case studies of Professional Artists. In J. Bogousslavsky, & M. G. Hennerici (Eds.), *Neurological Disorders in Famous Artists: Part 2* (pp. 1-13). Basel: Karger.

Bhattacharya, J., & Petsche, H. (2002). Shadows of artistry: cortical synchrony during perception and imagery of visual art. *Cognitive Brain Research*, **13**, 179-186.

Bhattacharya, J., & Petsche, H. (2005). Drawing on mind's canvas: Differences in cortical integration patterns between artists and non-artists. *Human Brain Mapping*, **26**, 1-14.

Bogousslavsky, J. (2003). L'amour perdu de Gui et Madeleine: Le syndrome émotionnel et comportemental temporal de Guillaume Apollinaire. *Revue Neurologique*, **15**, 171-179.

Bogousslavsky, J. (2005). Artistic creativity, style and brain disorders. *European Neurology*, **54**, 103-111.

Bogousslavsky, J. (2006) Creativity in painting and style in brain-damaged artists. *International Review of Neurobiology*, **74**, 135-146.

Boller, F. (2005). Alajouanine's painter: Paul-Elie Gernez. In J. Bogousslavsky, & F. Boller (Eds.), *Neurological Disorders in Famous Artists* (pp. 92-100). Basel: Karger.

Broca, P. (1861). Perte de la parole, remollissement chronique et destruction partielle du lobe anterieur gauche du cerveau. *Bulletin de la Société Anthropologique*, **2**, 235-238.

Budrys, V., Skullerud, K., Petroska, D., Lengveniene, J., & Kaubrys, G. (2007). Dementia and art: neuronal intermediate filament inclusion disease and dissolution of artistic creativity. *European*

Neurology, **57**, 137-144.

Butts, B. (1996). Drawings, watercolours, prints. In P.-K. Schuster, C. Vitali, & B. Butts (Eds.), *Lovis Corinth* (pp. 324-378). Munich: Prestel-Verlag.

Cantagallo, A., & Della Sala, S. (1998). Preserved insight in an artist with extrapersonal spatial neglect. *Cortex*, **34**, 163-189.

Chatterjee, A. (2008). Apoplexy and personhood in Katherine Sherwood's Paintings. National Academy of Sciences Exhibition Catalogue. pp. 44-52.

Chatterjee, A., Hamilton, R. H., & Amorapanth, P. X. (2006). Art produced by a patient with Parkinson's disease. *Behavioral Neurology*, **17**, 105-108.

Cox, M. V. (1993). *Children's Drawings of the Human Figure*. New York: Psychology Press.

Critchley, M. (1953). *The Parietal Lobes*. New York: Hafner.

Crutch, S. J., Isaacs, R., & Rossor, M. N. (2001). Some workmen can blame their tools: artistic change in an individual with Alzheimer's disease. *Lancet*, **357**, 2129-2133.

Espinel, C. (1996). DeKooning's late colours and forms, dementia, creativity, and the healing power of art. *Lancet*, **347**, 1096-1098.

ffytche D. H., Blom, J. D., & Catani, M. (2010). Disorders of visual perception. *Journal of Neurology, Neurosurgery, and Psychiatry*, **81**, 1280-1287.

Finkelstein, Y., Vardi, J., & Hod, I. (1991). Impulsive artistic creativity as a presentation of transient cognitive alterations. *Behavioral Medicine*, **17**, 91-94.

Fornazzari, L. R. (2005). Preserved painting creativity in an artist with Alzheimer's disease. *European Journal of Neurology*, **12**, 419-424.

Gazzaniga, M. S. (2005). Forty-five years of split-brain research and still going strong. *Nature Reviews Neuroscience*, **6**, 653-659.

Griffiths, T. D., Warren, J. D., Dean, J. L., & Howard, D. (2004). "When the feeling's gone": a selective loss of musical emotion. *Journal of Neurology Neurosurgery and Psychiatry*, **75**, 344-345.

Habib, M. (1986). Visual hypo-emotionality and prosopagnosia associated with right temporal lobe isolation. *Neuropsychologia*, **24**, 577-582.

八田武志 (2013).「左脳・右脳神話」の誤解を解く　化学同人

Heilman, K. M., Nadeau, S. E., & Beversdorf, D. O. (2003). Creative innovation: Possible brain mechanisms. *Neurocase*, **9**, 369-379.

Hughes, J. R. (2005). A reappraisal of the possible seizures of Vincent van Gogh. *Epilepsy & Behavior*, **6**, 504-510.

Jung, R. (1974). Neuropsychologie und Neurophysiologie des Kontur- und Formsehens in Zeichnerei und Malerei. In H. H. Wieck (Ed.), *Psychopathologie Musischer Gestaltungen* (pp. 27-88). Stuttgart: FK Schattauer.

Kaczmarek, B. J. (1991). Aphasia in an artist: a disorder of symbolic processing. *Aphasiology*, **4**, 361-371.

川畑秀明 (2012). 脳は美をどう感じるか：アートの脳科学　筑摩書店

河内十郎 (1997). 感性と知性の関係：脳損傷事例から考える　辻三郎 (編) 感性の科学：感性情報処理へのアプローチ (pp. 47-51) サイエンス

Kennedy, F., & Wolf, A. (1936). The relationship of intellect to speech defect in aphasic patients. *Journal of Nervous and Mental Disease*, **84**, 125-145, 293-311.

Kleiner-Fisman, G., Black, S. E., & Lang, A. E. (2003). Neurodegenerative disease and the evolution of art: The effects of presumed corticobasal degeneration in a professional artist. *Movement Disorders*, **18**, 294-302.

Kornyey, E. (1977). Aphasie et realistion artistique. *Encephale*, **3**, 71-85.

Kowatari, Y., Lee, S. H., Yamamura, H., Nagamori, Y., Levy, P., Yamane, S., & Yamamoto, M. (2009). Neural networks involved in artistic creativity. *Human Brain Mapping*, **30**, 1678-1690.

Kulisevsky, J., Pagonabarraga, J., & Martinez-Corral, M. (2009). Changes in artistic style and behaviour in Parkinson's disease: Dopamine and creativity. *Journal of Neurology*, **256**, 816-819.

Lakke, J. P. (1999). Art and Parkinson's Disease. *Advances in Neurology*, **80**, 471-479.

Lanthony, P. (2001). Daltonism in painting. *Color Research & Application*, 26, S12-S16.

Lawrence, A. D., Evans, A. H., Lees, A. J. (2003). Compulsive use of dopamine replacement therapy in Parkinson's disease: Reward systems gone awry? *Lancet Neurology*, 2, 595-604.

Livingstone, M. S., & Conway, B. R. (2004). Was Rembrandt stereoblind? *New England Journal of Medicine*, **351**, 1264-1265.

Lopera, F., & Ardila, A. (1992). Prosopamnesia and visuolimbic disconnection syndrome: A case study. *Neuropsychology*, **6**, 3-12.

Marmor, M. F. (2006). Ophthalmology and art: Simulation of Monet's cataracts and Degas' retinal disease. *Archives of Ophthalmology*, **124**, 1764-1796.

Marianetti, M., Mina, C., Marchione, P., & Giacomini, P. (2011). A case of visual hypoemotionality induced by interferon alpha-2b therapy in a patient with chronic myeloid leukemia. *The Journal of Neuropsychiatry and Clinical Neurosciences*, **23**, E34-E35.

Marsh, G. G., & Philwin, B. (1987). Unilateral neglect and constructional apraxia in a right-handed artist with a left posterior lesion. *Cortex*, **23**, 149-155.

Maurer, K., & Prvulovic, D. (2004). Paintings of an artist with Alzheimer's disease: Visuoconstructural deficits during dementia. *Journal of Neural Transmission*, **111**, 235-245.

Mazzoni, M., Moretti, P., Pardossi, L., Vista, M., & Muratorio, A. (1993). A case of music imperception. *Journal of Neurology, Neurosurgery and Psychiatry*, **56**, 322-324.

Mazzucchi, A., Pesci, G., & Trento, D. (1994). *Cervello e Pittura: Effetti Delle Lesioni Cerebrali sul Linguaggio Pittorico*. Fratelli Palombi.

Mazzucchi, A., Sinforiani, E., & Boller, F. (2013). Focal Cerebral lesions and painting abilities. *Progress in Brain Research*, **204**, 71-98.

Meadows, J. C. (1974). Disturbed perception of colors associated with localised cerebral lesions. *Brain*, **97**, 615-632.

Mell, C. J., Howard, S. M., & Miller, B. L. (2003). Art and the brain: The influence or frontotemporal dementia on an accomplished artist. *Neurology*, **60**, 1707-1710

Mendola, J. D., Cronin-Golomb, A., Corkin, S., & Growdon, J. H. (1995). Prevalence of visual deficits in Alzheimer's disease. *Optometry & Vision Science*, **72**, 155-167.

Miller, B.L., Boone, K., Cummings, J. L., Read, S.L., & Mishkin, F. (2000). Functional correlates of musical and visual ability in frontotemporal dementia. *British Journal of Psychiatry*, **176**, 458-463.

Mondero, N. E., Crotty, R. J., & West, R. W. (2013). Was Rembrandt Strabismic? *Optometry & Vision Science*, **90**, 970-979.

Nettle, D. (2006). Schizotypy and mental health amongst poets, visual artists, and mathematicians. *Journal of Research in Personality*, **40**, 876-890.

Pachalska, M. (2003). Imagination lost and found in an aphasic artist: A case study. *Acta Neuropsychologica*, **1**, 56-86.

Pachalska, M., Grochmal-Bach, B., Wilk, M., & Buliński, L. (2008). Rehabilitation of an artist after right-hemisphere stroke. *Medical Science Monitor*, **14**(10), CS110-124.

Pese, C., & Ramas-Oldenburg, K. (2004). *Ernst Oldenburg 1914-1992*. Heidelberg: Edition Braus,

Bönningheim: Wachter.

Post, F. (1994). Creativity and psychopathology: A Study of 291 World-Famous Men. *British Journal of Psychiatry*, **165**, 22-34.

Rizzo, M., Anderson, S. W., Dawson, J., & Nawrot, M. (2000). Vision and cognition in Alzheimer's disease. *Neuropsychologia*, **38**, 1157-1169.

Sacks, O. W. (1995). *Anthropologist on Mars: Seven Paradoxical Tales*. New York: Knopf. (オリバー・サックス　吉田利子 (訳) (1997). 火星の人類学者：脳神経科医と 7 人の奇妙な患者 早川書房)

Sahlas, D. J. (2003). Dementia with Lewy bodies and the neurobehavioral decline or Mervyn Peak. *Archives of Neurology*, **60**, 889-892.

Schnider, A., Regard, M., Benson, D. F., & Landis, T. (1993). Effects of a right-hemisphere stroke on an artist's performance. *Neuropsychiatry Neuropsychology Behavioral Neurology*, **6**, 249-255.

Sellal, F. (2011). Leo Schnug: alcoholic dementia as an unexpected source of inspiration for an artist. *European Neurology*, **66**, 190-194.

Sellal, F., Kahane, P., Andriantseheno, M., Vercueil, L., Pellat, J., & Hirsch, E. (2003). Dramatic changes in artistic preference after left temporal lobectomy. *Epilepsy & Behavior*, **4**, 449-450.

Sierra, M., & David, A. S. (2011). Depersonalization: a selective impairment of self-awareness. *Consciousness and Cognition*, **20**, 99-108.

Sierra, M., Lopera, F., Lambert, M. V., Phillips, M. L. & David, A. S. (2002). Separating depersonalisation and derealisation: the relevance of the 'lesion method'. *Journal of Neurology, Neurosurgery and Psychiatry*, **72**, 530-532.

Solso, R. L. (2001). Brain activities in a skilled versus a novice artist: an fMRI study. *Leonardo*, **34**, 31-34.

Sussman, A. (1998). Mental Illness and Creativity: A Neurological View of the "Tortured Artist". *Stanford Journal of Neuroscience*, 24-27.

Sussman, A. (2007). Mental Illness and Creativity: A Neurological View of the "Tortured Artist". *Stanford Journal of Neuroscience*, **1**, 24-27.

Takeuchi, H., Taki, Y., Hashizume, H., Sassa, Y., Nagase, T., Nouchi, R., & Kawashima, R. (2012). The association between resting functional connectivity and creativity. *Cerebral Cortex*, **22**, 2921-2929.

Treffert, D. A. (2006). *Extraordinary People: Understanding Savant Syndrome*. Omaha, NE: iUniverse.

Waldman, P. (2000). Master stroke: A tragedy transforms a right-handed artist into a lefty and a star. *Wall Street Journal*, Friday, May 12.

Wernicke C. (1874). *Der Aphasische Symptomencomplex. Ein Psychologische Studie auf Anatomischer Basis*. Breslau: Cohn & Weigert.

Wise, R. A. (2005). Forebrain substrates of reward and motivation. *Journal of Comparative Neurology*, **493**, 115-121.

Zaidel, D. W. (2005). *Neuropsychology of Art: Neurological, Cognitive and Evolutionary Perspectives*. Psychology Press. (ダーリア・W・ザイデル　河内十郎 (監訳) (2010). 芸術的才能と脳の不思議：神経心理学からの考察 医学書院)

Zaimov, K., Kitov, D., & Kolev, N. (1969). Aphasie chez un peintre. *Encephale*, **58**, 377-417.

第 8 章

Aharon, I., Etcoff, N., Ariely, D., Chabris, C. F., O'Connor, E., & Breiter, H. C. (2001) Beautiful faces have variable reward value: fMRI and behavioral evidence. *Neuron, 32*, 537-551.

Augstin, M. D., Defranceschi, B., Fucks, H. K., Carbon, C. C., & Hutzler, F. (2011). The neural time course of art perception: An ERP study on the processing of style versus conten inart. *Neuropsuchologia, 49*, 2071-2081.

Augstin, M. D., Leder, H., Hutzler, F., & Carbon, C. C. (2008). Style follows content: On the microgenesis of art perception. *Science Direct, 128*, 127-138.

Averbach, E., & Sperling, G. (1961). Short term storage of information in vision. In C. Cherry (Ed.), *Information Theory* (pp. 169-211). Washington DC: Butterworth & Co.

Bachmann, T., & Vipper, K. (1983). Perceptual rating of paintings from different artistic styles as a function of semantic differential scales and exposure time. *Archiv für Psychologie (Archives of Psychology), 135*, 149-161.

Bacon-Macé, N., Macé, J-M. M., Fabre-Thorpe, M., & Thorpe, S. J. (2005). The time course of visual processing: Backward masking and natural scene categorization. *Vision Research, 45*, 1459-1469.

Bar, M. (2004). Visual objects in context. *Nature Reviews: Neuroscience, 5*, 617-629.

Bar, M., & Neta, M. (2006). Humans prefer curved visual objects. *Psychological Science, 17*, 645-648.

Bar, M., Neta, M., & Linz, H. (2006) Very First Impressions. *Emotion, 6*, 269-278.

Biederman, I. (1972). Perceiving real-world scenes. *Science, 177*, 77-80.

Biederman, I. (1982). On the semantics of a glance at a scene. In M. Kubovy & J. R. Pomerantz (Eds.), *Perceptual Organization* (pp. 213-254.) Hillsdale, NJ: Erlbaum.

Biederman, I., Hilton, H. J., & Hummel, J. E. (1991). Pattern goodness and pattern recognition. In G. R. Lockhead, & J. R., Pomerantz (Eds.), *The Perception of Structure* (pp. 73-95). Washigton, DC: American Psychological Association.

Boyce, S. J., Pollatsek, A., & Rayner, K. (1989). Effect of background information on object identification. *Journal of Experimental Psychology: Human Perception and Performance, 15*, 556-566.

Bornstein, R. R. (1989). Exposure and affect: overview and meta-analysis of research, 1968-1987. *Psychological Bulletin, 106*, 265-289.

Carbon, C. C. (2010). The cycle of preference: Long-term dynamics of aesthetic appreciation. *Acta Psychologica, 134*, 233-244.

Cela-Conde, C. J., Marty, G., Maestú, F., Ortiz, T., Munar, E., Fernandez, A., ... Quesney, F. (2004). Activation of the prefrontal cortex in the human visual aesthetic perception. *Proceedings of the National Academy of Sciences of the United States of America, 101*, 6321-6325.

Cupchik, G. C. & Berlyne, D. E. (1979) The perception of collative properties in visual stimuli. *Scandinavian Journal of Psychology, 20*, 93-104.

Cutting, J. E. (2003). Gustave Caillebotte, French impressionism, and mere exposure. *Emotion, 5*, 498-502.

Daffner, K. R., Mesulam, M. M., Scinto, L. F., Calvo, V., Faust, R., & Holcomb, P. J. (2000). An electrophysiological index of stimulus unfamiliarity. *Psychophysiology, 37*, 737-747.

Davenport, J. L. (2007). Consistency effects between objects in scenes. *Memory & Cognition, 35*, 393-401.

Di Lollo, V. (1980) Temporal integration in visual memory. *Journal of Experimental Psychology: General, 109*, 75-97.

Flexas, A., Rosselló, J., Christensen, J. F., Nadal, M., Olivera La Rosa, A., & Munar, E. (2013). Affective priming using facial expressions modulates liking for abstract art. *PLoS One, 8*(11), e80154.

引用文献 255

福田収一（2014）. Emotion, 感情, 感性. 感性工学, **12**, 439.

藤村知世・杉尾武志・朝倉暢彦（2009）. 事象関連電位による美しさと使いやすさの評価プロセスの違いに関する検討 電子情報通信学会技術研究報告, **109**(345), 79-84.

Gao, L., Xu, J., Zhang, B., Zhao, L., Harel, A., & Bentin, S. (2009) Aging effects on early-stage face perception: An ERP study. *Psychophysiology*, **46**, 970-983.

Galaholt, M. G., & Reingold, E. M. (2009). Stimulus exposure and gaze biase: A further test of the gaze cascade model. *Attention, Perception, & Psychophysics*, **71**, 445-450.

Greene, M. R., & Oliva, A. (2009). The briefest of glances: The time course of natural scene understanding. *Psychological Science*, **20**, 464-472.

Grill-Spector, K., & Kanwisher, N. (2005). Visual recognition: As soon as you know it is there, you know what it is. *Psychological Science*, **16**(2), 152-160.

Henson, R. N., Goshen-Gottstein, Y., Ganel, T., Otten, L. J., Quayle, A., & Rugg, M. D. (2003). Electrophysiological and haemodynamic correlates of face perception, recognition and priming. *Cerebral Cortex*, **13**, 793-805.

久隆浩（1988）. 景観嗜好と原風景 鳴海邦碩（編）景観からのまちづくり（pp. 134-146）学芸出版社

Höfel, L., & Jacobsen, T. (2007). Electrophysiological indices of processing aesthetics spontaneous or intentional processes? *International Journal of Psychophysiology*, **65**, 20-31.

Höge, H. (1997). The golden section hypothesis: Its last funnel. *Empirical Studies of Art*, **15**, 233-255.

Johnson, J. S., & Olshausen, B. A. (2003). Timecourse of neural signatures of object recognition. *Journal of Vision*, **3**, 499-512.

神谷聖也・葭田貴子（2014）. 遅延した自己身体像や視野映像が自己のものとして感じられなくなる臨界遅れ時間 *Vision*, **26**, 122-126.

Kawabata, H., & Zeki, S. (2004). Neural correlates of beauty. *Journal of Neurophysiology*, **91**, 1699-1705.

Kenrick, D. T., & Gutierres, S. E. (1980). Contrast effects and judgment of physical attractiveness: When beauty becomes a social problem. *Journal of Personality and Social Psychology*, **38**, 131-140.

Kihara, K., & Takeda, Y. (2010). Time course of the integration of spatial frequency-based information in natural scenes. *Vision Research*, **50**, 2158-2162.

近藤あき・新美亮輔・高橋康介・渡邊克巳（2011）. 物体と顔の魅力度評定における系列効果 電子情報通信学会技術研究報告 HIP ヒューマン情報処理, **111**, 63-68.

Kondo, A., Takahashi, K., & Watanabe, K. (2012). Sequential effects in face-attractiveness judgement. *Perception*, **41**, 43-49.

Leder, (2001). Determinants of preference: When do we like what we know? *Empirical Studies of the Arts*, **19**, 201-211.

Leder, H., Belke, B., Oeberst, A., & Augstin, D. (2004). A model of aesthetic appreciation and aesthetic judgments. *British Journal of Psychology*, **95**, 489-508.

Leder, H., Carbon, C. C., & Ripsas, A. L. (2006). Entitling art: Influence of title information on understanding and appreciation of paintings. *Acta Psychologica*, **121**, 176-198.

Li, F. F., Iyer, A., Koch, C., & Perona, P. (2007). What do we perceive in a glance of a real-world scene? *Journal of Vision*, **7**, 10, 1-29.

Li, F. F., VanRullen, R., Koch, C., & Perona, P. (2002). Rapid natural scene categorization in the near absence of attention. *Proceedings of the National Academy of Sciences of the United States of America*, **99**, 9596-9601.

Locher, P., Krupinski, E., Mello-Thoms, C., & Nodine, C. (2007). Visual interest in pictorial art during an aesthetic experience. *Spatial Vision*, **21**, 55-77.

Luo, W., & Miura, K. (2015). The effects of culture-based visual experience on the evaluation of Japanese and Chinese historic buildings. *Kyushu University Psychological Research*, **15**, 1-8.

Munar, E., Rossello, J., Flexas, A., & Cela, C. J. (2010). Differential brain activity during the negative initial aesthetic impression formation. *1st Conference of the Experimental Psychology Society and the Spanish Experimental Psychology* (Abstract).

Nakamura, K., & Kawabata, H. (2014). Attractive faces temporally modulate visual attention. *Frontier in Psychology*, **5**, Article 620, 1-7.

Nakatani, K. (1995). Microgenesis of the length perception of paired lines. *Psychological Research*, **58**, 75-82.

Neuhauser, K., & Carbon, C-C. (2010) That's typical! Isn't it? About the microgenesis of art perception as a function of expertise. *Perception*, **39** (*The European Conference on Visual Perception 2010* Abstract Supplement), 113.

Ojiro, Y., Gobara, A., Nam, G., Sasaki, K., Kishimoto, R., Yamada, Y., & Miura, K. (2015). Two replications of "Hierarchical encoding makes individuals in a group seem more attractive (2014; Experiment 4)". *The Quantitative Methods for Psychology*, **11**(2), r8-r11.

Ögmen, H., & Breitmeyer, B. G. (2006). *The First Half Second: The Microgenesis and Temporal Dynamics of Unconscious and Conscious Visual Processes*. Cambridge, MA: MIT Press.

Olson, K.R., & Marshuetz, C. (2005). Facial attractiveness is appraised in a glance. *Psychonomic Bulluetin & Review*, **10**, 319-343.

大濱知佳・小野史典 (2014). 連続呈示される顔刺激の魅力判断における系列効果 心理学研究, **85**, 233-239.

Posner, M. I., & Cohen, Y. (1984). Components of visual orienting. In H. Bouma, & D. Bonwhuis (Eds.), *Attention and Performance X: Control of Language Processes* (pp. 551-556). Hillsdale, NJ: Erlbaum.

Potter, M. C. (1976). Short-term conceptual memory for pictures. *Journal of Experimental Psychology: Human Learning and Memory*, **2**, 509-522.

Reynolds, R. I. (1981). Perception of an illusory contour as a function of processing time. *Perception*, **10**, 107-115.

斎藤俊樹・大谷昌也・金城光 (2015). 視線のカスケード現象は先行判断以外でも起きるのか 認知科学, **22**, 463-472.

Sander, F. (1928). Experimentelle Ergebnisse der Gestaltpsychologie. *Bericht Liber den 10. Kongress fidr Experimentelle Psychologie*. (Reprinted in C. F. Sander, & H. Volkelt (Eds.), *Ganzheitspsyehologie* (1962). Munich: Beck.

Sander, F. (1930). Structures, totality of experience, and gestalt. In C. Murchison (Ed.), *Psychologies of 1930*. Worcester, MA: Clark University Press.

佐藤隆夫・松嵜直幸 (2000). 視線の知覚における観察距離と解像度の効果 ヒューマンインタフェース学会研究報告集, **2**, 127-131.

Shimojo, S., Simion, C., Shimojo, E., & Scheier, C. (2003). Gaze bias both reflects and influences preference. *Nature Neuroscience*, **6**, 1317-1322.

Smith, J., & Smith, L. (2001). Spending time on art. *Empirical Studies of the Arts*, **19**, 229-236.

Smith, J., & Smith, L. (2003). Origins of impressionism: relating visitors' behavior to perceived learning. *Bulletin of Psychology of Arts*, **4**, 80-85.

Sui, J., & Liu, C. H. (2009). Can beauty be ignored? Effects of facial attractiveness on covert attention. *Psychonomic Bulletin & Review*, **16**, 276-281.

助宮治・三浦佳世 (2006). 他者の視線方向が聴覚定位に及ぼす影響 電子情報通信学会技術報告

(HIP2006-94), **160**(410), 141-144.

鈴木清重 (2003). 映像編集が映像の意味に及ぼす効果に関する心理学的研究：「クレショフ効果」を検証する試み　映像学, **71**, 27-49.

武田裕司・小川洋和 (2003). 視覚探索における復帰の抑制　心理学評論, **46**, 444-461.

Temme, J. E. (1984). Effects of mere exposure cognitive set and task expectations on aesthetic appreciation. In W. R. Crozier, & A. J. Chapman (Eds.), *Cognitive Processes in the Perception of Art* (pp. 389-410). Amsterdam: North-Holland.

Thorpe, S., Fize, D., & Marlot, C. (1996) Speed of processing in the human visual system. *Nature*, **381**, 520-522.

辻井岳雄・渡辺茂・山本絵里子・星聖子・出加奈子・前田富士男 (2005). 2種の絵画評価と前頭葉活動の半球非対称性について：事象関連電位を用いた検討　基礎心理学研究, **24**, 233-234.

都甲潔 (2004). 感性の起源：ヒトはなぜ苦いものが好きになったか　中央公論新社

Van Rullen, R., & Thorpe, S. J. (2001). Is it a bird? Is it a plane? Ultra-rapid visual categorization of natural and artifactual objects. *Perception*, **30**, 655-668.

Vogels, R. (1999). Categorization of complex visual images by rhesus monkeys. Part 2: Single-cell study. *European Journal of Neuroscience*, **11**, 1239-1255.

Walker, D., & Vul, E. (2014). Hierarchical encoding makes individuals in a group seem more attractive. *Psychological Science*, **25**, 230-235.

Wagemans, J., Verhavert, S., & Augustin, M. D. (2014). The time course of aesthetic experiences. *The 2nd Visual Science of Art Conference* (Abstracts), 27.

Wang, X., & Miura, K. (2008). Time course of impression formation in painting. *Proceedings of the 2nd International Workshop on Kansei*, 75-77.

Werner, H. (1940). *Comparative psychology of mental development.* New York: Harper.

Yamamoto, S., & Kitazawa, S. (2001). Nature Neuroscience, Reversal of subjective temporal order due to arm crossing. *Nature Neuroscience*, **4**, 759-765.

鑓水秀和・河原純一郎 (2014). グループ全体としての顔魅力知覚　認知科学, **21**, 314-324.

Zajonc, R. B., Shaver, P., Tavris, C., & Van Kreveld, D. (1972). Exposure satiation, and stimulus discriminability. *Jounal of Personality and Social Psychology*, **21**, 270-280.

索　引

あ 行

愛校心　76
アイステーシス　2, 17
アハ体験　22, 31, 62, 63
アフォーダンス　42, 43
アルツハイマー型認知症　167
安静時脳機能結合　172
一対比較法　14, 56
一般因子　68
一般的景観　54
一般的視点　40
意味的バイアス　92
色嗜好　74, 75
色（彩）調和理論　30, 81
色の恒常性　144
因子分析　36
印象　96
ウィトルウィウス的人体図　84
ウエスト・ヒップ比　123
ウェルニッケ野　173
内向きバイアス　53, 92
「美しい人は良い人」バイアス　104
運動視差　151
運動野　152
エストロゲン　121, 123, 125, 128
円形密集刺激　65-67
エントロピー　24
黄金尺　84
黄金比　8, 12, 32, 70, 83, 90, 161
汚染嫌悪　67
面白さ　55, 59, 62, 63
音楽　154

か 行

ガーナーパターン　25, 28, 48

絵画的奥行き手がかり　151
外線条身体領域　156
海馬近傍場所領野　145
回避系　46
回避行動　46, 59
快楽流暢性理論　102
顔色　119
顔の魅力度　194, 195, 203
顔魅力　96
角回　156
覚醒ポテンシャル　45, 46, 68
覚醒ポテンシャルモデル　63, 71
隠れた秩序　13, 31
下頭頂葉　69
加齢　121, 122
カロテノイド　120
かわいい　39, 40
かわいさ　100, 107, 118
眼窩前頭皮質　xi
眼窩前頭皮質内側部　133, 152
眼球運動　69, 189, 200, 202
感情円環モデル　60
感情価　75, 77
感情評価理論　55, 56, 58-60, 67, 69
感情プライミング　189, 192
緩徐進行性神経病変　177
感性多軸モデル　60
感性知　35
感性認知学　1
感動　55, 59, 187
キネティックアート　146
機能的磁気共鳴画像法　132, 142
機能的神経美学　142, 152
逆遠近法　150
客観的美　160
ギヨーム　170
綺麗さび　71

空間周波数特性　65, 66, 68
空間周波数分析　88
偶然的見え　86, 87
草間彌生　66
クラスター分析　36
クレショフ効果　195
クロスモダリティ　189
群化　19, 40
経頭蓋磁気刺激　143
経頭蓋直流刺激　143
携帯電話直流刺激法　153
系列効果　195
ゲシュタルト心理学　6, 17, 20, 38, 46, 55, 61,
　85
嫌悪感尺度　67
現実感喪失　169
恋人顔　106
後期陽性電位　136
虹彩　121
構造地図　21
高速逐次視覚呈示　112, 117
コーピングポテンシャル　59, 60, 63, 64
コーポレートカラー　77
快さ　48, 62
個人差　10, 46, 48, 59, 68, 69, 130
五線星形　84
滑稽　63, 64
コルチゾール　128

さ　行

サイコフィジクス　48
サイコメトリクス　48
最適覚醒理論　49
サヴァン症候群　167
産出法　14
視覚性感情欠乏症　168
視覚探索課題　114
視覚的思考　22
視覚的嗜好　73
色相環　81
シグニファイア　43
自己相似　32, 34
示唆性　115, 117
事象関連電位　132, 158, 189, 201
ジスト　191

視線　129, 130
視線のカスケード現象　202, 203
時代差　46
実験美学　6, 8, 139
視点依存効果　86
自動性　112
支配性　96
自発的評価　111
自閉症　167
視野　113
社会的認知　194
社会的魅力　98
醜　63, 64
重心　20, 200
重心一致の法則　22
集団優位効果　194
主観的美　160
主観的普遍性　x
熟達者　172
熟知性　103
シュルレアリスム　148
順応　103
昇華された快　xi
状況（こと）の恒常性　41, 53, 54
照合変数　46-48, 50, 59, 62
肖像画　145
上側頭溝　132, 163
冗長構造説　25
冗長度　24, 55
使用法　14
情報処理段階モデル　60, 69
情報理論　23, 24, 38, 55, 61
処理負荷　18, 23, 24, 26, 32, 38, 50, 55, 60, 190
処理流暢性　18, 49, 56, 57, 200
処理流暢性理論　50, 55, 102
進化心理学　101, 130
進化生物学　122
進化論　38
神経心理学　167
神経美学　139, 140
神授比例法　84
身体化認知　56
身体的外見　105
身体的魅力　96
身体特異性仮説　55-57
信頼性　96

索　引　　261

心理心理学　7, 48
心理生理学的相互作用　164
心理物理学　7, 48
錐体細胞　75
崇高（さ）　xi, 42, 55, 69, 165
図形のよさ　85
スクールカラー　76
性差　19, 78
性自認　125
生態学的バイアス　92
生態学的誘発性理論　75, 76, 78, 79
性的二型性　99, 101, 109, 120, 123, 124
性的魅力　98
性的欲求低下障害　108
静物画　145
世代差　69, 70
接近行動　46, 49, 59
善　xi
前運動野　156
選好　104, 109
選好注視　78, 202
潜在的連合テスト　11
潜時　155
線条体　153
前帯状回　134
選択　104
選択法　14
選択誘導選好変化　104
前頭前野　69
前頭側頭型認知症　180
前部帯状回　153
前部島皮質　169
前方バイアス　53
早期後頭陰性電位　136
創造的思考　22
相貌失認　168
側坐核　134, 154
即時性　110
ソクラテス　ix, xi
ソマティック・マーカー仮説　162

た　行

対称性　17, 18, 38, 85, 101, 109, 117, 158, 201
対人魅力　95, 108
体制化　18-20, 26

ダイナミックバランス　19, 36
大脳左右半球機能差　171
第1次視覚野　143
第3次視覚野　145
第4次視覚野　144
第5次視覚野　144
ダダイズム　148
単純接触効果　46, 49-51, 55, 69-71, 103, 204-207
単色嗜好　74, 75, 77, 80
男性らしさ　105
チアリーダー効果　194
知覚的流暢性誤帰属説　103
知識　9, 11, 12, 19, 46, 61, 69
秩序　148
中心化傾向　52
中心バイアス　52, 90
中庸の美　46
超刺激　41
調和度　82
直感的思考　22
定位反応　47
低空間周波数情報　191, 192
停止信号課題　113
デ・クーニング　180
デコーディング　165
テストステロン　124, 126
デュシャン　146
典型性　41, 42, 50-53, 61, 64, 71, 117, 199
典型選好理論　50, 51, 55, 69
典型的景観　51
典型的見え　51, 86, 87, 93
統合的認知　2
同時色対比　82
同時色対比効果　83
頭頂皮質　156
島皮質　134, 154, 161
特性印象　96
ドパミン　182
トライポフォビア　65
ドルードル　62

な　行

認知症　167
認知的不協和　204

脳機能画像計測　139
脳磁図　143, 155
脳損傷　172
脳波　132, 143

は　行

パーキンソン病　181
背外側前頭前野　201
背外側前頭皮質　148, 155
配偶価値　95
配偶者選択　95
配色嗜好　80-82
パターンのよさ　28
破対称　19
発達的安定性　118
繁殖　95
ハンディキャップ理論　42
反転理論　49, 67
ピークシフト　14, 40, 61
ピークシフト理論　71
美学　2, 4
美感　xi, 1
非言語特徴　129
左半球　174
美的嗜好　73, 85
美度　29
美の中心化傾向　14, 40, 46
評価性因子　xii, 2, 35-37, 48, 62, 66
評価の低減効果　104
表情　129
フィボナッチ数列　83
フォービズム　147
風景画　145
不確定度　24
不気味の谷　14, 64
複数オブジェクト追跡　114
腹側前運動野　156
腹側線条体　154
ふくよかさ　105
不適合理論　62
フラクタル構造　9, 12, 13, 32
フラクタル性　83
プレグナンツ　17, 21, 26, 28, 55, 85
ブローカ野　173
文化　19, 70, 206, 208

文化差　69, 70
分析的神経美学　142, 152
文脈　149
平均顔　38, 42
平均性　101, 109, 116
ヘドニックトーン　xii, 2, 48, 62
ベビー・スキーマ　39, 118
ヘモグロビン　119
変化検出課題　114
変化の見落とし　114
変換構造説　26
ペンタグラム　84
変動非対称性　117
包括的知覚　2
報酬　ix
報酬系　46, 133, 152, 157
紡錘顔領域　132, 145
ポジトロン断層法　143
ボディマス指数　122
ホローマスク錯視　151
ポロック　32

ま　行

マイクロジェネシス　190, 197, 199
マティス　147
マンセル表色系　81
未完の完　27
右側バイアス　52, 56
右半球　177
魅力　95, 96, 107
魅力（的な）顔　42, 192, 193
民族効果　70
無関心の快　xi, 39, 55, 192
メラニン　120, 121
モデュロール　84
モンドリアン　90

や　行

よい形　14, 18, 23
よい眺め　52
よいパターン　18, 24
よさ　17, 23, 26, 28, 52

ら 行

ラテラリティ　56, 200
ランダム（ドット）パターン　26, 28, 51
ランダムネス　28
利休好み　71
離人症　169
流行　71, 206
両極性因子　68
連続経頭蓋磁気刺激　156

わ 行

わび　71
悪い正方形　13, 34

数字・アルファベット

1/f ゆらぎ　88
3/4 効果　52
aesthetic science　1
Baumgarten　2-5
Berlyne　7, 14, 40, 45-50, 55, 59, 62, 63, 69-
　71, 197
Broca　173
Burk　14, 42, 46, 55, 69
Darwin　x, 38, 42
Fechner　6, 8-10, 14, 29, 45, 48, 68, 73, 83,
　139
fMRI　36, 46
fWHR　126
good-view　52
Kant　x, xi, 39, 55, 141, 192
K 因子　68
MAYA 閾　71
MEG　201
N2　189
NIRS　36
P300　190
Psychometrics　7, 48
Psychophysics　7, 48
SD 法　12, 28, 34-37, 196, 208
T 因子　68
WAVE 値　76, 79
Wernicke　173
Zeki　22, 53, 140

執筆者紹介

三浦佳世（みうら かよ）　第1-3章，第8章
大阪大学大学院文学研究科心理学専攻博士課程修了。学術博士。神戸芸術工科大学芸術工学部助教授，九州大学大学院人間環境学研究院教授などを経て，現在は九州大学名誉教授。著書に『視覚心理学が明かす名画の秘密』(2018, 岩波書店)，『感性認知』(編著，2016, 北大路書房)。

川畑秀明（かわばた ひであき）　第5-7章
九州大学大学院人間環境学研究科博士課程修了。博士（人間環境学）。ロンドン大学神経学研究所研究員，鹿児島大学准教授を経て，現在は慶應義塾大学文学部教授。著書に『情動と言語・芸術』(編，2018, 朝倉書店)。

横澤一彦（よこさわ かずひこ）　第4章，シリーズ監修
東京工業大学大学院総合理工学研究科修了。工学博士（東京工業大学）。ATR視聴覚機構研究所主任研究員，東京大学生産技術研究所客員助教授，南カリフォルニア大学客員研究員，NTT基礎研究所主幹研究員，カリフォルニア大学バークレイ校客員研究員などを経て，現在は東京大学大学院人文社会系研究科教授。著書に『視覚科学』(2010, 勁草書房)。

シリーズ統合的認知5
美感　感と知の統合

2018年12月20日　第1版第1刷発行

　　　　　　　　三　浦　佳　世
　著　者　　川　畑　秀　明
　　　　　　　　横　澤　一　彦

　発行者　　井　村　寿　人

　発行所　株式会社　勁　草　書　房
112-0005 東京都文京区水道2-1-1　振替　00150-2-175253
（編集）電話 03-3815-5277／FAX 03-3814-6968
（営業）電話 03-3814-6861／FAX 03-3814-6854
本文組版 プログレス・精興社・松岳社

©MIURA Kayo, KAWABATA Hideaki, YOKOSAWA Kazuhiko　2018

ISBN978-4-326-25112-4　　Printed in Japan

JCOPY〈(社)出版者著作権管理機構 委託出版物〉
本書の無断複写は著作権法上での例外を除き禁じられています。
複写される場合は，そのつど事前に，(社)出版者著作権管理機構
（電話 03-3513-6969，FAX 03-3513-6979，e-mail: info@jcopy.or.jp）
の許諾を得てください。

＊落丁本・乱丁本はお取替いたします。
http://www.keisoshobo.co.jp

シリーズ統合的認知

監修　横澤一彦

　五感と呼ばれる知覚情報処理過程によって，われわれは周囲環境もしくは外的世界についての豊富で詳細な特徴情報を得ることができる。このような，独立した各感覚器官による特徴抽出を踏まえて，様々な特徴や感覚を結び付ける過程がわれわれの行動にとって最も重要である。しかし，認知過程を解明するうえで，旧来の脳科学や神経生理学で取組まれている要素還元的な脳機能の理解には限界があり，認知心理学的もしくは認知科学的なアプローチによって，人間の行動を統合的に理解することが必要である。本シリーズでは6つの研究テーマを対象に，それぞれの分野の最先端で活躍する研究者たちが執筆している。各分野に興味を持つ認知心理学や認知科学専攻の大学院生や研究者のための必携の手引書として利用されることを願っている。

第1巻	河原純一郎・横澤一彦『注意』	3500 円
第2巻	新美亮輔・上田彩子・横澤一彦『オブジェクト認知』	3500 円
第3巻	積山薫・西村聡生・横澤一彦『身体と空間の表象』	近刊
第4巻	横澤一彦・藤崎和香・金谷翔子『感覚融合認知』	近刊
第5巻	三浦佳世・川畑秀明・横澤一彦『美感』	3500 円
第6巻	浅野倫子・横澤一彦『共感覚』	近刊

[一部仮題]

勁草書房

＊表示価格は 2018 年 12 月現在。消費税は含まれておりません。